书山有路勤为径，优质资源伴你行
注册世纪波学院会员，享精品图书增值服务

典藏版

目标 II
——绝不是靠运气

It's Not Luck

〔以〕艾利·高德拉特（Eliyahu M. Goldratt） 著

周怜利 译 罗镇坤 审校

电子工业出版社
Publishing House of Electronics Industry
北京·BEIJING

Eliyahu M. Goldratt: It's Not Luck

Copyright © 1994 Eliyahu M. Goldratt

ISBN: 978-0-88427-115-3

Simplified Chinese edition published by Publishing House of Electronics Industry by arrangement with Uniteam Hong Kong Limited, Hong Kong, China. Reviewed by William C. K. Law. All rights reserved.

Printed in the People's Republic of China.

全球中文版出版权拥有者：力天香港有限公司（地址：香港九龙湾宏开道 16 号德福大厦 1208 室　电话：852-26954929　传真：852-27952660　电子邮件：wlaw@pacific.net.hk）

本书中文简体字版由力天香港有限公司授权电子工业出版社独家出版发行。未经书面许可，不得以任何方式抄袭、复制或节录本书中的任何内容。

版权贸易合同登记号　图字：01-2005-5923

图书在版编目（CIP）数据

目标. II，绝不是靠运气：典藏版 /（以）艾利·高德拉特（Eliyahu M. Goldratt）著；周怜利译. 一北京：电子工业出版社，2019.4

书名原文：It's Not Luck

ISBN 978-7-121-36216-3

Ⅰ. ①目… Ⅱ. ①艾… ②周… Ⅲ. ①企业管理－营销管理 Ⅳ. ①F274

中国版本图书馆 CIP 数据核字(2019)第 059636 号

策划编辑：晋　晶
责任编辑：袁桂春
印　　刷：北京七彩京通数码快印有限公司
装　　订：北京七彩京通数码快印有限公司
出版发行：电子工业出版社
　　　　　北京市海淀区万寿路 173 信箱　　邮编 100036
开　　本：720×1000　1/16　印张：18　字数：295 千字
版　　次：2019 年 4 月第 1 版
印　　次：2025 年 9 月第 18 次印刷
定　　价：69.00 元

凡所购买电子工业出版社图书有缺损问题，请向购买书店调换。若书店售缺，请与本社发行部联系，联系及邮购电话：（010）88254888，88258888。

质量投诉请发邮件至 zlts@phei.com.cn，盗版侵权举报请发邮件至 dbqq@phei.com.cn。

本书咨询联系方式：（010）88254199，sjb@phei.com.cn。

作者简介

艾利·高德拉特（Eliyahu M. Goldratt）

高德拉特博士是以色列物理学家、企管大师、哲学家、教育家、高德拉特全球团队的创立人。他曾被《财富》（*Fortune*）杂志称为"工业界大师"，《商业周刊》（*Business Week*）形容他为天才。他发明的 TOC 制约法（Theory of Constraints）为无数大小企业带来营运业绩上的大幅改善，包括国际商业机器（IBM）、通用汽车（GM）、宝洁（Procter & Gamble）、AT&T、飞利浦（Philips）、ABB、波音（Boeing）等。

高德拉特博士被业界尊称为"手刃圣牛的武士"（Slayer of Sacred Cows），勇于挑战企业管理的旧思维，打破"金科玉律"，以崭新的角度看问题。

高德拉特博士所著的第一本书《目标》（*The Goal*）被众多企业视为至宝。《目标》大胆地借用小说的手法，以一家工厂作为背景，说明如何以近乎常识的逻辑推演，解决复杂的管理问题，结果一炮而红。《目标》迄今已被翻译成 32 种文字，全球热卖突破 700 万册，被英国《经济学人》杂志誉为最成功的一本企管小说。经高德拉特博士多年的努力，TOC 现已涵盖的领域包括：生产、供应链及配销、项目管理、财务及衡量、营销、销售、团队管理、企业战略战术。

他所创立的高德拉特全球团队在各个国家和地区推动"可行愿景"（Viable Vision）项目，将 TOC 在企业界的全面实践提升至新的高度，"可行愿景"的战略战术可以大幅提升企业的盈利及所有部门的协同互动能力。

高德拉特博士创立了非营利机构 TOCFE（TOC for

Education），将 TOC 带入教育界，让儿童及青少年学习 TOC，提高思维能力。

高德拉特博士的著作，以出版的先后为序列示如下，从中可见他发明的 TOC 涵盖面的广度。

- 《目标》本书阐述了 TOC 在生产中的运用。故事以工厂为背景，描述 TOC 如何带领一家工厂从危机四伏到逐步化险为夷，进而否极泰来的历程，讲述了许多突破性的管理新思维，引导企业持续改善经营业绩。

- *The Race* 本书以大量图解剖视了《目标》一书所引发的生产管理突破性新概念，著名的 "鼓—缓冲—绳子"（Drum-Buffer-Rope）生产管理方法在书中也有详细论述。

- 《大海捞针》（*The Haystack Syndrome*）本书从电脑资讯系统的角度看 TOC 生产，如何找寻及建立真正对企业有用的资料，即推行 TOC 时所需要的极重要资料。分析 TOC 生产排程、衡量、"成本世界" 和 "有效产出世界" 等，对著名的 TOC 练习 "P&Q" 小测验也有深入分析。

- *Theory of Constraints* 本书解释了如何寻找瓶颈和管理瓶颈，著名的 TOC 聚焦于五步骤如何令企业持续改善，以及 TOC 思维方法的要义。

- 《目标 II——绝不是靠运气》（*It's Not Luck*）本书是《目标》的续篇，讲述了营销、销售、配销及 TOC 思维方法。书中三家企业的故事，都是高德拉特博士的亲身经历，运用 TOC 达致突破性的解决方案。作者强调，企业的成败并不归结于运气。

- 《关键链》（*Critical Chain*）本书讲述了如何运用 TOC 解决项目管理的三大难题（延误、超支、交货内容不符要求），所描述的 "关键链" 项目管理方式比传统的 "关键路线"（Critical Path）更有效，是项目管理技术上的一大突破。小说描述了一群来自不同行业的管理人员怎样在项目中一步步地寻求新出路，趣味性很强，实用性也很强。

- 《仍然不足够》（*Necessary But Not Sufficient*）本书讲述了高科技的有效运用，如电子商务、ERP、MRP 等，这些高新科技都被认为能解决企业的大难题，但都十分复杂，投入了大量金钱和时间，却往往收效甚微。作者指出，高新资讯科技对企业来说是需要的，但仍然不足够，还需要有一些极重要的因素配合，才能令科技真正提高企业的运作效益。本书内容的时代感很强。

- *Production the TOC way* 本书附有光盘，内载 5 个著名的"TOC 生产"模拟器 310、312、350、360 和 390，模拟各种形态的工厂如何有效运用 TOC 达致营运上的大突破。这批模拟器都由高德拉特博士设计，书中有详细的使用说明及逻辑分析，这是学习 TOC 生产的最生动的方式。

- 《抉择》(*The Choice*) 本书风格独特，以高德拉特博士跟他的女儿对话的方式，来揭示 TOC 的深层次内涵，包括逻辑思维、双赢、冲突的化解、所有系统固有的简单性、如何以科学家的思维为企业的难题找出解决方案、人与人之间的关系等。作者指出，我们是否有完美人生，纯粹是我们自己的决定、自己的抉择。由于本书内容形式为充满智慧的对话，这使本书的可读性很高，可大大提升及扩展读者在 TOC 轨道上的思维能力。

- 《醒悟》(*Isn't It Obvious?*) 业界认为，这本小说比脍炙人口的《目标》更具启发性及震撼力。本书讲述了 TOC 在供应链上的应用，特别是零售业，也涉及零售和生产的互动，是 TOC 的一大突破。

译者简介

周怜利

  台南市人，毕业于台湾中央大学外文系，美国得克萨斯大学奥斯汀分校广告学硕士。曾任职于奥美广告、联广广告、卡地亚台湾地区行销经理。译作有《行销 172 诫》《小公司的经营妙招》《抓住员工的心》。

审校者简介

罗镇坤

罗镇坤是高德拉特学会总裁,负责在中国大陆、香港、澳门、台湾地区推广本书作者高德拉特博士所发明的 TOC 制约法。

罗镇坤曾在美国、以色列及英国接受严格的 TOC 高阶培训,获得了"钟纳的钟纳"(Jonah's Jonah)称号。他具有二十多年 TOC 实战经验,建立了分布于全国的 TOC 团队,以提供企业界所需的 TOC 顾问服务,帮助客户实施 TOC,显著提升企业的运作及盈利表现。参加过罗镇坤在各地举行的 TOC 公开及内训课程的学员数以千计,通过网上群组,他跟广大 TOC 粉丝紧密联系,向大家提供 TOC 的最新信息。

罗镇坤毕业于美国纽约州立大学,是一位特许工程师(Chartered Engineer),香港工程师学会及英国计算机学会资深会员、欧洲工业工程师学会会员、英国管理服务学会会员、美国电机及电子工程师学会(IEEE)会员、香港管理专业协会会员。

在投身 TOC 之前,他已有二十多年的管理经验,曾在许多大机构中担任高级管理职位,包括香港国际货柜码头、中华煤气、森那美、中华电力。他曾为各专业及工商团体作 TOC 专题演讲。

罗镇坤于 1995 年成立力天香港有限公司,负责在 TOC 发明人高德拉特博士的授权下制作及出版其著作的中文版。他是 TOC 系列图书《目标》《目标Ⅱ——绝不是靠运气》《关键链》和《仍然不足够》的审校者,《抉择》《醒悟》和《大海捞针》的译者。

目　录

导　读

事业与人生，都不能靠运气

高德拉特机构区域总裁　罗镇坤

　　《目标Ⅱ——绝不是靠运气》是十分畅销的企业小说《目标》的连续篇，讲《目标》的主角罗哥如何运用TOC解决工厂生产以外的难题。

　　本书作者高德拉特博士是以色列物理学家、"制约法"（Theory of Constraints，TOC）的发明者。他的以下作品风行全球，都以 TOC 为经纬，展示 TOC 在各个主要管理领域的应用：《目标》以生产管理为主线；《关键链》主要谈项目管理；《仍然不足够》是关于科技的有效运用；《抉择》是 TOC 最高层次思维的演绎；《醒悟》以零售业为主线；《目标Ⅱ——绝不是靠运气》以营销、配销管理及如何破解冲突等问题为主线。

　　请让我在这里提供《目标Ⅱ——绝不是靠运气》的一些背景资料，让大家阅读时获益更多。

《目标》的故事如何在《目标Ⅱ——绝不是靠运气》一书中延续

　　《目标》的主角罗哥用 TOC 奇迹般地挽救了他的工厂，读者们大概都很想看看他如何运用TOC的思维在生产以外再显神通。他是《目标Ⅱ——绝不是靠运气》的主角，而书中的其他重要人物大都在《目标》中出现过，例如，他的两位得力部下唐纳凡（唐恩）、史黛西，以及上司皮区、太太茱莉、子女大卫和莎朗、"死对头"史麦斯等，唯独传奇人物钟纳（屡次引导罗哥思考如何营救公司，最后力挽狂澜的物理学教授）在《目标Ⅱ——绝不是靠运气》中不再露面。这意味着罗哥要真正靠自己的能力，一步步摸索，解决各式各样的难题，这个过程正是 TOC 所倡导的"苏格拉底"式学习方法的典型，也因此带出本书的趣味性和悬疑性。每当罗哥想出一个方案，你的立即反应可能是："他在搞什么鬼？这个方案分明行不通！"

大家不妨和罗哥比个高下。

在《目标》一书的结尾，由于罗哥成功地运用了钟纳教他的方法，从而将他的工厂扭亏为盈，公司总部大为赞赏，于是提升他管理三家业务完全不同的公司，这是《目标Ⅱ——绝不是靠运气》开场的背景。

但好景不长，公司高层经过一场内部斗争后，突然下令罗哥尽快以最好的价钱将他旗下的三家公司卖掉，而这三家公司由于才刚刚扭亏为盈，一切仍未上轨道，根本就不值钱；要吸引买家，罗哥必须在最短的时间内同时扭转三家公司的盈利状况。但是，纵使经过一番努力，这个奇迹真的能实现，三家公司真的能以高价卖出，罗哥和他的众多爱将仍然会失业，结局是一样的悲哀。可以想象罗哥内心的焦急、痛苦和郁结。

怎样从死结中挣脱出来？这是《目标Ⅱ——绝不是靠运气》要带领大家一同探索的历程。

重点在思维方法

实际上，由高德拉特博士研发出来的"制约法"适用于各行各业，但《目标》以一家工厂作为故事的背景，令部分读者误以为"制约法"只适用于工厂，高德拉特博士有鉴于此，《目标Ⅱ——绝不是靠运气》不再以生产的问题作为主线，而集中在产品的营销（Marketing）和配销管理（Distribution Management）上。其背后的基本理论始终是 TOC。书中的三家公司其实是基于三个真实的案例，是高德拉特博士亲身参与的个案（当然公司的名称是虚构的）。因此，小说谈的不是空中楼阁，而是经过实践证明的，这点请读者朋友特别留意。

《目标Ⅱ——绝不是靠运气》也具体地介绍了 TOC 中一个极重要的组成部分——"TOC 思维方法"（TOC Thinking Processes），这关乎企业要解决的三个极为重要的问题，那就是：要改善些什么？要改善成什么样子？怎样才能有效地、一步步地执行改善？"TOC 思维方法"强调管理人员必须懂得很快、很准确地抓住每日面对的众多难题背后的共同根源，千万不要"救火"式地、"见招拆招"式地处理问题，因为纵使今天的火被扑灭了，明天它必然会再来。没有抓住问题背后的根源，只能天天疲于奔命。

作者强调，企业的成功与失败并不归结于运气，只要掌握正确的管理方法，天大的难题也可以解决。

在家里也要争取双赢

书中有些章节对非企业界的人士来说也有很大的启发性和趣味性，那就是主角罗哥和他的家庭成员之间的冲突。他的子女渐渐长大了，有越来越多自己的主张和要求，罗哥越来越感觉到不是滋味儿，不满和担忧日渐加剧了，怎样防止"代沟"扩大？两个不同的世代，各有强烈的理由认为自己对眼下事物的看法是对的，并认为对方蛮不讲理，对方是导致不和谐、痛苦和冲突的罪魁祸首。这是多少个成长中的家庭正在面对的难题，甚至噩梦？

高德拉特博士想通过《目标Ⅱ——绝不是靠运气》告诉大家，对于家庭内部的冲突，不要害怕，也不要轻视（一个人的家庭不和睦，冲突连连，无法解决，他的事业也不会好到哪里去），他反问大家，可否反过来，将眼前的冲突转化为加强双方沟通和谅解的天赐良机，最终实现"双赢"？当然，这要先掌握一些具体的技巧，《目标Ⅱ——绝不是靠运气》有不少有趣的例子，让大家看到 TOC 思维方法怎样帮助罗哥和他的子女迅速、有效地达到这个目标，请读者特别留意品味这些章节。

不断探索、实践和学习

TOC 系列作品的读者主要是企业管理人员，一般都很忙，为方便他们抓紧时间阅读，我特别在书的结尾加上书中人物的"角色关系表"，因此就算没有时间一口气读完，每次翻开小说，在这张表的协助下，仍然可以很快地重新投入小说中的情节。这张表是否真的能带来好处，希望读者告诉我。

要牢牢掌握及运用好 TOC，要不断探索，不断学习。高德拉特博士创立的全球性"高德拉特机构"提供各种 TOC 服务及学习渠道，也开展 TOC 实施项目，帮助企业全面推行 TOC。

作为高德拉特机构区域总裁，我深感任重而道远，希望借着《目标Ⅱ——绝不是靠运气》及其他 TOC 系列书籍和活动，结合对 TOC 有兴趣的企业和人士，形成一个网络，共同探索、学习和实践 TOC（请参阅书后的读者调查表）。在 TOC 的道路上，我们起步虽然比欧美国家晚，但已渐渐积累了一些实践经验，TOC 也为越来越多的人认识和了解。我拟将自己应用 TOC 的经验整理成书，与大家共同分享。我深信，只要各方共同努力，TOC 一定可以为更多的企业带来骄人的成绩。

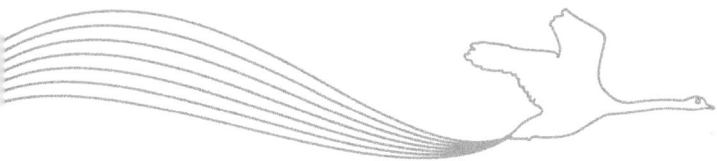

1

他们究竟在打什么主意

　　"至于罗哥负责的公司，"格兰毕终于谈到我的部分了。我往椅背一靠，专心听他说话。他讲的每个字，我都听得津津有味。当然，作为这个多元化集团的执行副总，我就是负责替格兰毕撰写这份报告的人。至少，报告的大部分都出自我的手笔。格兰毕修改了其中一部分，这算他身为执行总裁的特权吧！

　　吸引人的不只是他讲话的方式，或者他那雄浑的嗓音，报告内容本身就已成为一首美妙的乐曲。谁说数字无法自成乐章？现在已经进展到乐曲的高潮部分，"今年这个集团的总盈余是 130 万美元。"

　　格兰毕继续报告其他业务，不过我已经没怎么注意听了。我对自己说，还不错嘛！想想看，一年前我接手的时候，这个集团还身陷财政赤字，旗下三家公司都亏损连连！格兰毕报告完毕，轮到非执行董事们开始证明他们的存在价值。你知道，董事会通常由三群人组合而成。第一群人是公司的最高主管，也就是我们这群人，我们在举行董事会之前就已经完成了我们的工作。第二群人是用来装点门面的董事，他们是（或曾经是）其他公司的高层，在别的地方工作。最后一群人，则是职业"食人鲨"，那些什么事也不做的股东代表们。

　　"成果不错，"一位傲慢的石油公司前任执行总裁说，"你们及时在市场复苏前将优尼公司挽救了回来。"

　　不错嘛，我心里想，他的话中一个字都没提到自己过去的成就，总算有点进步。现在轮到"食人鲨"了。谁会带头挑剔格兰毕的报告，然后像往常一样，提出更多要求呢？

　　其中一位"食人鲨"说："我认为明年的预算过于保守。"

　　另一位附和道："你们全靠预期市场复苏来做预估。在计划书中我完全看不到优尼公司打算在哪里真正下功夫。"

　　不出所料，这些人简直就是现代版的奴隶主，不管你怎么尽力，他们总觉得不够，他们还是挥舞着鞭子驱策你卖命。格兰毕不想回答，不过道尔提开口了。

　　"我想我们需要不时地提醒自己，生意不像以前那么好做了，我们需要多下点功夫才行。"然后他转向格兰毕，"七年前你接任执行总裁时，股价是 60.20 美元一股，现在已经跌到 32 美元一股！"

"总比两年前的 20 美元好吧！"我心里想。

道尔提继续说："还有，公司有太多错误的投资决策，严重侵蚀了资产的根基。优尼公司的信贷评级已经下降两级，我们完全无法接受这样的状况。我想明年的计划应该反映出管理阶层重整优尼公司的决心。"

我从没听过道尔提讲过这么多话，他一定是有感而发的。当然，如果不考虑整个经济大环境的变化，他的话蛮有道理。竞争从来没有像现在这么激烈过，市场要求也比从前严苛。我个人觉得，以这项工作的艰难程度而言，格兰毕其实算表现很好的了。他接手的虽然是一家绩优公司，但产品根基已经受到蚕食。这家公司原本一直在赔钱，而他却能扭亏为盈。

杜鲁曼举起手示意大家安静。这下事态严重了，如果他也支持道尔提，那么他们就有足够的力量为所欲为了。

一屋子人都安静下来。杜鲁曼看了看每位主管，然后慢慢地说："如果管理阶层所能提出的最好计划也不过如此，那么我们恐怕要另请高明了。"

哇！好大的一颗炸弹。格兰毕一年后就要退休了，大家都以为角逐接班人宝座的只有皮区与史麦斯，他们是两个最主要产品群的执行副总。我个人比较希望皮区夺魁，史麦斯只是一条玩弄办公室政治的毒蛇罢了。不过，现在游戏完全改变了。

"你们一定考虑过更具野心的做法吧？"杜鲁曼问格兰毕。

"我们的确想过。"格兰毕承认，"皮区？"

皮区开始解释："我们的确有一个计划，不过，我必须强调，这个计划尚未成熟，而且内容十分敏感。我们可以把成本再降低七个百分点，借此重整公司，不过还需要先敲定许多细节，才能公布这个计划。这个计划工程不小。"

别又来了！我以为我们已经度过了这个阶段。每次只要碰到提高盈余的压力，管理阶层的第一个反应就是削减开支，说穿了也就是裁员。这真荒唐，我们已经削减了数千个职位，不只削减了多余的脂肪，而且连骨头带肉都砍掉了。在过去，不管我身为厂长或事业部门主管，都时常需要为了保护部属而和皮区抗争。我们如果把花在重组上的精力放在想想如何获取更大的市场占有率上，公司情况一定会好很多。

意料之外的援手出现了。道尔提说："这样还不够。"

杜鲁曼马上接口："这样没办法解决问题。华尔街对这类举动不再感兴趣。最近的统计资料显示，裁员的公司有超过半数并没有改善获利状况。"

不只是我，这下子所有的人都傻掉了。很显然，这次董事们似乎事先已有默契，有所图谋。但是，他们究竟在打什么主意呢？

"我们必须将力量集中在核心事业上。"史麦斯斩钉截铁地说。

不要希望从史麦斯口中能吐出什么有意义的话。有谁会阻碍他专注在核心事业上呢？这本来就是他的职责所在。

杜鲁曼也提出同样的问题："如果要将核心事业发展得更好，你还需要什么其他支援吗？"

"更多的投资。"史麦斯回答，在格兰毕的首肯下，他走到投影机旁，开始让大家看投影片。了无新意，都是这几个月来他一直用来轰炸我们的相同内容：投资更多钱在新设备上，多投资在研发上，购买其他公司，以让"产品线更完整"。真不知道他从哪得来的信心，确信这些做法有用。我们过去这几年，不就是这样葬送掉数亿美元的投资吗？"这绝对是我们应走的方向。"道尔提说道。

"没错。"杜鲁曼附议，"不过，我们不应忽略史麦斯在开头说的话。我们必须专注在核心事业上。"

狡猾的史麦斯，原来他一直都跟他们一伙，唱和之间只不过是一场戏。他们要打哪儿去找来这么一大笔钱，投资在这些空中楼阁上呢？

"我想多元化策略是错误的。"杜鲁曼说道。他转向格兰毕，继续说，"我了解你当初开始多元化的理由。你想扩大优尼公司的产品基础，让它变得更稳固。不过，回头检视，你必须承认这是个错误。我们投资近 30 亿美元在多元化上，但投资回报率不成比例。我想我们不应再这么走下去。我们应该卖掉这些公司，改善我们的信用，然后重新投资在核心事业上。"

这是我第一次看到格兰毕遭到这么严重的攻击。不过，这不是重点，重点是格兰毕受到的攻击将毁了我。杜鲁曼的建议基本上就是卖掉我辖下的所有公司。

我能采取什么行动呢？

格兰毕是不会轻易放手的。他的整个长远计划就构建在多元化策略上。

不过，从这时开始，事情的发展急转直下，就像特快车一样。更多的董事支持杜鲁曼的建议。提议，附议，决议，在短短 5 分钟之内全部结束。格兰毕没说半句话，他甚至还投赞成票。他一定是胸有成竹。

"在我们继续下一个议题前，"格兰毕说，"我必须提醒一下，关于如何投资在核心事业上，必须小心。"

"赞成。"杜鲁曼说，"到目前为止，我们所看到的投资计划都太传统了，风险也太大。"

我看看史麦斯，他脸上的笑容不见了。很显然，有人阵前不买他的账，执行总裁的位置不再是他的囊中之物。很可能将来的执行总裁会是空降人员。而在我看来，任何人都比史麦斯好！

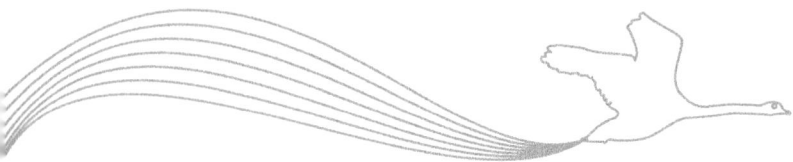

2

无论在哪里，都要"谈判"

家里好像有个乐团正在演奏，却毫不悦耳。我直接走到大卫的房间，他正坐在桌前写功课。跟他打招呼没什么意义，因为他根本听不到。我把他的房门关上，噪声立刻降低 50 分贝。幸好茱莉在买新音响给他的时候，很明智地给他的房门装上了隔音设备。

莎朗正在打电话。我向她招了招手，然后就到楼下厨房去了。自从茱莉的诊疗室开张后，我们就习惯了很晚才吃晚餐。身为一位婚姻咨询顾问，她最好的营业时间是下午四点到晚上九点。这对客户而言很理想，而我们呢？只有在茱莉预先准备的开胃小点中寻找安慰了。尽管住在美国，但我们不见得没法学着过欧式生活。

"周六有人邀我参加一场特别的聚会。"莎朗说。

"真棒！"我答道，并把最后一口鸡肝馅饼吃完，"怎样的聚会？"

"这是二年级同学的聚会。只有我们四个新人受邀参加。""我的女儿可真红！"我向她眨眨眼。

"可不是吗！"莎朗转个圆圈。

孩子们只留下起司橄榄三明治给我吃，我两三口就把它解决了。

"那么你没意见啰？"她问道。

"我看不出有什么好反对的。"她给我一个飞吻，脚步轻快地"飘出"厨房。"等一下！"我叫住她，"有什么我不该让你去的理由吗？"

"其实也没有，"她说，"我都快满 14 岁了。"

"是的，大女孩，如果你把还差八个月称作'快'满 14 岁的话。"然后，我忽然想到，"聚会什么时候结束？"

"我不知道，"她漫不经心地回答，太漫不经心了，"我猜蛮晚吧！"

"多晚，莎朗？"我问道，然后打开冰箱，拿了瓶啤酒。

"可是，爸！"她的声音有点紧张，"我不能在聚会还没结束就离开吧。"

我打开啤酒瓶，走向起居室。"多晚？"我又问了一次。

"爸，这是二年级的聚会。"她还是没有回答我的问题，"你不明白吗？"

"我知道！"我说，然后打开电视，"但我希望你十点前回家。"

"但是，黛比、金姆，还有克莉丝都要去！"泪水开始在她眼眶内打转，"为什么我就得待在家里？"

"你不需待在家里，你只需在十点前回到家里。"我漫无目标地转换电视频道，"你妈怎么说？"

"她要我问你。"莎朗哽咽地说。

"你已经问了，也得到答案了。就是这样，亲爱的。"

"我告诉过她，你不会理解的。"她边哭边跑回房间。

我继续转台。5点50分了。再过一会儿，茱莉就会打电话回来，顺便教我如何准备晚餐。她怎么叫莎朗来问我这样的问题呢？

茱莉尽量让我多参与家庭事务。我倒无所谓，其实平常大部分的重担仍然落在她肩上，但我不喜欢扮黑脸。茱莉应该知道，我不会允许莎朗太晚回家。

"我再重复一遍：先把烤箱转到350度，然后再放进千层面。"

"对，亲爱的。"茱莉确认，"家里还好吗？"

"不尽然，莎朗今晚大概不会和我们一起吃晚餐了。"

"这表示你直截了当地拒绝了她的要求。"

"没错，直截了当。"我坚定地说，"你还希望怎样呢？"

"我希望你能用钟纳教我们的谈判技巧。"（请参看本书导读和《目标》一书。——译者注）

"我不会和自己的女儿谈判的。"我说，有点儿不大高兴。

"你大权在握。"茱莉冷静地说，"你要怎么决定都可以。但是要有心理准备，起码到周六以前，别期待你的小宝贝和你说说笑笑。"

我默不作声，她继续说："罗哥，你可不可以重新考虑？这是个非常典型的谈判例子。就用钟纳的技巧，把'冲突图'（cloud）画出来吧。"

我回头去看电视新闻。没什么新鲜事，不外乎各种谈判。塞尔维亚人和伊斯兰教信徒谈判，以色列人和阿拉伯人也在谈判，另外又发生了一宗绑架案。无论转到哪个台，好像都摆脱不了"谈判"这件事。

工作时，我有太多的"机会"和固执、讨人厌又不讲理的人谈判。这种事一点儿也不好玩，难怪当钟纳说问题不是个人而是形势使然时，我不相信这种说法。自己想要的和别人想要的似乎总是互相抵触，无法妥协。

我同意这类形势相当棘手，但我仍然坚持这都是对手可恨的个性所造成的。于是钟纳便建议我查证一下，当我觉得其他人不讲道理时，看看别人对我是否也有相同的想法。

我真的照他的话去做了。从此，在工作上所有的谈判过程中，每当事情变得棘手时，我都会运用钟纳的技巧。但要我在家里使用这种技巧，跟莎朗？

但茉莉说得没错。莎朗和我的确在谈判，而且，彼此都觉得对方不讲理。如果我不想每天面对一张臭脸，我最好还是遵循钟纳的建议。

"一旦你发觉目前的谈判已经陷入无法达成妥协的僵局时，就采取第一步：马上停止对话。"我仿佛听到钟纳的话在我耳边响起。

莎朗已经停止了对话（如果这种双方进行的独白能称为对话的话）。

我现在处于第二步：调整心态。清楚无论形势看起来多么情绪化，形势演变至此，并不能全怪对方，而是双方都陷入了无法妥协的冲突中。

要做到这点可不容易。问题不是我造成的，但责怪莎朗不该想去参加聚会又很荒唐。

或许我们有办法妥协？"十点"这个时间没那么神圣，我可以让步到十点半。但对莎朗而言，一定还不够。但是我绝不允许她三更半夜才回家。

我最好进行下一步：确实写下我所面对的困境。我到书房找出钟纳的详细指示。

我找不到，不过也没关系，冲突图的要领我早已牢记在心。我拿起纸笔开始重新架构（见图 1）。第一个问题是：我想要什么？在右上角我写下：莎朗在十点以前回家。下一个问题是：她想要什么？十二点左右回家，不可能！

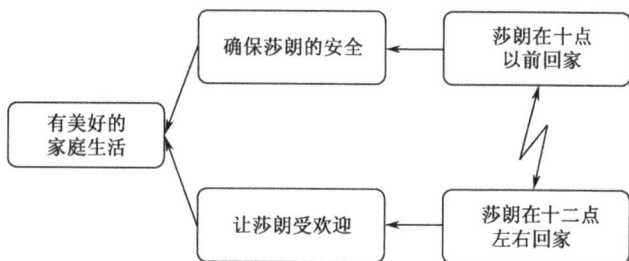

图 1

好吧！我让自己冷静下来，回归到钟纳的技巧。我坚持以我的方式来满足什么需求呢？保护女儿的名誉？算了吧，罗哥！我对自己说。让她去参加小孩的聚会，有什么坏处呢？邻居会说什么？或许根本不会说什么，而且，谁在乎你女儿几点回家呢？

"以前我不允许某个孩子做的事，现在不能忽然就对另一个孩子解禁。"我希望能用这个借口。但是对莎朗的哥哥大卫而言，这个问题好像从未发生。他最近才开始参加聚会，甚至直到现在，他也很少半夜才回家。带男孩子简单多了，但是女孩子实在不能相提并论！

那么，我为什么这么坚持十点回家呢？为什么我这么清楚我想要的是什么，却说不清理由呢？

念头一闪："教导孩子纪律的重要性。"孩子必须有所节制，不能想做什么就做什么，规矩就是规矩。

不过，且慢！定下这些规矩必须有它的道理，否则我就不是在教小孩规矩，而只是展示权威罢了。这种做法很危险。这样一来，只要他们翅膀一长硬，就会立刻飞离家门。

茱莉和我对于制定家规都十分谨慎。那么十点以前回家的规矩是哪里来的呢？只因我们在她这个年龄的时候不可以在外面待到九点以后吗？是习惯使然？是从过去经验得出的推论？不会吧！

"为了她的安全！"这才是我坚持立场的真正原因，我顿感释然。

在纸张的中间上方，我写下：确保莎朗的安全。现在我要想清楚，是什么样的需求让她坚持这么晚回家。我怎么会知道呢？谁能了解一个 13 岁的小女孩呢？但其实我能了解莎朗的想法。她不止一次表示过，希望自己受欢迎。这就够了，我把它写下来。现在轮到最困难的问题了，我们的共同目标是什么？坦白地说，以我现在的心情，我不觉得我们有任何共通之处。这些孩子！我们当然爱他们，这是人类的天性。但这不表示我们必须喜欢他们，孩子真令人头痛。

好吧！回归正题。我们有什么共同的目标？我们为什么要费神沟通呢？为什么我们那么在乎要找到一个双方都可接受的解决办法？因为我们是一家人，我们必须继续住在同一个屋檐下。于是我在左边写下：有美好的家庭生活。

我看了一下自己写的东西。为了有美好的家庭生活，我必须确保莎朗的安全。是的，当然。另外，为了维持美好的家庭生活，莎朗必须受同学们欢迎。我不知道确切的原因是什么，但是一如我所说的，我不会假装了解小女孩的心事。

下一步，回到双方的冲突之处。为了确保莎朗的安全，她必须在十点以前回家。但是，为了让莎朗受欢迎，她必须待到十二点左右。其中的冲突再明显不过，显然找不到折中的办法。我很担心她的安全，而且坦白地说，我根本不在乎她在那群吵闹的朋友当中是否受欢迎；但是对她而言，情况刚好相反。

我叹口气，敲敲莎朗的房门，这可不好玩。她红着眼睛看着我。

"莎朗，我们好好讨论一下。"

"有什么好讨论的？"她又哭了起来，"你就是不了解。"

"那么就帮助我了解。"我坐在她床上说，"你看，我们有共同的目标。"

"有吗？"

"我当然希望有。"我开始大声念出纸上所写的，"我们的共同目标是'有美好的家庭生活'，你觉得如何？我希望如此，你也希望如此，对不对？"她没有回答。

我继续说："我明白，你必须受朋友欢迎，才能有美好的家庭生活。"

"不对，完全不是这样，不是受欢迎与否的问题。爸，你难道不明白，我有我自己的朋友，我不能与众不同。能被大家接受，对我来说很重要。"

我不明白为什么我写的是错的，但我谨记着钟纳的准则，没有和她吵。于是我划掉原先写的句子，改为"莎朗被朋友接受"。然后问她："这是你的意思吗？"

"差不多。"

这大概是现阶段我所能期待的最好结果。我继续说："为了能被朋友接受，我了解你必须在十二点左右才能回家。"

"我必须等到聚会结束后才能离开，我不能在聚会结束前就回家。那样就好像站在那里大叫：'我还是个小女孩，你们不该邀请我来参加这个聚会，不要理我。'你难道不明白吗？爸！"

"那，我应该在这里写什么？"我问。

"我想你写的已经很接近了。这个聚会在十二点以前就会结束，那么，还有什么问题呢？爸，你应该明白，我已经长大了。"

"是的，莎朗，我明白。但是对我而言，为了有美好的家庭生活，我必须先确保你的安全。"

"是的，爸，"她说，"我了解。"

"这也是我要你在十点以前回家的原因。"

"但是，你难道不明白……"

"我知道，但我们不要再争论是十点还是十二点。真正的问题不在这里，重点在于你的安全和你需要被朋友接受。所以，我们何不重新看看彼此的假设呢？为了你的安全，真的非得十点以前回家不可吗？还有，为了让朋友接受你，非得十二点才回家不可吗？"

"我不明白晚回家和我的安全有什么关系？"她开始争辩。

"真的吗？"

"不。我确信一定会有男孩子开车送我们回家。"

"哦？什么时候中学二年级的学生可以开车了？"

这令她语塞了一会儿。"爸，那你能不能开车去接我回来？"莎朗迟疑地问道。

"这些二年级的学生都是些什么人啊？"我开始问她。当我知道这些二年级学生都和大卫同一个学校时，我就放心了。这是所好学校，学生都是好孩子。而且开车去接莎朗，一点儿也不麻烦，我不需再顾虑安全问题了。

"那你同意了？谢谢你，爸，我就知道你会同意的。"莎朗高兴得跳上跳下，一下赖在我身上，一下又跑去打电话。"我要告诉黛比，现在她爸爸也会让她去了。"

我笑着冲下楼去，打开烤箱。

我告诉茉莉董事会开会的情形。

"看来，情况不大好。"她说道。

"是不好。"我同意，"我现在真是进退两难。如果我的目标是保住工作，我就得配合董事会的决定，也就是我得支持他们的决定，卖掉我的公司。"

　　"但是，另外，"茱莉接着说，"如果你要保住饭碗，必须先有工作，也就是说，你必须尽一切努力，阻止公司被卖掉。"

　　"完全正确。"

　　"你要怎么办？"

　　"我还不知道。或许，先观察一阵子，等形势明朗一点再说。"我说，不甚有把握。

　　茱莉坐到我身边。"亲爱的，"她吻了吻我的脸颊，"你知道如果让恶劣形势自然发展的话，会有什么后果？"

　　是的，我知道。如果我袖手旁观，事情会变得更糟糕。

　　我用手臂环住她。"无论如何，我们仍然可以靠你的收入过活。"我试着逃避这个话题。

　　"我无所谓，不过，你会快乐吗？"

　　我亲了亲她："你说得对。我无法只是指望格兰毕，而且也没有理由坐等事情自然发展。我必须想个法子，让他们回心转意，找到正确的方向。"

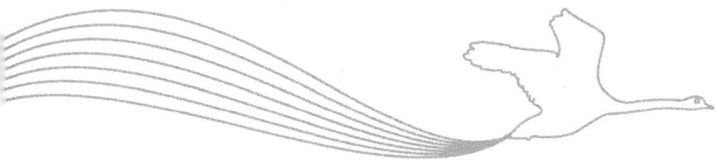

3

如何拨云见日

"这不大对！"我大声对唐恩吼着。

读着他的唇语，我猜他在说："什么？"

再怎么大声也没用。这些庞大的印刷机比大卫的音响还要吵。纸一张张快速滑过这些恐怖的庞然大物，令人紧张不安。只要盯着这些机器一两分钟，就会开始头晕了，至少我是如此。而且，只要看过一部机器运作，就等于全看过了，除非对印刷机有特殊的嗜好。

我一手抓着我的助理唐恩，一手抓着印刷公司的主管皮特，将他们拉往最近的出口。出了印刷间，我们还是得大声说话才听得到彼此。我向皮特解释，当我说我想看一下他的作业情况时，我指的并不是他心爱的机器。对我而言，机器看起来都是同一个样子。

"那么你想看什么？"皮特问。

"例如，放成品的仓库。"

"不过，那里没什么好看的。"他说，"你还没读我的报告吗？"

"但是，我就是想亲眼看看。"我答道。

仓库有其他厂房总和的三倍大，两倍高。我第一次来这里是在担任这个多元化集团执行副总一周后。那时，仓库里堆满了各式各样的印刷品。而我做的第一件事，就是驳回他们购买第二间仓库的预算申请。然后，我花了一段漫长但十分愉快的时光，教导皮特和他手下的经理如何好好经营这家公司，不让堆积成山的库存越来越多。

"你打算用这块空地做什么？"我问皮特，"开舞会，还是建飞机场？"

"大概会卖掉它吧！"他笑着说。我没回答。

"你准时交货的比例是多少？"唐恩问。

"95%以上。"他骄傲地回答。

"在你出清仓库之前，比例是多少？"

"别问了。你知道，那时候我们没有人真的相信罗哥的话——减少成品可以让我们更准时交货，这个想法令人有点难以置信。

16

不过，我现在带你们去参观真正脱胎换骨的地方——前置作业室。"

我们一边走，唐恩一边问皮特一些细节问题。唐恩的进步程度不错，而他求知若渴的态度会让他变得更好。我需要有人替我打点细节。这个人不仅要了解我要做什么，而且需要知道我为什么要这么做。一年半前，我决定将这个在皮区身边的年轻人抢过来，这可以说是我做过的最好的决定之一。

我们走进前置作业室。

不，这不只是一个"室"，而是几乎占了整层楼。这里很安静，但是真正的工作都在这里进行——将客户的愿望变成"艺术品"。在这里，作品一经客户认可，就会送到印刷机上大量生产。起先我并没察觉到工作室内有什么变化，稍后我才发现，以前紧张、匆忙的气氛不再，人们脸上紧绷的表情也不见了。

"不再充满急迫感了。"我对皮特说。

"是啊！"他微笑地回答。"没有急迫感。但是我们现在完成新设计所需的时间还不到 1 周。这跟以前的标准——4 周相比，进步了许多。"

"质量也跟着改善了吧？"唐恩说。

"的确，"皮特同意，"质量和快速交货是我们目前最强的优势。"

"令人刮目相看，"我说，"我们可以回办公室看看数据了。"

皮特的印刷厂是我的集团中最小的公司，但现在已快速成长为一家模范公司。我在这家公司投下的庞大投资——我指的不是金钱，而是教导皮特及他的员工的时间——的确值得。一年内，他们将这家二流的印刷厂变成最好的印刷厂之一。而且，从某些方面而言，他们可以说是同业中的佼佼者。不过，他们在财务上的表现就没这么杰出了。这家公司虽有盈余，但十分微薄。

虽然我已知道答案，我还是问："皮特，你为什么无法将你们的优势，如准时交货的出色表现、快速的反应及高质量，反映在较高的价格上呢？"

"对啊！这不是很奇怪吗？"他以平平的语调答道，"每个客户都要求快速交货和较好的质量，当你如期交货时，他们却不愿为此付出比较高的价格。他们好像将这些改善当作我们跟他们做生意的必备条件。假如不这么做，你就很难拉到生意；但即使你做到了，你还是没有办法提高价格。"

"会不会感觉到降价的压力？"唐恩问。

皮特看着他："当然会，压力大极了。我怕有些同行会开始屈服，迫使我们也跟着降价。事实上，削价竞争已经开始了。为了拿到印制速食麦片盒子的合约，我们必须降价 3%。这件事我给过你书面报告。"

"对，我收到过。"我确认，"那么，这对今年的业绩会有什么影响？"

"这个因素先前已算进去了。"皮特答，"不过，我们要面对现实，预期中的降价已经抵消了销售量增加所带来的利润。今年，我们的市场占有率会增加，但利润率不会。"

"这的确是个问题，"我对皮特说，"怎么做才能增加实质的利润呢？"

"依我看来，只有一个方法。你看一下收支细目。我们的盒子生意很好，问题出在糖果包装纸上。去年包装纸部门的生意，在 6 000 万美元的总营业额中占了 2 000 万美元。不过，这 2 000万美元的生意却造成了 400 万美元的亏损。我们必须阻止公司这部分继续出血；实际上，公司的盈余因此只剩 90 万美元而已。"

"你建议怎么做？"我问。

"我们必须多拿大批量印刷的订单。现在几乎所有的包装纸印刷订单都来自糖果销量不大的小厂商，但我们拿不到真正畅销的品牌糖果的包装纸生意。那些生意才真正有利可图。"

"你需要什么支持才能拿到这些订单呢？"

"很简单，"他回答，"我们需要更先进的设备。"他递给我一份厚厚的报告，"我们已经做过深度调查，提出了决定性的建议。"

我翻着报告，寻找总金额，共需要 740 万美元。他疯了！我脸上保持平静，说："皮特，不要再争取任何新投资了。"

"罗哥，我们用老旧的机器没法和别人竞争。"

"旧机器？才用了不到 5 年呢！"

"科技进步的速度越来越快。5 年前，这些还是最新的机器，但现在竞争者都在用新一代的机器；现在大家都不再采用平版印刷，而采用照相凹版印刷。新机器处理亮度低的颜色解析度比较好，而且能印金色和银色，我们却做不到；他们能在塑胶纸上印刷，而我们只能印在一般的纸张上。最重要的是，他们的机器宽多了，使他们每小时的印刷量比我们多 3 倍。这项产能的差别让他们在处理大批量印刷时占了很大的优势。"

我看着他。他的话的确有几分道理，但对董事会而言，这没有什么差别。我决定把公司的决议告诉他。反正，我得让辖下所有公司的总经理知道这项决议。

"皮特，这次的董事会会议中，优尼公司的策略有了 180 度的大转变。"

"什么意思？"他问。

我慢慢地说："董事会决定将'多元化'的经营策略转为'专注于核心事业上'。"

"所以？"

他还没搞懂，我只好明讲："所以，他们不愿意再投资哪怕一毛钱在我们的生意上。事实上，他们已经决定要卖掉这个集团的所有公司。"

"包括我的公司？"

"是的，包括你的公司。"

他的脸色变白："罗哥，这是一场大灾难。"

"镇定点。这不是大灾难，你只不过会去替另一家大财团工作而已，这又有什么差别呢？"

"罗哥，你在说什么呀？难道你不了解印刷业吗？你以为其他公司会允许我继续用你教我的方法经营公司吗？他们会让非瓶颈设备隔三岔五地闲置在那里吗？他们会允许我不预存成品吗？我所知的每家印刷公司都把成本放在优先考虑的位置，他们会逼我们全盘推翻原来的做法。你知道结果会如何吗？"

事实上，我太了解了，我在别的地方早已见过同样的情况。如果你准时交货的比例一向只有 70%，客户们已经习惯了延误，因此也懂得如何应对。但是如果他们已经被宠坏了，持续享受百分之九十几的准时交货率，一旦你忽然表现失常，让客户措手不及，没有足够的库存应变，他们永远不会原谅你。表现水准一旦走下坡，几乎立刻会导致客户流失、严重的裁员，甚至更糟糕的表现，而公司状况也会以令人难以置信的速度急剧恶化。

我们在讨论的不是我另外找份新工作的问题。我们谈的是我旗下这些公司的存活问题，我们谈的是近 2 000 名员工的问题。

大家沉默了一阵子。然后，我整理了一下思绪，说："皮特，你还有没有什么办法能提高今年的利润？"

皮特没有回答。

"怎么样呀？"我稍加压力。

"我不知道。"他说，"我真的不知道。"

"皮特，我们得面对事实。我们能扭转董事会决策的概率就像炼狱里的雪花一样渺茫。"

"那格兰毕呢？"他问。

"格兰毕可能会想点办法，但我们不能把希望全寄托在他身上。皮特，唯一的办法是增加公司的利润，这样当公司出售时，由于它是个赚钱的金矿，新买主就不敢冒险干涉你的做法。"

"概率不大。"他喃喃自语，但脸上已恢复血色。

"我很确定的是，"唐恩说，"皮特必须让包装纸部门不再亏损。"

"嗯，"皮特同意，"不过，如果你不愿意给我资金，我只能将这个部门关闭了。"

问题都一样，不同的只是规模大小而已。在总公司的层面，我们谈的是关闭工厂，而在公司的层面，我们谈的是关闭部门。应该有其他更好的办法。

皮特说："不行，这样或许可以减少亏损，却没办法将公司变成金矿，反而降低了公司赚钱的可能性。我看不出有什么出路。"

我不晓得要说些什么，也看不出有什么办法，但我对皮特说："记得我说过的话吗？事情总是有办法解决的。去年，你和你的员工已经一再证明这句话不假。"

"对。"皮特说，"但那是针对技术问题、后勤供货等问题，而不是在这样的困难上。"

"皮特，再想想看。使用钟纳的技巧，你会想出办法的。"我希望我真的像我话中语气那么有信心！

"一直到现在，我才知道董事会的决定有多严重。"我们回到车上时，唐恩对我说，"当整个业界都不用常识乱下判断而你仍然运用常识时，这是十分危险的。上级已经做出改变的决定，我们只有被迫后退的份儿。"

我没有回答，专心找路回高速公路。等到我们上了高速公路，我说："唐恩，你知道这不只是皮特的问题，也是我们的问题。如果皮特的公司卖不到好价钱，我们也会被记上一笔，所以我们绝不能关掉包装纸部门。"

过了一会儿，唐恩说："我不懂两者之间有什么关系。"

"账面上，这些印刷机器的折旧年限为 10 年。如果我们关闭了这个部门，这些机器的价值就一下子降得很低，甚至变得一文不值。这会更进一步减少公司的资产价值。这表示我们能卖的价格就更低了。唐恩，我们陷入了一个进退两难的困境中。"

"嗯，我懂了。这就好像你过去教我的，无论遇到什么矛盾冲突，不要企图以妥协来避开冲突。"唐恩打开公事包，拿出档案夹，"第一步，精确地描述冲突所在，然后才能找出突破的方法。"他开始画冲突图（见图2），"目标是以好价钱卖掉皮特的公司。"

我不同意这个目标，不过我选择暂时不发表意见。

"其中一个必备条件是'增加利润'。这表示我们需要'关闭包装纸部门'。另一个必备条件是'保护资产'，换句话说，就是'让包装纸部门继续运营'。这还真矛盾啊！"我瞄了一眼他所画的图，觉得这是个不错的开头。

"好，唐恩，提出假设，然后试着挑战假设。"

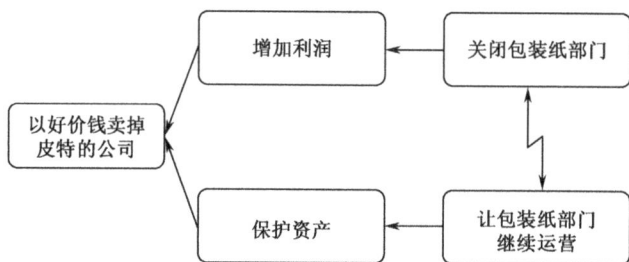

图 2

"为了卖好价钱，我们必须增加利润，因为……"

"因为利润决定了公司的价值。"我提出另一个假设。

"对。"唐恩说，"我不知道要如何推翻这个假设，尤其在皮特这个案例中。他没有任何具有发展潜力的技术或新的专利，可以让目前的获利状况显得无关紧要。"

"继续说下去。"

"为了卖个好价钱，我们绝不能侵蚀公司的资产根基，因为……原因相同，因为资产的价值决定了公司的价值。我看不出冲突图左边的内容对我们能有什么帮助。"

我没做任何评论。他继续说："为了增加利润，我们必须关闭包装纸部门，因为……因为这个部门一直亏损。我有主意了！"他大声说，"我们想办法把包装纸部门变成一个金矿。"

"哈！哈！"我可没心情开玩笑。

"好吧!"唐恩说道,"为了不侵蚀公司的资产根基,我们必须让这个部门继续运营……因为设备的账面价值远超过售价。"我不知道如何推翻这个假设。"最后一个箭头,"他继续说,"关闭包装纸部门与保持部门运营毫无交集,因为……因为我们无法单独出售包装纸部门。等一下,罗哥,或许我们可以这样做?"

"当然可以。帮我找个买主,我还有两座布鲁克林桥要卖给他。"

"我没辙了。"他承认道。

"再重头看一次。其实每个箭头后面都有不止一个假设。专心思考最困扰你的箭头。"

"为了增加利润,我们必须关闭包装纸部门。这个绝对最令我不安。我们为什么一定要关闭包装纸部门?因为它一直亏损。为什么它会亏损呢?因为我们拿不到大订单。等一下,罗哥,如果皮特在大订单上竞争不过别人,那他又怎么能拿到小订单呢?实在有点不合理。"

"不是有点不合理,"我回答道,"而是一定有什么问题我们没有发现。你何不打电话给皮特问清楚呢?"

唐恩打了电话。在几声"哦,啊"及"我了解了"之后,他挂断电话。"谜底揭晓了,"他说,"皮特的平版印刷机器确实有一个优点——所需的转换时间比较短。这让他在量小的印刷订单上有竞争力,但对量大的印刷订单而言,竞争对手的印刷速度令这个优点黯然失色。"

我们一路上都沉默无语。我不知道如何化解皮特的困境。其实,我知道还有另一个方法可以增加皮特公司的利润。我们可以修正预估,不提我们对于可能降价的疑虑。这样一来,我们或者可以声称增加了两倍的利润。唉!我可不能用这种低级的伎俩。

我不知道如何化解皮特的困境,我不知道如何拨开自己周围的迷雾。我只知道一件事:我必须解决问题。但是,该怎么做呢?

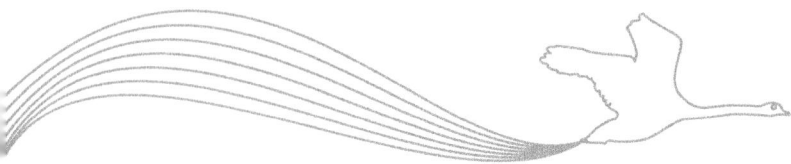

4

在泥潭中打滚

It's Not Luck

"你能不能上来一下？"格兰毕问。

"当然。"我回答，快速往他的办公室走去。我终于有机会知道他打算如何处理董事会的决议了。我知道，这件事还没定案，他不会就此倒下，不会甘愿挨打而不还手。

"嘿！罗哥，"他从桌后站起来，往房间的另一端走去。这样更好，我心里想，讨论不会那么正式。我坐进柔软的沙发中。

"想喝咖啡还是茶？"他问。

"咖啡就可以了。"我一边回答，心里一边想：这下子，会谈一定会超过 5 分钟。

"罗哥，我必须恭喜你的杰出表现。想不到这么大的亏损居然在一年之内就可以扭亏为盈。不过事实上，我不应该太惊讶。你当厂长的时候就创造了奇迹，而掌管事业部的时候，你创造了更大的奇迹。"

没错，我想我创造了奇迹，史麦斯并没有创造任何奇迹，他只凭着长袖善舞，却比我早两年成为执行副总。

我对格兰毕说："这是我分内的事。"

"告诉我，罗哥，今年我们能对你抱什么样的期望？这次你要给我们什么奇迹式的惊喜呢？"

"我手边有一些计划，"我说，"唐纳凡正在研究一套非常有意思的配销系统（distribution），如果成功的话，将能扭转一切形势。"

"很好！很好！"他说，"那么，你预估的盈余会是多少？"

"这点可能会让你失望了。事实上，我怀疑我们今年达不达得到预定目标！"

"什么？"他问，但看起来并不太惊讶。

"市场要求降价的压力很大，我从没碰到过这样的情形。没错，我们在做预估时已经把降价因素估算进去了，但目前看起来，实际状况会比预估的更糟。竞争太激烈了，我们得尽全力冲刺才能维持现状。"

如果不是因为格兰毕的秘书刚巧端咖啡进来，我确信讨论会就此停止。等到秘书离开后，我才说："我能不能问一下，你对董事会的决议有什么打算？"

"你是指什么？"

"他们要卖掉你一手买进的公司，难道你不打算采取任何行动吗？"

"罗哥，"他说，"我再过一年就要退休了。如果你现在有办法支援我，或许我可以采取一些行动。但是目前看来，我没有别的选择，只能与他们合作。"

虽然先前我已尝试做好心理准备，但我还是深觉惊讶。格兰毕手中藏的王牌原来就是我！难道我们真的拿不出一点办法来阻止这项毁灭性的决议？我恍惚听到："杜鲁曼和道尔提决定直接监管公司的出售。"当他看到我的表情时，继续说："对，罗哥，我还可以稍做抵抗，我可以将这个决议延后一年执行。但这又有什么用呢！明年他们还是会卖掉公司，我到那时已不在其位，我会成为最主要的攻击目标。不，我最好还是现在就吞下这颗子弹。天哪！这颗子弹还真大，我希望不要被噎着了。"

"那么，我该怎么办呢？"我问，"一切如常吗？"

"你的集团还是要像平常一样运作。至于你自己，要做的工作很多。杜鲁曼和道尔提已经安排好一连串的会议于月底在欧洲举行，你必须陪他们一起去。"

"为什么在欧洲？"

"资金半数都来自欧洲，再说，在开始和本地公司谈判之前，知道一下国际市场的行情总是好的。"他站起来，"很可惜你没有别的能令人惊喜的秘密武器，不过，我能理解。最近市场越来越混乱，我很庆幸就要退休了。我不觉得我有什么办法可以应付这样的市场。"

陪我走到门口时，他又说："我们俩都不想卖掉这个多元化集团。但现在所有的毒蛇都将出笼了，我希望在所有买卖都结束后，我还能得到一些正面的评价。"

我离开后，直奔皮区的办公室，我一定要知道全部的真相。

皮区笑嘻嘻地欢迎我。"你有没有注意到我们的朋友史麦斯的诡计？不过，这次他可伤到自己了，这个小人。"

皮区不喜欢史麦斯是有原因的。不久前史麦斯还是他的部下，如今二人则平起平坐，史麦斯担任执行副总所负责的部门和皮区负责的一样大。

"我注意到了。"我说道，"但是，你对他还能期望什么吗？"

"他很聪明，非常聪明。格兰毕的功力已经大不如前了，所以史麦斯试着转换阵营，想要抢执行总裁的职位。我早该料到这步的。"他带着点欣羡的口气说。

"嗯！这次他要对付的是华尔街的'食人鲨'。"我补充道，"他甚至还未达到他们那个等级呢！"

"绝对还没有。"皮区笑着说，"他们玩弄他于股掌之间。他们一得到想要的董事会决议，马上就翻脸无情，把他丢回原本的位置上，当面丢还他的投资计划。这下子真是大快人心。"

"我从不认为史麦斯可以当执行总裁的接班人。"我说，"你年资比他深，而且你的成绩也比他好。"

他拍拍我的背。"很多成绩都还是靠你大力帮忙，罗哥。不过，我不会自欺欺人，我不是做执行总裁的料。再说，开完那次董事会会议之后，我一点机会也没有了。"

"你是说……"我问道，带着迷惑。

"我是指要出售你旗下这些公司的决议。当初购买这些公司时，我参与很多，现在会有很多人归罪在我身上，至少足以让我无法被提名。"

现在，我完全傻掉了。"为什么我的公司会成为这样的政治毒药？它们已不再是无底洞了。去年，它们甚至都还有些盈余。"

"罗哥，"皮区微笑着说，"你有没有查过我们购买这些公司花了多少钱？"

"没有。"我承认，"不过，我们花得了多少钱呢？"

"一大笔钱。格兰毕那时热衷于多元化，而且别忘了，我们是在 1989 年买的，那时大家都在期待市场复苏，然后，你也知道结果如何。市场不仅没有好转，还急转直下。我估计我们的买价大概是公司现在可能卖价的两倍以上。罗哥，任何跟购买这些公司有关的人都逃不了被责难。"

"等一下，皮区。"我说道，"只要我们不卖这些公司，它们在账面上的价格就可以保持原来的买价。一旦卖了这些公司，我们就得注销全部的价差。或许杜鲁曼跟道尔提没注意到这点？"

"别自欺了，"他笑着说，"他们不会放过任何和钱有关的数字。他们很清楚自己在做什么。今年，他们会吞下这笔亏损，改善公司的资金状况，然后，到了明年，当他们引进某个大红人来当执行总裁时，股价就会上涨。"

我得想想看，不过有件事我还是想不通。"为什么你这么高兴？"我大声问。

"因为我现在可以松一口气了。"看到我一脸困惑的表情，他继续说，"罗哥，我一直都知道我不会是下任的执行总裁，不过我很害怕史麦斯当上执行总裁。如果说有什么人是我最不喜欢追随的，这个人就是史麦斯，任何人都比他好多了。现在，他最后使的这招让他失去了格兰毕的支持，而他绝对也没赢得杜鲁曼或道尔提的支持，他已经完蛋了。"

我一回到自己的办公室，就叫唐恩去帮我找一找当初并购这些公司的资料。我们一起研究，结果发现情况比皮区所讲的还糟。

根据我们的估计，皮特的公司最多可卖到 2 000 万美元，但当初是以 5 140 万美元买下的。史黛西负责的压力蒸汽公司，现在最多只能卖到 3 000 万美元，而当初我们却花了 8 000 万美元买下。

最糟糕的交易是唐纳凡负责的自我化妆品公司。考虑到目前公司仍处于小规模亏损的状况，即使乐观估计公司资产，我猜公司售价也不会超过 3 000 万美元，但当初我们花了 1.24 亿美元。是的，1.24 亿美元！

现在我终于了解，为什么格兰毕要掌控这次的出售事宜了。当初这些并购案都是由他发起并授权进行的，总金额几乎是 2.55 亿美元，更别提后来继续投入的 3 000 万美元。除了这一切投资，在并购之后，我们又累积了 8 600 万美元的亏损。现在，我们所能拿回的金额大概只有 8 000 万美元。想知道什么叫错误的决策吗？

"你看，唐恩！"我向他说，"这正是误判市场趋势的结果。现在，我知道为什么每个人，包括格兰毕，都急着找庇护所。这个麻烦的泥潭足可淹死一只大象。"

"那我们会有什么下场？"

"别担心，唐恩。如果形势没好转，我还是可以帮你找到一个好职位，一点问题都没有。不过先把我们的忧虑放一边，现在有别的事要处理。"

"我还以为豪赌只会发生在拉斯维加斯或华尔街。"他一副十分惊愕的样子。

"没错，不过先把这些事情放在一旁。"我接着告诉他，我即将有欧洲之行。"要不要替你安排与各公司总经理的简报会议？"他问。

"好主意，不过，会议跟会议之间要预留充分的时间，我要和每位总经理单独会谈半天。现在，我们来看看这次欧洲之行我会需要什么书面报告。"

我们花了两小时才列完唐恩需要替我准备的报告清单。

这趟欧洲之行，不论从哪方面讲，都不会太轻松。

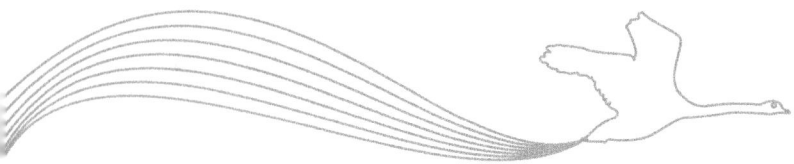

5

化冲突为双赢

It's Not Luck

"两周后，"我尽可能说得轻松点，"我要到欧洲一趟。"

"哇！"莎朗从椅子上跳起来，"你一定要替我买件'硬石餐厅'的衬衫。"

"要待多久？"茱莉问。她看起来不太高兴。

"大概一周，"我回答，"我得去见公司可能的买主。"

"我了解。"茱莉说，看起来更不高兴了。

"爸，那我的 T 恤衫呢？"

"莎朗，决定好，要衬衫还是 T 恤衫？"我问她。结果，换来的是一顿有关这些衬衫有什么差别的冗长解释。我们小时候收集棒球卡，现在的小孩则流行收集奇奇怪怪的衬衫。我想每代的小孩都会迷上一些没用的东西，唯一的差别只在于价格而已。这些衬衫出奇昂贵。我答应莎朗我会尽力，但当然要看时间是否许可。

"那你呢？"我问大卫，"你要什么？"

"我不需要你帮我带什么回来。"他微笑着说，"我想要的东西你都有了。你不在家时，我可不可以用你的车子？"

我早该猜得到。大卫正迷恋我的车子，无论任何情况都会被他拿来当作借车的借口。只要情况许可，我通常都会答应。但是要借整整一周？办不到。

"我会出汽油钱。"他匆匆加一句。

"多谢了！"

"还有开满一万英里时必须做的车子检查，我也会一并处理。"

这些说法不够有力。自从一年多前拿到驾照，他就变成一个汽车迷。我想他花在解装及重组破车上的时间要比花在读书上的时间还多。

为了不破坏晚餐的气氛，我说："让我考虑一下。"大卫并没再逼我做决定。他确实是个好孩子。晚餐其余的时间讨论的都是我要去的地方——法兰克福及伦敦。在小孩还没出生前，茱莉和我曾去过一次，孩子们（尤其是莎朗）对我俩的浪漫回忆很感兴趣。

晚餐后，我打开电视。没什么好看的节目，我放弃了，关掉电视。茱莉则正在看病人的档案。

"我觉得闷闷的,"我说,"出去走走吧!"

"我有个更好的主意,"她微笑着说,"我们何不一起想想你的承诺?"

"什么承诺?"

"你给大卫的承诺。你刚刚回答他'让我考虑一下'。"

茱莉可以把任何可能的问题都转变成双赢的局面。她刚才的意思是,当我说"让我考虑一下"时,其实我是在承诺,承诺要花时间去考虑,不管要考虑的是什么。

"这是个好主意。"我说道。我心里也明白,不然的话,除非大卫再提起这件事,否则我根本不会再花时间考虑他的要求。结果,我就得靠临机反应,拔枪就射。但是我知道,我并不是西部牛仔英雄。每次我一拔枪射击,通常打到的是自己的脚。

很奇怪,其实我对自己的承诺还蛮慎重的,而且我知道,如果对某人说"让我考虑一下",通常这个人会再回来要答案。但是,我还是常常落入尴尬的情况,因为我根本没花时间考虑答应别人的事。

要说清楚自己真正的感觉很困难,要去批评别人的想法也是件苦差事。大家都知道,如果你批评发明家的点子,通常得到的结果是反击及伤害了彼此的感情,而比批评更恼人的就是建设性的批评。

钟纳教我们如何将这些敏感的形势变成双赢的局面,这需要下一些功夫,一些重新思考的功夫,但这一切绝对值得。老实说,虽然效果神奇,但要花的功夫令我在说"让我考虑一下"时不得不加倍小心。可能我还是不够小心。

"好吧!我们照着步骤来。"我说,"大卫要求在我离家这段时间借用我的车子,这会有什么好处?真令我为难,我看不出有什么好处。他是个好驾驶员,而且以他的年龄而言,他算相当负责。但是,把我的新车借给他?"我沮丧地写下:准时完成车子定期检查。"你找不出更有说服力的好处吗?"茱莉似乎觉得很有趣。

"坦白地说,找不出来。"我笑道。不过,一定有别的理由,不然我会直接拒绝他。

她说出我的想法："那你为什么没有当场拒绝呢？"

"因为我怕他有什么不好的反应。他可能会觉得受到伤害，感觉我当他是个小孩子。"

"的确，"茱莉回答，"在他这种年龄，得到父亲的信任是非常重要的。"

"我不知道我是否那么信任他。"我说。不过，我还是写下：加强我与儿子间的信任。

"还有什么？"

"这就够了，"我说，"这个理由就够好，现在，让我们看看负面的理由，这部分比较简单。我可以找到一堆。"

茱莉笑着说："你也知道通常会出现什么状况。在我们真正动笔之前，总觉得有一堆理由，等我们真正写下来的时候，理由却少了很多，而且更难为情的是，大部分理由都是些可怜的借口。"

"好吧！"我对茱莉说道，"看看这次是不是也一样，但我并不认为会如此。"

"开始写吧！"

我毫不迟疑，写下头两个浮现在脑海的理由。

"第一，增加车子受损的风险。第二，大卫很可能会在意外中受伤。"

"等一下，"茱莉说，"我记得你说过，大卫的驾驶技术还蛮好的，你还常常让他开你的车子。再说，如果你这么担心你的宝贝玩具受损，那么你为什么平常还要开车到市中心？"

我想了一秒。把车子停在飞机场不也一样有风险？"你说得没错。"我同意，划掉第一个。

我看了一下第二个理由。我承认，其实我的车子要比大卫那辆破车安全多了，于是我又划掉第二个理由。

茱莉微笑地看着我："没错，这次也不例外。当你写下负面理由并一一审查时，你会发现大都是一些没有根据的偏见罢了！"

我才不同意呢！我不想把车子借给大卫，我不想跟任何人分享我的车子，它是我的。"好，这里还有一条，"我说道，"大卫用惯了我的车子，会习以为常。"不，这个说法不够有力。我划掉并重写：大卫觉得使用我的车子是他的权力。

"没错，小孩很容易就习以为常。"茱莉同意，"等他开了一周之后，你的车子就等于有了另一个主人。"

"这个负面理由够充分。"我说。

"还有一个，"茱莉补充，"你知道，他一直梦想开车去墨西哥，他的春假刚好是你去欧洲的那一周。"

"开我的车子去墨西哥！"我从椅子上跳起来，"假如他被困在那里，我还得一路赶到那里去解救他。"我可以很清楚地看到这幕景象。

"你要如何写下这点？"茱莉问。

"必须停止我的欧洲之行，回来解救大卫。"

"会不会太夸张了？"

"茱莉，我当然希望不会如此，但是如果他在墨西哥某个乡村被拦了下来，如果不管什么缘故，他需要父母的签名（你要记住他还未成年），你会去墨西哥吗？"

"我宁愿不要去。"

墨西哥，我的天啊！怎么会有这个念头。"还有什么？"

"你为什么不写下最核心的问题？"茱莉说，"你和大卫的关系会因此而恶化。"

我看了看这张清单，很短，不过也够了。现在，我们开始着手进行比较好玩的部分，以牢不可破的因果关系证明借车子给大卫会造成预料中的负面结果。我们总是很乐于构建钟纳所说的"负面分支"（negative branch），之后又把它重写一遍，这样一来，当我们拿这张清单给大卫看时，才不至于显得太侮辱人，并且较有说服力。美好的一个晚上，我已准备好去面对大卫。

我多希望我在工作上也能这么轻易地解决难题。

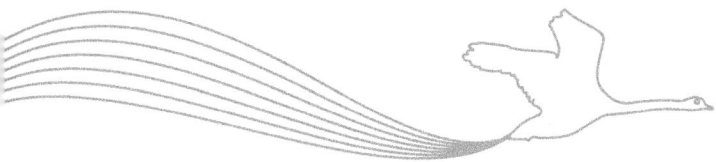

6

老友再度并肩作战

It's Not Luck

"今天安排了些什么？"我问唐恩。

"八点半和唐纳凡开简报会议，十二点跟史黛西开会。他们两位都在等你。"

"两位都在？"我问，"算了，请他们一起进来吧！"

唐纳凡和史黛西两人是好朋友。我当厂长时，他们开始替我工作，唐纳凡是生产经理，史黛西是物料经理。我们一起学习如何改造整个工厂，一起从钟纳那里学习如何管理一家公司。他们是我当厂长时最得力的助手，所以当我接手这个多元化集团，看到几家公司摇摇欲坠的状况时，我坚持提名唐纳凡为自我化妆品公司总经理，而史黛西为压力蒸汽公司总经理。他们能力都很强，而且做事踏实。尽管两人都比我略为年长，却从未妨碍到我们的关系。

史黛西走在前面，唐纳凡则在她身后大声喊："嘿！罗哥，欧洲之行准备好了吗？"

"还没有，不过有了你们的帮忙，我会做好准备的。"我回他一个微笑。

"只要告诉我们你需要什么东西，我们会一样不少地交给你。"史黛西说。与老友在一起感觉真好，你知道可以完全信赖他们。我开玩笑说："我真正需要的是一个大奇迹。"

"没问题，"唐纳凡笑道，"我们的别名就叫奇迹。"然后，他对史黛西说："我告诉过你，他会有办法扭转形势的。"

"我从未怀疑过这点。"她说，"好！罗哥，告诉我们吧！"

"告诉你们什么？"

"你的计划。"他们齐声答道。

史黛西说："我们要如何说服董事会不要卖掉我们的公司？唐恩不肯给我们暗示。"

我看着他们，他们对我太有信心了，过分有信心。我不知道该说什么，我问："你们俩为什么这么担心？"

"不是很明显吗？"史黛西笑着说，"我们都是很保守的人，不喜欢任何变动。"

"对。"唐纳凡接着说,"再说,我们上哪儿去找个像你这样的老板,一个笨到放手完全让我们自己做决定的老板?"

"多谢了,唐纳凡。不过,说正经的,你们为什么要担心呢?你们都是顶尖的经理人,你们熟知钟纳的技巧。不管未来的老板是谁,你们觉得要说服他放手让你们做事,依你们的方法经营公司,会有困难吗?"

"这是一种测试吗?"史黛西问。

"冷静点,史黛西。"唐纳凡说,"你难道看不出来罗哥在做什么吗?罗哥一定觉得很失望。他希望我们自己找出答案,猜出他的计划。"他转身向我,继续说,"你现在要逐条问我们问题,直到我们这些笨蛋找出答案为止?没问题。"

唐恩倾身向前。他已经不止一次追问我的计划,不肯相信我事实上并没有任何计划。

"你能不能再说一次你的问题?"史黛西问。

这让我越来越尴尬,但我无路可逃。"替优尼公司工作有什么特别的好处?"我问,"如果优尼公司决定将你们卖给其他集团,你们又有什么好在乎的?"

这个问题让他们停顿了一会儿。史黛西迟疑地回答:"只要你继续当我们的老板,我们就没什么好在乎的。"

"不要再拍马屁了,"我说,"说正经的。"

"我是说真的。你也知道我们的情况。我们一年前才接手这些公司,你很清楚那时候的状况如何。另外,要一个不清楚状况、不在乎前因后果,甚至不了解我们经营模式的人来管我们,你认为我们还会有任何机会吗?"

唐纳凡顺着她的口气继续说:"他们会看最后的结算数字,我的公司还在亏钱,史黛西的公司也才收支平衡而已。你知道接下来会如何。那些混账会插手,开始削减预算,开始将我们逼进'成本世界'。最终逼得我们辞职,然后公司就会毁于一旦。"

唐恩同意地点点头。他们想从我这里得到什么答案？他们以为我是谁？他们为什么这么确信？只因为我是老板，我就会有答案？

"如果公司的获利情况都很好，"史黛西补充道，"那会是另一种玩法，他们不会管得太紧。没有人会干涉一个金矿。但是，如唐纳凡所说，我们没有那么好，至少目前还没有。"

史黛西说得没错。

"如果我们获利更高的话……"我重复她所说的话。

"那么这就是你的答案。"史黛西惊讶地说，"你真的是在要求奇迹。"

"我们还有多少时间？"唐纳凡问。

"在什么之前有多少时间？"我回问。

"直到所有权换手，直到我们被卖，直到我们必须替别的老板服务之前？"

"3个月以上。"我回答。

史黛西干笑几声，说："似曾相识，我们过去也曾碰到过这种情形。""对，不过这次情况好多了。这次我们有较多的时间，3个月以上。"唐纳凡戏谑地补充。

他们讲的是我们在白灵顿镇曾经一起把原是无底洞的工厂扭亏为盈。我们那时候只有3个月的时限，做不到就……就在那时，我们遇到钟纳，开始学习他的"TOC思维方法"（TOC Thinking Processes）。就在那里，我们完成了不可能的任务，我们真的在3个月内将工厂扭亏为盈。

"我们做得到吗？"唐恩迟疑地问。

我不认为做得到。不过，如果唐纳凡和史黛西愿意接下这个挑战，我绝不会反对。反正，我们也没别的选择。

"唐恩，你与罗哥一起工作的时间还不够久。"史黛西回答唐恩的问题，然后转向我，"好了，老板。第一步是什么？你要看一下我们目前的状况吗？"

"当然。"我说道，然后看着唐纳凡，"你先说。"

他开始说："你记不记得我们为了处理产品配销所画的一张逻辑图？我们又做了些修改。我们蛮惊讶没遇到什么问题。中央库存已建立完毕，我们开始重新安排区域库存。目前一切都没问题。"

"好，"我说，"很好。你们已整顿了生产的部分，现在是配销，接下来是什么？"

"研发技术。"他很有信心地回答，"但是我怕所需时间将不止 3 个月，而是更久。"

"不是先改善销售业务？"唐恩惊讶地问。

"根据我的分析，不是。"唐纳凡答。

"为什么？"唐恩问，"市场不正是你的制约因素（constraint）吗？我以为生产部门的改良已经使产能增加了两倍。你的问题不正在于如何卖掉这些产品吗？"

"唐恩，你说得没错，"我插嘴，"唐纳凡的问题是如何增加销售量，制约因素来自市场。但制约因素来自市场并不表示销售业务就是核心问题。阻碍销售量增长的原因可能来自公司任何部分。"

"对，一点都没错，"唐纳凡同意，"那就是我为什么接下来要处理研发技术的问题。"

他转向我，继续说："你知道，在化妆品业，如果要提高销售量，就必须推出新系列产品。在过去，一套优良的系列产品足以维持公司四到五年的业务。现在却大不相同，变得好像在恶性竞争。我估计，我们每年都得推出新系列产品。"

"这么严重？"我问。

"这还是比较乐观的看法，可能还会变得更糟。我们推出新产品的速度很有问题。研发速度太慢，而且很不可靠。最糟的是，当研发人员说已经完成一项新产品时，直到开始上线生产才发现，研发人员所谓的已经很完整的产品对生产线而言根本不算完整。我们开始大量生产，然后就出现一堆的问题。"唐纳凡继续说，"目前，研发人员花在生产线上的时间比花在实验室里的时间还要多。你可以想象，这样的产品上市会有什么不愉快的结果。要想让店里实际卖出去的产品与广告相符，目前有很大的问题。"

"那你还怎样做配销呀？"史黛西问。

他转向她："史黛西，当生产线上还有超过 3 个月的库存，而且还不包括店里的库存时，你知道要推出新产品替换现有产品所代表的意义是什么吗？你了解其中要注销的库存有多少吗？"

"我可以想象得到，"她回答，"生产线上所有的旧产品库存全都要作废。我相信，要决定在什么时候或是否推出新产品对你而言都是蛮大的挑战。真是谢天谢地，我不需处理这么混乱的局面。我的产品比较起来算稳定的了。"

"这就是我一直在说的事情，"唐纳凡笑着说，"我早该接手压力蒸汽公司的，比较适合我的个性。"

不只适合他的个性，唐纳凡简直就像一列蒸汽火车的车头。

"那么史黛西，你要不要跟我交换？"

"唐纳凡，我也有我自己的问题。不要那么随便就问，搞不好我真的要跟你交换。"我们全都笑了。

"我想多听听你的配销系统，"史黛西说，我点点头，她继续说下去，"一方面，你增加了中央库存，另一方面，你又要花这么多工夫减少生产线上的库存。我想多了解一点。"

"没问题，"唐纳凡说，"我们供应将近 650 种不同的产品给分布在全国各地的几千家商店。过去，我们都会保持 3 个月的库存，不过一直都不够。每当一家商店下订单时——请记住，它们不会只订购一种产品，而是一次订购一系列产品——我们总会缺少某些产品。完整出货的订单大概只占 30%。可以想象日后再补齐所缺产品的成本有多高。但转用新系统之后，我们可以在一天内完成商店的订单，而且完整出货的订单占 90% 以上，库存出清速度大增，现在大概只需 6 周的库存就够了。"

"你是如何做到这项奇迹的？"史黛西颇感惊讶。

"很简单，"唐纳凡答道，"我们过去都把库存放在各区的仓库里。"

"为什么？"我插嘴问道。

"强调'局部效益'（local optima）的老毛病，"唐纳凡回答，"每个工厂都是单独的利润中心。以工厂经理的观点来看，一旦他出货，产品就离开了他的责任辖区，变成配销的问题。"

"我打赌正式的评核数据也反映了这点。"唐恩说。

"不但反映，而且加强了这种想法。"唐纳凡同意，"一旦产品运离工厂，在会计账上便列为已销售。你可以想象，工厂一制造完产品，马上就会将产品运至各区域的仓库。"

"对，当然是这样。"唐恩附和道，"那你的做法有什么差别？"

"现在我们把库存放在工厂里。我们在区域仓库只放预计未来 20 天会卖出的产品。这已经够好了，因为我们每 3 天会替区域仓库补货一次。"

"我一点都不了解，"史黛西坦白说，"不过，先问一句，这些改变如何能让你在较少的库存下达成较理想的产品可得性呢？我看不出两者间的关联。"

"很简单，"我插嘴说，"这全靠统计。我们对每家商店中每种产品销售情况的了解都很粗略。他们可能一天卖 10 件，也可能 1 件都没有。我们根据的是平均数。"

"显然如此。"史黛西说。

"我问你，哪种预估比较精确？"我问，"一家商店的销售预估，还是 100 家商店的整体销售预估？"

"整体销售预估。"她回答。

"你答对了，当然如此。数字越大，整体销售预估会越精准。数学原理是，我们加上越多的商店数，预估的精确度会随着商店数的平方根而按比例递增。你看，当唐纳凡将 25 个区域的库存移入工厂时，他的销售预估准确度会提高 5 倍。"

"罗哥，我从来无法了解你跟你的统计数据，"唐纳凡插嘴说，

"让我试着以我的方式来解释。史黛西，当你出货到一个区域仓库时，整个系统平均有 3 个月的库存，而这些库存平均要花 3 个月才能卖得掉，对吗？"

"还必须是所生产的产品无误，不然情况会更糟。"她说，"现在我了解了，只要产品一完成，无论是什么产品，你立即出货。而且根据每个区域未来 3 个月的销售量来预估出货给各个区域的数量。以这样粗略的预估，尤其你面临的是 650 种产品，我可以想象到整个情况会如何糟糕。"

"别忘了，"唐纳凡补充，"除了 650 种产品，我还有 25 个区域仓库的变数。这些多少会导致更大的误差。"

我们全都同意，唐纳凡总结："当一个区域仓库接到一家商店的订单而出货时，总会缺少一些产品。其实，我们手上的确有这些产品，而且还很多，只是放在别的仓库。好，然后就开始一阵鸡飞狗跳。仓库经理对工厂施压，要他们马上出货，如果他拿不到，他就开始打电话给其他的仓库。你想象不到仓库之间货品的输送有多频繁，蛮可怕的。"

"这点我倒是相信，"史黛西说，"如果工厂在产品卖出去 3 个月前就出货，你还能期待什么呢？结果一定是某种产品在一个仓库中存放太多，在另一个仓库中存放太少。所以，我现在明白你的做法了。你不再做任何区域性考虑，而决定所有库存都留在原地——工厂里。"

"这样总效果最好，"我补充道，"预估也会最准确。"

"但你还是需要区域仓库。"史黛西若有所思地说。

"没错，"唐纳凡同意，"这样我们才可以针对商店的订单快一点出货，并可节省运费。否则，每个订单都得直接从工厂出货到商店，联邦快递一定乐死了。"

"我了解，"她说，"那你如何决定每个区域仓库需要保存多少库存呢？"

"啊哈！这是个值 6.4 万美元的问题。"唐纳凡微笑着说，"事实上，很简单。我只要延续在制约因素——瓶颈——前面建立缓冲（buffer）库存的做法。史黛西，对于在瓶颈的前面建立缓冲库存，你大概跟我一样偏执吧！"

"那当然。"史黛西同意。

"那你如何决定瓶颈的缓冲库存？"

"我们在白灵顿厂时就一起研究出来了，"她微笑着说，"决定缓冲库存的因素有两个：预期的消费量及预期的补货时间。"

"答对了，"唐纳凡说，"这也正是我对配销系统所做的设计。我将区域仓库当作制约因素——商店及消费者——与我们之间的缓冲。正如你所说，每个区域仓库的库存是由产品的消费量（它所服务的商店的销售量）和补货时间来决定的，也就是说，大约是运货时间或平均每两次出货相隔的时间，取其较长者，然后乘以 1.5 倍。你瞧，我把从生产线发展出来的道理运用在配销上。当然，要加上一点适当的调整。"

"继续说。"她说。

"我们每 3 天出货一次，而大部分的区域运送时间差不多需要 4 天，我们在每个区域仓库的库存必须足够供应下周的销售。请记住，我们根本不知道接下来 4 天会卖掉什么产品，地图上每家商店的销售量各不相同，因此我们得密切注意。也要记住，库存短缺所造成的损害要比库存过剩来得大。所以，我们决定每个区域仓库都保存相当于该区域 20 天平均销售量的库存。"

"我了解你必须谨慎一点。但依我看，将 1 周的库存量增加到 3 周，已不只是谨慎，简直接近歇斯底里了。"我说。

"你很了解我。"唐纳凡笑道，"虽然还没有人说过我歇斯底里。"

"那为什么要存这么多货？为什么选择 20 天这个数字？"

"这是因为商店下的订单数量都蛮大的。"他回答，"我想他们习惯大量订购，是因为在过去，我们和竞争者的出货日期都很不可靠。为了保证不至于因为缺货而失掉生意，他们不敢只保留短期库存。有的商店甚至夸张到一订就是 6 个月的数量。当然，这种情况也会造成区域仓库突发的大量出货要求。谢天谢地的是，各区域中大部分的商店每周订货量都不至于这么离谱，不然连 20 天的库存都会不够。"

"如果商店能照着销售量来订购，如果他们只补充已经卖掉的货，"史黛西若有所思，"那么你会轻松多了。你有没有试着说服他们？"

"有啊，当然有。"唐纳凡说道，"我们的配销经理曾经寄给他们一封信，告诉他们，我们愿意以补货的方式出货，甚至每天一次，但是大部分的商店都不愿意接受这项服务。我想每种改变都需要时间，尤其我们要改变的是已有数十年历史的习惯。"

"那你怎么知道 20 天的库存就足够了？"史黛西问。

"这个数字不是根据我们的经验得出的，而是计算出来的。"唐纳凡坦白招来，"根据目前商店的订购模式，20 天的库存足以供给 90%以上的订单立即出货。目前我们仍处于过渡时期。我们已开始每周替区域仓库补货两次，但是还未能出清仓库里成堆的库存。结果，目前的成绩已经太好了，99%以上的订单都能立即出货。

"倒不一定需要表现这么出色。如果 100 次中有 90 次订单能立即完全出货，那剩下 10%的货，商店会比较愿意等待。

"对他们而言，跟竞争对手或我们以前的交货表现比起来，这简直是天壤之别了。事实上，为了不宠坏他们，我们还刻意表现得差一点，只达到 90%而已。"他十分自信，"没错，我们可以很安全地将库存降低到最多只有 20 天。无论如何，四五个月之内，我们就会很清楚地知道结果了。"

"目前你在区域仓库中有多少库存？"唐恩问。

"现在已经降到 40 天的存量，还在持续锐减中，当然锐减的速度会越来越慢。别忘了我们以前紊乱的状况，有些仓库的产品竟然还有 9 个月的库存。"

"不错。"我下了结论，"真的很不错。所以说，你准时交货

44

的比例从 30% 增加到 90%，而库存从 90 天降到 40 天，而且还在进步当中。很好。"

"40 天是目前仍在区域仓库的存量。"史黛西多事地提醒我，"为了保证由中央库存补货所需的时间只决定于运输时间而不用担心货源的问题，唐纳凡在工厂一定会多存一些成品，以建立他的中央库存。"

"对，当然。"唐纳凡笑道，"我希望我全部的成品库存只有 20 天的量，工厂库存也一样；这样一来，中央库存本身的补货时间就只取决于工厂的生产速度；去年我们在生产方面的改进缩短了许多生产时间。我在工厂大概保持有 20 天的库存，应该够了。"

"我了解。"史黛西的结论是，"以前，你的产品一完成就出货，靠的是 3 个月前的销售预估。难怪得到的结果是让错误的产品出现在错误的地方。现在只有当某个商店真正卖出某些产品时，你才会出货至该区域的仓库。真聪明。我得再多想一下。"史黛西试图消化这些道理，"能不能给我详细的逻辑图？"

"没问题。"唐纳凡微笑着说，"我很乐意。"

唐恩看起来一头雾水。我不相信他听得懂全部的对话，他不曾和唐纳凡一起研究过逻辑图，也不像史黛西一样，是个"物流管理"（Logistics Management，通过科学化管理，将物资或货物在最适当的时刻分配到最适当的地点，以达成最大效益）专家。

"你有什么疑问吗，唐恩？"我问他。

"我有满肚子问题。不过我最好奇的是，运输成本怎么办？"

"我们现在定期为区域仓库补货。"唐纳凡耐心地解释，"这样我们可以装满货车再送，比较具有经济效益。而且，我们不再需要空运少量的货到区域仓库，而区域仓库之间也不需彼此换货。运输成本自然就降低了。"

"这些问题都不简单。"我说道，"我们吃午餐，休息一下。史黛西，午餐后，我们再讨论你的公司，好吗？"

"没问题，老板。"

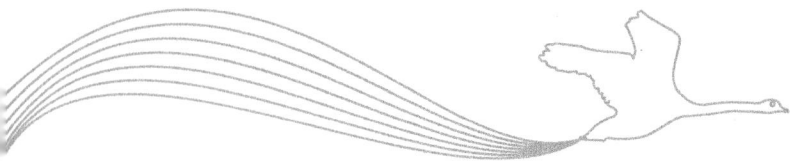

7

唯一的出路

　　我没和他们共进午餐，我需要时间思考。唐纳凡已将库存减少了 30 天，而且还会再继续减下去。在营运上这绝对合理，但存在一个问题，一个大问题：减少成品库存对公司的价值在短期内会有不良的影响。

　　在会计账面上，成品是以其成本来做账的，即经由成本会计算出的成本。这表示成品库存不是以原料价值做账的，而是以原料加上附加价值（人工及其他开支）来做账的。我们减少成品库存的同时也会减少附加价值，自然也就会降低公司最后的价值。

　　我试着算出唐纳凡公司的数字。他们大概会减少 50 天的库存，公司现在每年的销售额大概为 1.8 亿美元，50 天的销售额即代表大约 2 500 万美元。不过，在会计账面上，我不会看到库存减少了 2 500 万美元的记录，因为会计簿上用的是成本价而不是销售价。我大概会看到库存减少了 1 700 万美元。对利润的影响呢？我得用这个数字减去我所付出的原料费，即差不多 700 万美元。我的天，他的损失会增加 1 000 万美元！

　　我告诉自己别太惊慌。当然，这些都只是账面上的数字，成本会计造成的歪曲现象以后可以用真正的金钱弥补回来，可以从减少过期品省下来的钱，以及增加的销售额中弥补回来。但是我如何向可能的买主解释这一切呢？即使他全都了解，也会装作不了解，因为这正好给他一张杀价的王牌。

　　有没有好处呢？过期报废会减少，由于库存减少，推出新产品不会造成旧库存巨额注销，可以省下多少钱呢？我看了看唐纳凡的财务预算。他原本预算 1 800 万美元做成品报废，他有没有把库存大降考虑进去呢？我拿出他去年的结算来看。没有，谢天谢地，去年也是 1 800 万美元，他只是逐年照抄而已。

　　如果库存减少 50%，报废就会更低了。而且当一半的产品都集中在一个地方时，查看新产品的表现要比该产品分散在全国各地时简单多了。

　　好，这又代表什么意思呢？唐纳凡可以因为不需要报废的产品数目提高而改善账面数字，即差不多一个月 100 万美元，一年就有 1 200 万美元，我越晚出售公司，账面数字就越好。如果我能延至年底……不过，这是不可能的。

买主的查账员什么时候会用放大镜来稽查我们呢？即便我用尽各种把戏拖延，最多也不会拖过两三个月。天呀，那刚好是最糟的时候：那时候库存才刚开始减少，而且报废品减少的效应还不显著。

真可恶！我该怎么办呢？要卖一家收支几乎相抵的公司是一回事，要卖一家营业额有 1.8 亿美元，亏损却高达 1 000 万美元的公司又完全是另一回事了。要唐纳凡改回原来的配销制度，不可能，也没多大用处。唐纳凡和史黛西说得没错，如果在公司转手前无法找出让获利大增的方法，我们就劫数难逃了。我、他们，还有公司，都将一败涂地。

我们必须找出一个快速提高销售额的方法，这是唯一的出路，而且我们不能依照常规进行。皮特无法购买急需的先进印刷机，唐纳凡没有时间逐步改进他的研发部门，我们必须进行更快速的改革。这些天杀的华尔街"食人鲨"把所有压力都加在我们身上，他们为什么不能放我们一马呢？

他们吃完午餐回来了。

"罗哥，"唐恩开始说，"午餐时，我们讨论了一下唐纳凡的新配销系统对盈余的影响。"

"相当悲惨。"我以平常的音调说。

"那么，你也注意到了。"唐恩说，有点失望的样子。

"你期待什么？你以为他不会注意到吗？"唐纳凡回了他几句，然后转向我说，"我该怎么办？不管它，还是增加我的中央库存？你知道以我多余的产能，轻易就可以办得到。"

我想了一分钟。和区域库存相反，增加唐纳凡的中央库存，不会伤及唐纳凡快速回应商店需求的能力，对新产品的推出会有影响，但影响不大。另外，我们也不会因为会计上对库存的算法而降低了公司价值。这个诱惑还蛮大的。

"不，唐纳凡，别这么做。"我决定。

"我想你大概会这么决定。你从来不想走捷径，玩数字游戏。不过，我想我还是应该问一声。"

"多谢。好了，史黛西，轮到你了。"

"令人惊讶的是，当你看一下概况时，两家公司好像没有多大的差别。"她说道，"我也一样，去年我的公司也产能过剩，情况还甚于唐纳凡。但我们真正的问题，你可能也猜到了，是销售。"

"你知道，"她继续说，"我们的销售对象不是商店，而是需要用到高压蒸汽的业者。我们这行科技进步快速，新产品越来越多。不过和唐纳凡的情形不同的是，我们有些机器的设计已有 10 年历史了。问题是，目前的竞争激烈到为了渗透市场，我们常常必须以成本价卖出基本设备，只能靠后续附加的零件来赚钱。这些东西的价格都还好。"

"你的备用零件供应顺畅吗？"唐恩问道。

"不，不顺畅。"史黛西坦白回答，"一点都不顺畅。我们到处都看得见堆积如山的零件，但是通常无法在正确的地方找到正确的零件。然后总是有一堆客户追着我们要零件。"

"唐纳凡的配销系统能帮得上忙吗？"

"可能可以，所以我向他要逻辑图。我们还需要进行很多调整。我们的状况不同，90%的产品可得性对我们而言还不够。你知道，当客户需要一个零件时，如果我们无法立即给他们的话，就会造成他们的运作停摆。我必须将我们的可得性从现在的 95%提高到几乎 100%。"

"很明显我们可以做得更好。我们必须检查区域仓库的库存量。我想，唐纳凡的构想应该可以大幅改善我们的表现。"她转向我，补充道，"但罗哥，改善零件服务还不足以解决我的销售问题。我需要一个突破性的点子。"

"你刚说零件的利润蛮高的？"唐恩迟疑地问。

"没错，我说过。"史黛西确认，当她发现唐恩不愿继续说下去时，便鼓励他，"继续说啊！当局者迷，很多时候，局外人反而可以想出困在里面的人看不到的点子。"

"也可能没什么。"唐恩继续说，"不过我在想，你以成本价卖基本设备给客户，只是为了开拓市场版图。"

"这样说也没错。"

"这是不是表示，卖基本设备给客户的厂商就能垄断客户所需零件的货源？"唐恩听起来自信多了。

"你说得完全正确。"史黛西回答，"每家公司的系统都有其独特的设计，你卖基本设备给客户之后，他就得向你购买附加的零件。"

"那么你们能不能拿到竞争厂商的设计图？我想技术上应该制造得出来。产品之间的差别应该不会大到使我们无法制造出他们的零件。"

"这就是你的意思？"史黛西有点失望的感觉，"唐恩，回答你的问题，我们不仅能拿到竞争厂商的设计，而且也拿到过。是的，我们在技术上、法律上都可以生产他们的零件。那么，你的建议是……"

"你可以把零件卖给他们的客户，"他的自信降低不少，"不过，很显然你以前曾经想过这个做法，但为什么行不通呢？"

"很简单，唐恩。"她解释道，"他们的客户为什么要向我们买？因为我们的价格比较低吗？"

"啊，我知道了。"唐恩插进来，"你的竞争对手也会做同样的事，然后就是一场价格大战。"

"而我们要不惜任何代价避免的，正是价格战。"史黛西下了结论。

"抱歉，这是个笨主意。"

"没有那么笨。"史黛西微笑着对他说，"如果我们成功地采用类似唐纳凡的配销系统，而且有时间在零件供应上建立一定的信誉，那么你的点子或许可行。问题是，要建立这样的信誉需要几年的时间，而我们只有几个月。"

"伙伴们，"我慢慢地说，"我们需要的是营销的点子，可以凸显我们，让我们的产品比竞争厂商的产品更有吸引力，而且能快速执行的点子。"

"对。"史黛西说，"但我们不能冒险降价。"

"这表示，"我补充，"这些点子只能利用我们现有的产品。或许可以有些更改，但不多。"

"对。"唐纳凡附和着，"我们需要真正具有突破性的点子。"

"对。"我对自己说，"三个点子，一家公司一个。"

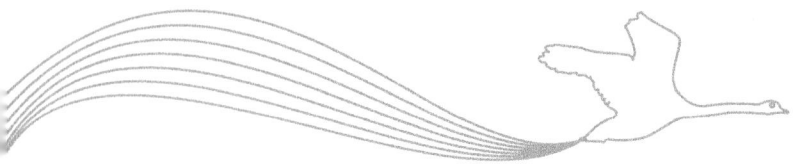

8

借车风波

It's Not Luck

要来的终于来了，当我们快吃完晚餐时，大卫问："车子的事呢，爸？"

不错，这孩子有耐性。我原以为一踏进门，他就会有此一问。茉莉大概建议他等到我放松心情，而且被喂饱了，再问不迟。但是他这一问，不知怎的令我不悦。"车子怎么样？"我回答。

"你去欧洲玩时，我可不可以借用你的车子？"

"玩？"我说。

"对不起，不是玩，是努力工作。你不在时，我可不可以借用你的车子？"

我不喜欢他说话的声调，他不是在请求，他是在命令。"给我一个我应该这么做的理由。"

他没有回答。

"如何？"我施压。

"如果你不想，就不必借我。"他喃喃地说，然后继续吃自己的晚餐。

我可以就此不管，事实上我原本也不想借给他车子，现在就更不用了。对我而言，一点问题也没有。

茉莉和莎朗在谈别的事，我和大卫默默地吃晚餐。不，这样不行。从一开始我就再三迟疑，怕会产生负面影响，现在却变成事实。大卫皱着眉头，他受到伤害了，最糟的是，他已确信不可能跟我沟通。这些青少年！

"你说你会自己付汽油钱并做车体检查？"我最后说。

大卫抬起头，望向我。

"对，没错，"他试探地说道，又一鼓作气，继续说，"而且在那一周内，只要妈妈需要去接莎朗，我都会为她代劳。"

"这一招很聪明。"我笑起来，"继续你的战术，把妈妈和妹妹争取到你那边，把我围堵到角落。"

"我没那个意思。"他脸红了。

"慢着，"莎朗不愿错失任何起哄的机会，她马上就下结论，

"好耶！等我告诉黛比，她一定不肯相信。"

"我也不相信。"大卫叫她安静一点，"爸还没答应借给我车子。""爸，拜托，拜托嘛！"莎朗一如大卫期待的帮忙说话。

"我不知道。"我说，"我还没决定。"

"但你答应我要考虑的。"大卫抱怨。

"没错，我是答应过。"

"那……"

"我还有一些顾虑。"

"对啊！那当然。"看得出来，大卫开始焦躁不安。

"儿子！"我以坚定的口吻说，"我答应过要考虑一下，而且我也考虑过了。我自然有我的顾虑，如果你可以说服我不用担心，我去欧洲出差时，你就可以用我的车子。如果你丝毫不管我的顾虑，只当是我的问题，与你无关，那么我也会直截了当地拒绝你。明白吗？"

"是，爸！"他安静下来，"有什么问题？"

"让我拿给你看。"我跑到书房拿来逻辑图。回来时，我交给他第一张图（见图3）。"在好处这里，我要加一项。"我说，"你答应做你妹妹的司机。"

"我大概不会称之为好处。"他喃喃道，然后他大声地念最后一点："加强我与儿子之间的信任。"他想了一秒，然后说："这表示无论我答应什么条件，再怎么样我都必须做到。"他叹了口气下结论："有得必有失，这算公平。好，爸，你的问题是什么？"

"第一项，我想已经解决了。不过，我们还是看一下。我去欧洲时你刚好放春假，我们都知道你想去墨西哥玩……"

"爸，别担心墨西哥了，"莎朗马上插嘴，"大卫答应每天送我上下学，相信我，我不会让他溜掉的。"

"我原希望在这点上我们能达成协议，"大卫说，"不过，好吧！爸，我答应你不会开车去长途旅行。"

我松了一口气，翻到下一页。"你念，"我对大卫说，"从最下面的句子开始。"

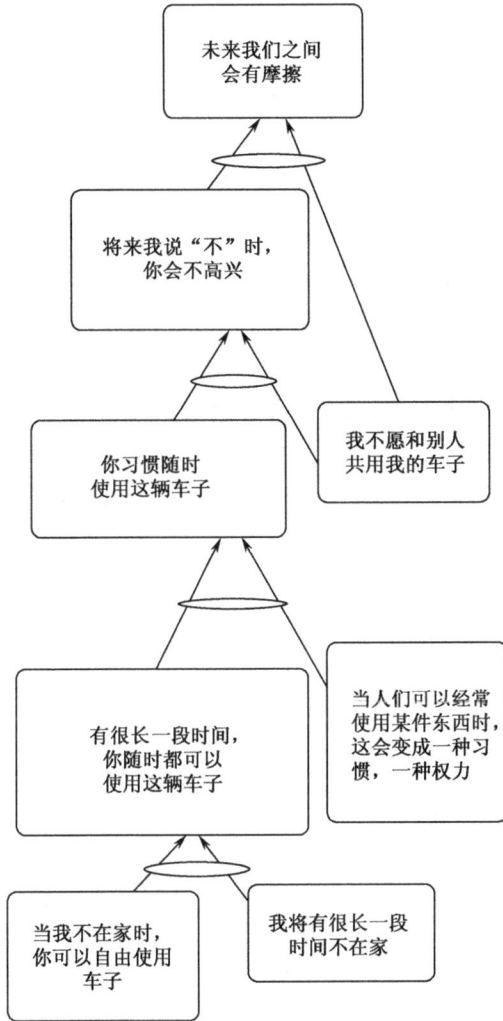

图 3

"当我不在家时，"他开始念，"你可以自由使用车子。"

莎朗有点困惑，问："这表示爸已决定借给你车子了吗？"

"但愿。"他说，"不过，很遗憾，这只表示他试着要找找看，如果他真的借给我车子，会有什么负面的结果。"

"哦！"

"继续念。"我鼓励他。

"我将有很长一段时间不在家。"大卫继续念，然后加入自己的意见，"一周并不长。"

"那只是你的想法。"茱莉说。

"好吧！妈，我不会再乱加意见。我现在念接下来这行字：'有很长一段时间，你随时都可以使用这辆车子'。"

"不对，"我说，"你不是在念一段文章，你是在念逻辑图。你要顺着箭头念。"为了做示范，我指向第一句话，然后正确地念："如果'当我不在家时，你可以自由使用车子'，而且……"我指向第二句话，"而且'我将有很长一段时间不在家'，那么……"我指向上一层的句子，"那么，'有很长一段时间，你随时都可以使用这辆车子'。"

"显然如此。"这是大卫唯一的评语。

"现在念下一句。"我说，并向茱莉微笑，她也回报我一个微笑。我们都想到钟纳所说的："当答案是'显然如此'或'这是常识而已'时，表示大家真的在沟通。"

大卫继续念道："当人们可以经常使用某件东西时，这会变成一种习惯，一种权力。"

"对不对？"我问。

"对，通常是这样。我现在可以往上一层念了吗？"

"好，不过试着用因果关系念。用'如果……那么……'"

"如果'有很长一段时间'，"他慢慢地念，"'你随时都可以使用这辆车子'，而且'当人们可以经常使用某件东西时，这会变成一种习惯，一种权力'，那么，'你习惯随时使用这辆车子'。我现在知道你的顾虑是什么了，不过……"

"大卫，"我插嘴道，"在你用随口说出的承诺去否定这个顾虑之前，我要你了解这个顾虑的重要性。请你读到最后。"

"好，我在读。"大卫继续念："'我不愿和别人共用我的车子'。"

"现在用刚才的方法'如果……而且……那么……'，请念下去。"

"如果'你习惯随时使用这辆车子'，"他不甚有兴致地念着，"而且'我不愿和别人共用我的车子'，那么'将来我说"不"时，你会不高兴'。"

"对吗？"我问。

"没错。"他承认，"我可以明白为什么会有冲突。"

"那么？"我问。

"我不知道。"他答，"无论我现在说什么，都会被解释成我好像只想回避这个问题。"

我确实很庆幸自己不怕麻烦，仔细写下这个问题。我正要提议一个解决方法时，茱莉及时地对我使了个眼色，我把要讲的话吞进了肚里，反而说："慢慢想，大卫。我下周才会去欧洲。"

大卫是个活生生的例子，张开嘴说了一件事，却立即又反悔。最后他说："如果我答应，爸回来后两个月内不要求开爸的车子呢？"

这倒是久了一点，再说，我不认为大卫能遵守这样的承诺，他太爱我的车子了。

"你为什么觉得这个办法行得通？"茱莉问他。

"很简单。"大卫答，"如果一周足以宠坏我，那两个月就一定足以让我回归原状。"

"你觉得如何？"茱莉问我。

"我觉得两个月太长，一个月就够了。"

茱莉在研究病人的档案时，会画出逻辑图以便更清楚了解并解决病人的问题。这样子，她可以在与病人会面三四次后，就挽回出问题的婚姻关系，而不至于放任问题在几个月中变大。当我提到她是以小时计费而不是以结果计费时，她只是笑笑，然后指着一长串候诊病人的名单。

她对工作很投入，但工作并未对她形成压力。你总看到她很忙，但绝不会抽不出时间。

我喜欢像这样宁静的夜晚，茱莉喃喃念着她的病例，而我试着处理完我的文件。音响里，赛门和葛芬柯再次向我们叙述他们与"西西莉亚"（赛门与葛芬柯所写的歌中人物）的问题。孩子们在他们自己的卧室里，或许正在熟睡。

"我对你处理大卫借车问题的方法感到很高兴。"茱莉向我笑道。

"在优尼公司中，我们称之为'购买业界和平'。"我笑着回答。"这是什么意思？"她颇感困惑。

"茱莉，"我试着解释，"不要误会。我并不后悔我的决定，不过坦白地说，客观来看所发生的事，大卫向我借车子，我给了他车子，就只是这样。"

"亲爱的，你真的对你的决定觉得很不舒服吗？"她柔声问道。"不，一点儿都不，我觉得很好。"

她在我脸上亲了一下。"那么，把刚刚所发生的事形容为只是大卫得到他所要求的，这顶多只叙述了部分事实。"

我想了一下。不是我不想让儿子得到他极想要的东西，而是我不想发生其他相关的事，比如说，大卫觉得他有权开我的车子。我觉得依照现在的安排就不会发生这种事情，同时也产生了良好的边际效益。茱莉可以节省一些时间，而莎朗不仅不嫉妒，还举双手赞成。

"你说得没错。"我拥抱了她一下，"我们甚至很难想象大卫两周不向我借车。你知道，钟纳建议我们只需清楚地陈述负面的因果关系而不提出解决方案，的确很有道理。如果是我提出建议，他顶多会把我的建议当成侮辱性的、不公平的要求。"

茱莉笑着点头同意："钟纳的方法真的有用，总是可以达到双赢的结果。"

"但愿我有你的信心。"我静静地说，"茱莉，我在工作上有这么多难题……我很怀疑其中任何一项能有双赢的结果。"

"多告诉我一点。"她以同样安静的语调说道。

我不知道要说什么。实在没有必要抱怨我个人的难题，这只会令茱莉不愉快，同时让我自己陷入一种悲惨、自怜的情绪而已。

"你想出如何保护这几家公司的方法没有？"她问。

"还没。"我叹口气。我告诉她今天和唐纳凡及史黛西讨论的"计划"。"我们就像溺水的人，连根稻草都想抓住。"

"为什么？"

"茱莉，你想想，要找到一个突破性的营销点子，在几个月内大幅提升我们的销售量，机会会有多大？"

"这种事不是没有。"她试着替我打气。

"没错，"我承认，"但很少发生。再说我们必须在没有新产品、没有任何广告预算的情况下达成目标。"我停了一会儿，继续说，"而且我们不止需要一个奇迹式的解决方案，我们需要三个。这完全是不可能的。"

"不，并非完全不可能。"她坚定地说，"或许很困难，但不是不可能。"

"唉！少来了。"

"罗哥，听我说，钟纳教我们的方法正好针对这种情况，似乎已经山穷水尽，好像唯一的选择就是放弃。"她继续说，"亲爱的，我知道我在说什么。我几乎每周都要面对这样的情形。"

"我没注意到。"我扬起眉毛表示她太夸张了。

"不，不是指个人生活，傻瓜，我指的是我的客户。有些人的婚姻已经被他们带入死胡同，看来毫无修复的希望。"然后，她又若有所思地说，"你知道我们之间有什么不同吗？你几乎从不用钟纳的方法。"

我开始抗议，但她继续说："没错，我知道你每天都会用到一部分方法，用在谈判、构建团队精神，甚至计划重要的会议上。

但是，罗哥，你上一次用上全部技巧，先分析一个棘手的形势，然后构建一个双赢的解决方案来扭转形势，是在什么时候？"

我想说我上个月曾经针对配销问题用过。不过，不是我做的，是唐纳凡和他的员工做的。

"在我的工作里，"她继续劝我，"我总会不停地遇到新的状况，我必须不停地使用所有的思维方法，所以我现在对使用的结果特别有信心。这不容易做到，需要下很多苦功夫，不过，一定会有效果。"

当她发现我不想回答时，她直接对我说："罗哥，你一直沿用以前发展出来的做法来解决问题，现在你无法再如法炮制了。你必须针对现在的情况，再发展出一套解决方案。"

"你是什么意思？"我颇感不悦，"你以为我可以发展出一套通用的程序，找出突破营销的方法？"

"对，我就是这个意思。"

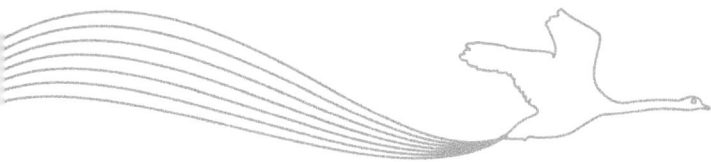

9

零报废，零库存

It's Not Luck

"我想我已经找到了一个可以让包装纸部门比纸盒部门还赚钱的方法。"皮特很兴奋，我也是。

去年，包装纸部门亏损 400 万美元，把全公司的利润拉低至 100 万美元以下。如果他在营销上能有所突破，让包装纸部门能和公司其他部门一样赚钱，那……天啊！这个部门只要收支平衡，公司利润就会有 500 万美元。

我简直不敢相信。这个消息好得不能再好了。会不会是皮特一心想阻止公司出售而想出了一些既勉强、风险又高的做法？

"从头讲起，慢慢来。"我对他说，"准备接受详细的盘问。"

"这正是我所需要的。"他笑得很开朗，"唐恩打电话来了以后，一切就豁然开朗了。"

"我打的电话？"唐恩惊讶地说。"我不记得给过你任何新点子。"

"有，就是你。"皮特坚持，"一个重要的点子。"

"你这么说，真是客气。"唐恩真的被搞糊涂了，"尤其在我老板的面前说。但是，很抱歉，皮特，我记得我是问：'为什么在大量印刷时，你无法和快速印刷机竞争，但在小量印刷时却可以？'"

"一点都没错。"皮特显然觉得唐恩的表情很有趣，"你让我们不再为自己明显的弱点难过，开始专注于既有的优势。"

"我懂了。"唐恩说。不过一会儿之后，他说："不，我还是不明白。我不明白以你目前的快速转换能力，如何能帮助你在大量印刷上与竞争对手较劲？"

"唐恩，你弄错方向了。"我说，"皮特并没有说他要追求大量印刷，他只说他们决定要全心专注在已享有优势的市场上。恭喜，皮特。我知道一旦你不再执着于只有靠大量印刷才能赚大钱的想法，你会发现小量印刷也有厚利。那么，请告诉我，市场都在什么地方？"我很愉快地问。

皮特没有回答，只是很不好意思地清清喉咙。我笑出声来，看来好像不是唐恩，而是我自己搞错方向了，而且差得很远。"好吧！皮特，告诉我们你的点子。为什么快速转换可以帮你赢得大量印刷的市场，即使你的印刷速度不如别人？"我说。

"很简单。"他说，"其实，也没有那么简单。让我先描述一下我们客户的冲突图。"

"请。"

皮特走到黑板前，开始说明整个状况："买主的目标是能符合自己公司的要求。为了符合公司要求，买主必须试着从供应商那儿获得最佳的财务交易。在我们这个行业，转换需时甚久，买主要想拿到低的价格，唯有大量订货。为了从下游厂商那里得到最佳的财务交易，买主必须大量订购。"

"这是很明显的事。"

"另一方面呢，"皮特继续说，"为了符合公司的要求，买主也要努力减少库存。我不需要告诉你，目前的企业文化对库存的容忍度有多大的改变。"

"不，你不需要再告诉我们。"我全然同意。

皮特完成冲突图的描述："这表示，为了努力减少库存，买主必须多次小量订购。"

"这个冲突蛮明显的。"唐恩说，"不过，要拿到好价格的压力仍然大过其他，对不对？"

"没错。"皮特同意。

"你有没有看到任何可能改变这个现象的因素？"唐恩继续问。

"或许有。"皮特答道，"客户面对的市场竞争越激烈，他们的销售预估就越不准确，使得大量订购的风险越大。政府法规也帮了印刷厂一个大忙，他们常常修订食品外包装需要列出的原料项目。只要有任何修正，整批包装纸库存就完全作废。不过，真正的原因是，由于竞争激烈，我们的客户常常会出其不意地推出促销活动，希望带给顾客惊喜，这通常都需要在包装上做些修改。"

"他们的内部沟通这么差？他们无法告知买主即将展开的促销活动吗？"唐恩问。

"主要不是内部沟通的问题，而是在目前的市场上，客户必须比以前反应快速。他们常常要在两三个月内就推出特定的新促销活动。"

"那么，"唐恩下了结论，"你希望客户越来越能接受小量购买吗？"

"也对，也不对。这个趋势演变已经渐渐开始了，而且可能会越来越快，但我们没有时间等待这个过程自然演变完成，我们必须推它一把。"

"怎么做呢？"我问。

"从帮客户解决难题开始。"皮特回答。

这的确是个正确的做法。"那么你打算切断哪个箭头？"我再问。

"那个讲到'为了从下游厂商那里获得最佳的财务交易，买主必须大量订购'的箭头。"他说。

"继续说下去。"我鼓励他。

"等一下。"唐恩插嘴，"如果我们要从头仔细查验皮特的解决方法，我们为什么不试着一起破解这个冲突图呢？"

"好主意。"皮特笑起来，"想出越多的方法，再一一推翻它们，越会让你们觉得我的方法最好。"

他对他的方法的确很有信心，这倒是令人充满希望。

"这个箭头下的假设是，"唐恩照着破解冲突图的步骤开始说："由于印刷机的转换需要很长的时间，买主只有大量订购，才能获取较低的价格。我们要如何推翻这个假设？你的转换会比较省时……等一下，为什么我们的思考方式要和别人一样？为什么你的价格要随着生产所需的时间而定？你有很多剩余产能，卖出的价格只要比原料的价格高，就比让资源闲置来得好。"

"唐恩，你是想建议来一场价格战吗？"皮特无法相信自己听到的。

"不是，完全不是。"唐恩开始有点兴奋，"我只是建议你，把价格定得和竞争对手的大量印刷价一样。"

皮特试着要说什么，不过唐恩正在兴头上。"虽然你的印刷机速度比较慢，你还是做得到，因为你有这么多剩余产能。现在买主需要缩小订购批量的压力越来越大，更保证了这个点子的可行性。你有没有算过你能增加多少利润？要记住，你的剩余产能其实还是有限度的。"

"不，唐恩，这不是解答。"我说。

"为什么？"

"第一，我看不出为什么跟竞争对手的大订单定一样的价格，就会令买主开始小量订购。而且大量订单的单位价格还是会比小订单低。"

"我估计错误。"唐恩同意，"不过，不管如何，我的建议还是管用。皮特可以争取那些订单，而且由于他的小订单价格比较便宜，可以让他占上风。买主也比较喜欢跟较小的厂商合作。"

"唐恩，"我耐心地说，"你的建议无法突破买主的冲突图，所以很明显无法解皮特之困。再说，皮特不会这么兴奋地跑来这里，只是为了展示他可以利用过剩产能来降价的解决方案，他一定有更好的方法，对不对，皮特？"

"对，当然了。"然后他转向唐恩，补充道，"降价竞争不仅风险太大，而且我们剩余的产能也无法让包装纸部门转亏为盈。"

"为什么降价竞争风险会很大？"

皮特笑着回答："唐恩，你有没有考虑过，替畅销糖果大量订购包装纸的客户也会替较不畅销的糖果订购小量的包装纸呢？他们是同一群客户。"

唐恩想了一会儿。皮特和我都等他继续说话。

最后他说："让我想一下。买主会期待订购量越大，价格越便宜。"

"正确。"皮特鼓励他，"这就是关键所在。"

"这表示，"唐恩继续说，好像比较有自信了，"买主不仅会比较你和竞争厂商的价格，同时也会比较大订单的单价跟小订单的单价。现在，我了解这个问题了。如果你降低大订单的单价，买主会要求小订单比照降价，即使你现在的小订单价格已经比竞争厂商低，还是一样。"

"答对了。"皮特笑道，"买主的习惯就是迫使我们整体降价并施予压力，这会毁了整个生意。"

"显然如此。"唐恩同意，"我看不出有其他的办法。罗哥，你呢？"

"让我试试看。"我开始勾画，"我们检查的箭头是'为了从下游厂商那里获得最佳财务交易，买主必须大量订购'。因为大量制造可以降低价格，因而令利润提高。我要如何挑战这项假设？"

有一会儿，我想不出任何方法，不过，我发现了两个有破绽的地方——"财务表现"及"获利"。利润只是公司在乎的财务表现指标之一而已，还有另一项现金流，有时候甚至比利润更重要。

"皮特，"我问，"有没有客户在现金流上出现问题？"

"有。"皮特回答，"现金流对某些客户而言，的确是重要的考虑因素。不过，我看不出我可以如何利用这点，让他们付较高的价格。""你看不出来吗？多次小量订购可以减少积压在库存上的现金。即使买主小量订购需要付较高的价格，他的现金流情况却好多了。"

"不过，也只是短期而已。"皮特并不全然同意。

"皮特，"我说，"难道你不知道，当现金告急时，需要的只是短期应变方式。"

皮特想了一下："对，这个方法在某些时候……对我的一些客户可能行得通……但我不觉得我的生意可以完全依赖这个点子。不过，不管如何，它可以强化我对买主的说辞。多谢了！"

"不用客气。"

"要不要试试别的点子？"他问道。

"不了，皮特。"我笑起来，"即使我有，我还是急着想听你的点子。"

"我们的方法，"他开始说，"是从挑战'大订单会让买主获得较低的单价'这个假设开始的。"

"在你这儿行，情况不正是如此吗？"唐恩问。

"不，不是。"皮特的回答令人惊讶。

"为什么？"我颇感困惑。

皮特显然蛮高兴的："我们拿最近输给竞争厂商的一笔生意为例好了。"他从档案夹中拿出一堆纸，指着最上面的一张说："这是我们的估价。第一栏是数量，第二栏是价格。"然后翻到第二页："这是竞争厂商的估价。"

我们比较这两笔估价单。在上端，当数量较少时，皮特的价格显然低很多，但随着数量增加，就渐渐不一样了。到了底端，皮特的价格几乎要高出 15%。这也难怪。皮特的机器转换速度快，所以印刷数量少时价格较低，但竞争厂商的机器印刷速度较快，因此数量大时价格就较低。

"我一点都不了解你的做法。"唐恩说，"你刚才宣称大订单不会造成低单价，但现在你给我们看两张实际的估价单，刚好证明相反的说法。你的估价单和竞争厂商的估价单只有一点是相同的，就是订单数量增加时，产品单价就都跟着降低。"

"继续。"我对皮特说。

"客户选择订购这个数量，"皮特指的是靠近底端的数字。"当然，就这个数量而言，竞争厂商的价格比我们便宜多了，所以我们失去了这笔生意。不过，"他以胜利的口吻补充道，"你不知道的是，这个数量足够这个客户 6 个月的销售之用。"

"我们现在知道了，又怎样呢？"唐恩真是没耐性。

"我现在就告诉你会怎样。"皮特以逗弄唐恩为乐，"客户的销售预估越来越不可靠，而且越来越多的促销活动需求促使他们必须做些改变，常常连带要改变包装纸的印刷。"

"对，你告诉过我们了，不过我还是看不出有什么关系。"

"客户实际会真正用完订购数量的概率有多少呢？"皮特问

道，"要记得，他的订单理论上足够 6 个月之用。你知道 6 个月中会有多少变动吗？"

"不，我不知道，"唐恩答。"不过你也不知道。"

"或许你不知道，不过做这行的几乎每个人都知道得蛮清楚的。"皮特继续揶揄他，"业界的杂志充满了这类统计数据，你看。"他拿出另一张纸给我们，是某杂志的复印资料，他指着其中一张有点模糊的图表说，"平均而言，要用完 6 个月的订购量，概率只有 30%。"

我仔细看了一下这张图表。我看过这类统计，不过对这个数据还是蛮惊讶的。我看一眼手表，不到一小时后，我还有另一个会议。皮特是否真的找到了营销难题的解决方案？他的自信显示他已经找到了。以我们蜗牛般的进展速度，看来我很可能需要将下一个会议延后。我要这么做吗？

"我就要讲到重点了。"皮特说，"我们的解决方案根据的是，假如只订购两个月的量，包装纸用不完的概率会小得多。根据这张图表，概率只有 10%。你看，我们要做的是说服客户，如果考虑到库存过剩的话，那么他向我们订购两个月的量的单价远比他向竞争厂商订购 6 个月的量的单价还便宜。"

"换言之，"我试着消化皮特介绍给我们的观念，"你的建议是让买主不要只考虑购买时的单价，而要着眼于实际能用掉的数量的单价。有道理。"

我又看了一下两张估价单。皮特选择两个月不是没有理由的。以这种较小数量的订购（实际订购量的 1/3），我们确实比竞争者便宜。很聪明。

"我对此有一个很大的疑问。"唐恩还是十分疑惑，"我不是针对这个观念，我觉得这个观念还蛮合理的，我怀疑的是可能的效果。我同意会有 30% 的订单，订购数量无法全部用完，但剩下用不完的数量会有多少？我想这全要看该数字的大小。"

"你是什么意思，全看数字的大小？当然是要视数字而定。"皮特站起来捍卫他的构想。

"我的直觉是，"现在轮到唐恩揶揄皮特，"在大部分情况下，你恐怕无法精确显示可以省下的钱有多少。"

平常我喜欢看唐恩与皮特友善地互相抬杠，不过今天我时间不多，再说，这件事太重要了。"唐恩，比较一下这两个订单。"我有点不耐烦地说，"很明显，当订购量是 6 个月的份额时，有10%以上的概率，其中 2/3 的包装纸终将报废。"

由于皮特的个性使然，他没继续抬杠，反而向唐恩解释："两个月内，有 10%的概率会发生事故，令包装纸报废。这件事显示，在 10%的个案中，为接下来 4 个月所增订的也会报废。"

"我了解。"唐恩说道，"所以，你以这个逻辑计算所订购数量中可用部分的单价？"

"对。"

"竞争厂商的价格比你高多少？"我问。

"我的价格还是贵了一点，差不多比他们贵了 0.5%。"皮特答。

"那还有什么好庆祝的？"唐恩问。

"我想到的是买主需要减少库存的压力，还有，没有人喜欢手上有一堆报废的库存。以 0.5%的差价，我赢得生意的概率还是蛮高的。不过，我的想法还不止这些，我想要容许客户订购两个月的量，但选择每两周送一次货。"

"你是说，"我试着了解，"以两个月的量来计价，但不会一次把货出清给客户，而是他在两个月中每两周会分别收到较小的量。"

"完全正确。"皮特确认，"而且，在第一次出货后，他可以随时取消剩余的订单，不需要任何罚金。"

"很慷慨。"唐恩说，"太慷慨了。"

"不。"我说，"很聪明的做法。客户付的是两个月货量的单价，但需要承担的可能作废的风险好像只有两周的订购量。这绝对会让真正可用产品的单价降到最低。"

"而且，最重要的是，"皮特笑说，"买主的库存会很低，大约只是目前的 5%，甚至更少。"

"这是突破买主冲突图的绝佳方案。"我下结论，"实际上，他付的价格甚至比他目前大量订购的价格还低，而且库存也比他在小量订购时所预期的还要低。以买主的观点来看，真是物美价廉。"

皮特听了很高兴："你看到什么负面效应吗？"

"只有几件很明显的事情，"我答，"可能你都考虑过了。"

"别太确定。"皮特说，"说来听听。"

"我想到一个负面效应，"唐恩说，"如果我没有误解的话，你要把剩余的订单库存保留在自己手上，承担库存的风险。这样划得来吗？记住，有 1% 的概率，库存将无法脱手。"

"唐恩，这不会是个大问题。"我说。

"为什么？"

"第一，你同不同意，皮特的做法不会造成价格战？"

"同意，竞争厂商在这点上无法和他竞争。要降低价格，他们必须大量印刷，但要替客户承担库存的风险又太大。"唐恩开始对皮特的点子感到兴奋，"实际的意义就是皮特以中等数量的价格获得大量印刷的市场。哦，难怪皮特有能力负担少量的报废库存。事实上，这样做的损失蛮小的，因为我们所承担的库存报废风险要远比客户小，他们承担的风险是以买入价格来计算的，而对我们来说，只要我们有剩余产能，所承担的风险就只是原料成本而已。好办法，我真的很喜欢。"

"我已经计算过风险。"皮特显然很受用，不过还试图掩饰，"这样的订单平均损失应该不到 2%。"

"你不怕会有买主滥用你设计的办法？"我问。

"你是指……"

"你如何保证客户不会先下一张大订单以获得较低的价格，然后在第一次出货后取消剩余的订单，因为他真正需要的数量其实很小？根据你的办法，他们不必付任何罚金，甚至不需要任何解释。"

"我没想过这点。"皮特说，但不一会儿他说，"我想我们可以想出一个不至于得罪客户，但仍能杜绝漏洞的好方法。"

"嗯，我相信可以，"我说，"那么，你将提供最好的价格给市场，并可缓解客户的资金压力，保证最低库存及几乎零报废库存。再加上你绝佳的准时出货表现及高质量，这是每个买主的梦想。这对你的最终利润帮助有多大？"

"如同我一开始所说的，如果我能以刚才所讲的价格，利用剩余的产能，包装纸部门会比其他部门都赚钱，大概会有900万美元的利润，这是一大笔钱。所以，罗哥，你喜欢这个主意吧？你有没有看到什么问题？"

"我喜欢，我当然喜欢。不过，我看到一个问题，大到足以将你出色的想法变成一大失望。"

"是什么？"皮特蛮担心的。

"你的方法太好，又太复杂而难以解释。我怕要说服客户相信你的说法，相信他们真会获得所有这些好处，会有困难。而且即使他们看出利益所在，别忘了，买主面对卖主的好意时，通常都会心存疑虑。这会是个问题。"

"就是这样？"皮特听起来放心多了。

"对。"

"别担心，罗哥。我想我们能说服他们。可能是我对客户的信心比你强，不过我真的觉得要说服他们不会有困难。"

"我相信你。这个办法听起来很好，非常好。就去做吧！"

"没问题，老板。我们很快就会知道效果如何。"我陪他走到门口时，他补充道："明天我们会提出两份这样的报价单，然后我和业务经理下周会与买主碰面。"

"做得好。"我握了一下他的手。他完成了一项艰难的工作，他真的想出了一个双赢的解决方案，不过我怀疑他是否真能说服客户。除非我看到订单进来，否则我是不会随便更改业务预估数字的。

过了一分钟，他探进头来告诉唐恩："顺便告诉你，即使我们还有很多剩余产能，我们也不打算印刷两个月的量，然后将它储存起来。"

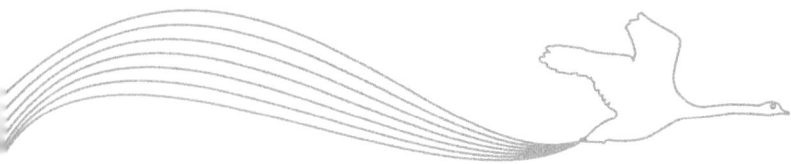

10

股东的利益与员工的利益

It's Not Luck

这是我生平第一次坐头等舱横越大西洋。

身为执行副总，我可以坐头等舱，只是去年我并不需要到欧洲。事实上，我也不觉得这次我需要去，如果我可以选择，我宁可不去，我不认为应该卖掉我的公司，我觉得这是个错误。依我看，这趟欧洲之行唯一的理由，是董事会要让华尔街明了他们真的在采取行动，他们真的有一个实际的行动计划。真是一派胡搞，他们甚至不知道，卖得的钱要拿来做什么。

这整出无聊演出的幕后主使——杜鲁曼，正坐在我旁边，坐在一个大大的头等舱的皮沙发里。这个沙发大得足以坐下两个人，是全世界最昂贵的座位，7小时就要3 000多美元。

空乘人员开始替乘客送上晚餐。你应该看看供我们选择的开胃菜：鹅肝馅饼、龙虾沙拉、里海鱼子酱。你点过里海鱼子酱来当开胃菜吗？我从来没有。我是说，直到现在才第一次吃到。这些小小的黑色圆珠子每盎司价格高达50美元，就像在吃纯银一样。

还真难吃，难怪要配伏特加酒。老实说，我还是比较喜欢意大利比萨饼和啤酒。

杜鲁曼无疑知道如何享受鱼子酱。你该看看他如何快速地将鱼子酱抹在这块小小三角形吐司上，加上蛋黄及洋葱屑。我告诉你，他还真是个行家。为什么一个不从事生产、从未有任何贡献的人可以生活得如此奢华？我想这个世界就是如此，奴隶主的生活环境总是比奴隶好得多。

"你总共参与多少个董事会？"我问。

"现在只有12个。"

现在只有12个，我对自己说。或许上个月他们关闭了一家公司，卖掉了另外两家。

"你为什么要这样问？"杜鲁曼抬起头来。

不看着汤是个严重的错误，飞机现在摇晃得这么厉害，汤匙又这么浅，他准会把汤溅到丝质领带上。但结果没有发生这样的狼狈景象。

"只是想知道而已。"我说。

"想知道什么？我是否有时间了解这些公司实际在做什么吗？或者想知道我的工作内容大概是什么？"

"事实上，两者都想知道。"

"罗哥，"他对我微笑道，"你对这种游戏还相当陌生，对不对？我还不曾在董事会上听过你发言。"

杜鲁曼很有权势。等我的公司被卖掉，我丢了饭碗时，会需要他的帮助。你无法在报纸的招聘广告中找到高层主管的职位，你需要人脉，需要认识适当的人，并且让他们也认识你。多谢格兰毕，我现在就有这样一个机会。一周的时间够长了，我得让杜鲁曼留下深刻的印象，对我有进一步的认识。

"我和其他人不一样。"我说道，心里想的是史麦斯，"我宁愿少说多做。"

"哦！"他笑开了，"那么这是你对我的工作的看法，只说不做。"

在我有机会更正他的看法前，他继续说，"我想一天 8 小时都被困在机器前的生产线工人也会这么形容你。"

我勉强对他回笑。不过，即使内心的警铃震天响，我仍然无法玩这种游戏。"我不这么认为。"我刻板地答。

"为什么？有什么差别？"

有差别，而且差别很大，不过不知道为什么，我就是找不到字眼来说明。这个吸血鬼在说什么？开开董事会议可以和实际管理一家公司相提并论？他们知不知道要将生意转亏为盈有多难、多辛苦？

"你知道我去年内将 3 家亏钱的公司转为赚钱吗？"

"罗哥，不要误解我的意思。虽然你从未在董事会中炫耀，道尔提和我对于你的成就，都十分清楚。我们都很仔细阅读你们的报告，包括字里行间隐含的意义。"

"那么？"

"那么，你还没有回答我，你的工作和我的工作有什么不同？你用双手生产东西吗？你的工作不也是全靠'说话'完成的吗？"

"对，当然啰!"我开始为了无法表达自己的意思而感到愤怒，"我思考、谈话，然后下决定。工作就是如此完成的。"

"那你为什么觉得我不是这样的呢？"杜鲁曼仍然很平静、温和，"我也思考、谈话，然后做决定。"

至少后面两项是正确的，他谈话，并且下决定。他在董事会上谈话，然后他下决定。他决定卖掉我的公司。我唯一不知道的是，他是否经过了思考。出售我的公司毫无道理可言。忽然，我脑海中灵光一现。有差别，而且还很大。我要如何表达才不会得罪他？

"我想，"我慢慢地说，"我对你的工作还不够了解。"

"很显然。"

"我承担管理公司的责任，你的责任是什么？"

"我负责管理金钱。"他答道。

我想了一下，他说得没错。不过，一个人要如何管理金钱呢？或许通过投资不同的公司，然后……

"所以你的工作就像看门狗，看管你投资的公司？"我想我措辞应该更小心点。

他笑出声来："没错，我想你可以这么形容我的工作。我的工作是决定要投资哪些公司，然后就当只看门狗，好好看管公司，以产生最佳的局部效益。"

这句话挑起我的好奇心。

"局部效益？"我回问。

"罗哥，你知道有多少高层主管忘记了公司的目标是要赚钱？他们专注在生产、成本、策略上，却常常忘了这些都只是方法，而不是目标。以优尼公司为例，你知道长期以来这些主管表现得好像优尼公司的目标只是提供给他们肥缺。有时候，我真觉得这些高层主管忘了，这不是他们的公司，而是股东们的公司。"

我没有回答。

"以你的公司为例。我们投资了将近 3 亿美元，目前回收是零。现在，我们能卖到半价就算幸运了。你想，这是谁的钱？谁要付出这笔钱？"

"我的公司已经不再亏钱了，"我说，"多给我一点时间，我会让它真正地赚钱。为什么要现在卖掉？"

"罗哥，你的多元化集团能获利多少？我看到你今年的营业预估，你注意到还有通货膨胀吗？为了保值和减少风险，我们只能投资在获利能超过通货膨胀的公司。"

我了解他的想法。我无法保证我的公司获利会超过通货膨胀，但……

"这是我工作中最不愉快的部分，"他继续说，"有时候管理阶层难免下错决定。但是当他们坚持要维护错误的决定时，我们就必须插手，这是我们的工作。记住，最终目标是赚钱。你的公司必须要卖掉，罗哥，这是不可避免的。"

杜鲁曼不需要告诉我公司的目标是要赚钱。从我当厂长后，这就一直是我的座右铭。但是，我同时也希望能在不牺牲员工的情况下达成目标。我从来不觉得赚更多钱的方法是将部门砍掉。这是史麦斯的做法，他会为了节省几毛钱裁掉任何人。

"我不认为我的情况是试图维护一个不好的决定，我没什么需要维护的。当初我并没有参与多元化的决定，但是，我仍然不觉得出售我的公司是个正确的决定。"我试着小心地选择我的字眼。"为什么？"

"因为我们面对的不只是金钱。我们同时也面对'人'。我想，高层主管不只对股东有责任，对员工也有责任。"

或许我刚判了自己死刑，不过我管不了这么多。要我玩他们的金钱游戏可有个极限。我要全部说出来："有时候，以我的立场来看，只为了让一些有钱人赚更多的钱而压榨员工——将一生投注在公司的人，并不公平……公司的目标是要多赚钱，但这并非就代表了经营公司全部的意义。"

杜鲁曼看起来并不惊讶。他一定听过类似的话，虽然说这些话的大概不会是他的部属，可能是他的前任部属。

"一些有钱的人变得更有钱。"他重复我的话，"罗哥，你以为我投资的钱从哪里来？有钱的投资人？银行？难道你不知道我们投资在市场的钱大部分都来自养老基金？"

我觉得我脸全红了。我当然知道。

"人们一生节衣缩食，就是为了存钱养老。"杜鲁曼向我解释这个明显的事实，"他们现在开始省钱，以便二三十年后退休时可以平静地养老。我们的工作是确保他们在退休时手上会有这笔钱。不是等额的金钱，而是等额的购买力。我们看管的不是有钱人的利益，我们关心的是同样一群人……你的员工的利益。"

"有趣的冲突图。"我完全同意。

杜鲁曼看起来有点失望："不要怀疑我所说的。我不是在放烟幕弹，我说的是活生生的事实。"

我没有试着去解释清楚，只是拿出笔，开始在餐巾上画下这次的冲突图（见图4）。"目标是要'照顾公司各有关方面人士的利益'。你觉得这有问题吗？"

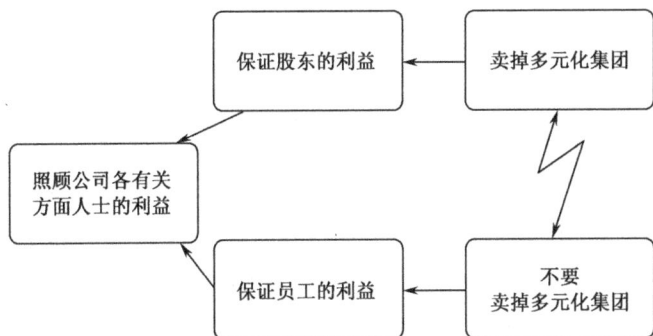

图 4

"没有，我只会觉得那些忘了这点的人有问题。"

"要做到这点，我们必须确保两个必备条件：第一是保证股东的利益，第二是保证员工的利益。"我等他提出反对意见，不过他点头表示同意。

"为了保护股东的利益，你坚持卖掉多元化集团。"

"你不同意吗？"他问。

"我同意在目前的状况下，为了保证股东的利益，我们应该卖掉多元化集团。但这并不表示我同意我们应该卖掉多元化集团。"

"罗哥，你讲话很像政治人物，你到底是同意还是不同意？"

"容忍我一下，这个问题还有另一面。我们同时也说，必须保证员工的利益。因此，我们不能卖掉多元化集团。"

我期待他会提出反对意见，宣称出售多元化集团和员工的利益无关。不过，他没说一个字。他把餐巾拿去，开始检视冲突图。

"你的工作比较容易。"我说，"对你而言，显然我们需要出售多元化集团。你看最后的获利数字，看营业预估，数字会告诉你答案。无论现在或未来赚的钱都不够，只有出售这一途径。这也难怪，你只看到问题的一面，你本来就应如此。没关系，因为员工和工会也一样，他们也只看一面。只有身为主管的我们，被夹在中间，需要满足两边的需求。请你站在我的立场上，试着回答要不要卖掉多元化集团这个问题。你看，要回答这个问题并不容易。"

他仍看着冲突图，说："问题的两面我们都考虑过了。或许在过去，我们并没有这么做，但现在我们绝对考虑过这个因素。谨慎的投资者不会只看问题的一面，我们已从痛苦的教训中学到，最重要的关键在于'人'。如果员工不喜欢他们的工作，如果他们无法以公司为傲，迟早会反映在公司的亏损上。"

"我猜这对工会而言，也是一样。他们知道，无论高层主管答应他们什么条件，一家亏损的公司不可能提供工作保障。甚至他们越来越常要求在做出任何让步之前，先看我们的投资计划。"我说。

他从冲突图中抬起头来看着我："我们的情形正是如此。"

"是怎样？"

"我想，我很容易就可以回答，你的公司还是应该要卖掉。不，不要激动，让我说完。你知道我们的信贷评级几乎名列最劣的一级。"

"我知道，我们付出的利息是优惠利率再加两厘。"

他继续说："每个人都安慰我，市场很快就会复苏。但市场一直在动荡中，而且接下来会走下坡路。上次的衰退几乎整垮优尼公司。我们不再有足够的预备金帮助我们渡过另一次低潮，而且我也不觉得我们在目前不佳的状况下能储备到足够的预备金。没人知道好景能持续多久，每个人都告诉我在这次复苏中赚钱并不容易，降价的压力一直持续增高。"

我开始了解他的观点。

"罗哥，即使我暂时忘掉我的老板，即使我专注在优尼公司的员工利益上，我得到的结论还是一样，我们必须卖掉一部分，以保护其余部分。出售多元化集团是唯一的选择，我们必须保护核心事业。"

"不过，为什么要现在出售呢？为什么不趁市场转好时，多累积一些利润？"

"时间和格兰毕的退休无关。"杜鲁曼回答我还未提出的疑虑，"现在是我们能拿到最好价格的时机，这时大家对市场都仍抱有希望。"

"我们在同样的状况下买下我的公司。1989年，那时大家都期待一次市场复苏。我们确实付出高过常理的价格。"

"这正是我所要说的。"他叹息。

"这蛮有趣的。"过了一会儿，他说，"你在哪里学到这套简报技巧？"

"很利落，用半张纸就可看清全貌。"我说。

"对，冲突就直现在你的眼前。你不可能无视于真正的难题，这是很有力的陈述方法。"

"这不只是一种简报技巧，"我解释道，"这套技巧主张你不应只试图找出妥协。它主张要检视箭头后的假设，以化解冲突。"

"你的意思是……"

钟纳宣称有办法化解任何冲突，但他错了。如果我找得出打破这个冲突图的方法，我就不需要出售我的公司。现在，就因为我这张大嘴巴，我得为他这套技巧辩护。

"举个例子，你看这个箭头。"我对杜鲁曼说，"为了'保证股东的利益'，我们必须出售多元化集团。这里的假设是，集团的获利不够多。如果我们能找到方法让获利更多，一个能保证销售更多的产品而不增加营运成本的方法就可打破这个冲突图。我们就不需要出售多元化集团，我们可以同时保证股东及员工的利益。"

"你知道如何才能做到吗？你有任何可以不增加营运成本而提高销售量的办法吗？"

"没有。"我承认，"我看不出有什么办法。"

他笑了笑："虽然理论上这个冲突图应该能解决，但事实上，我们仍然束手无策。我想美好的理论跟冷酷的现实之间还是有很大的一段距离。"

我必须同意他的说法。

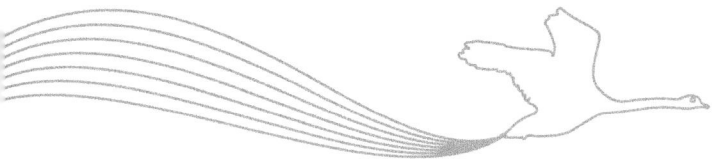

11

柳暗花明

It's Not Luck

第一眼看到伦敦的计程车时，你会觉得蛮奇怪的，等你坐进车里，就更奇怪了。后座的大小足够坐两个人。另有两张折叠椅可以从司机背后的隔栏放下。即使在火车上，我也很讨厌背着驾驶方向而坐。在计程车里，面对着杜鲁曼和道尔提坐，更令我不自在。

我们刚结束了一个出售皮特公司的交易协商。事实上，这个描述不够精确。我们没有进行任何协商，只有解说，主要由我解说。有 4 人提问题，基于问题的性质，杜鲁曼和道尔提都让我回答。大部分的问题都集中在为何营运成绩这么出色。（请勿与出色的财务绩效混为一谈，而在这点上面，皮特的公司也蛮无辜的。）

我花了蛮长的时间解释为什么库存这么低，准时交货率却可以这么高。要为观念不同的人解释清楚相当不容易。他们认为经理必须努力压榨各个部门，却不知这样做的同时会在无意中危害到各个环节的表现。我必须向他们证明，节省印刷机转换的次数，或者尽量增加每个技工工作量的做法只会造成反效果——员工会制造高工作量的假象及整体表现衰退。

我必须说，他们听得津津有味，问了很多问题，很专注地听我越来越详细的解说。不只是那些英国人，连杜鲁曼及道尔提也一样听得很专注。我想我在他们心目中又多得了几分。

在 5 个钟头的拷问后，我们离开，留下一堆习作给他们，那是将近 3 英寸厚的财务报告。下次会议中，有关价格条件的交易战才会开始。不过，那是杜鲁曼和道尔提需要伤脑筋的问题，我不需要参与。如果他们成功地说服买主同意交易的大致结构，可能的买主就会派稽核员到公司。这就是皮特开始头痛的时候。

"半小时后在酒吧碰面？"到达旅馆时，杜鲁曼建议。

好主意。我确实需要喝一两杯。一回到房间，我就试着打电话给唐恩。用欧洲旅馆里的电话通常要加收 4%的服务费，所以我用的是电话卡。在 3 串长长的数字，两次拨号错误后，终于联络上唐恩。

"有没有任何新的发展？"我问。

"你想先听什么？"唐恩蛮快活，"好消息还是坏消息？"

"先说坏消息。"

"坏消息是，你说皮特对客户提出新方法会碰到问题，你错了。"

"我没说皮特解说他的新方法会有困难。"我笑起来，"我是说他的客户会很难接受新方法。所以说，坏消息是我错了，好消息是皮特对了？"

"正确。皮特说客户都很有兴趣，他迫不及待要告诉你。你何不打个电话给他？"我忘了按#字键，结果在多花了 5 分钟及按了 30 多个号码后，才终于接通了兴致盎然的皮特。

"没有，我还没拿到订单。但我有更好的消息。"

"唯一会比订单更好的消息是，"我揶揄他，"客户的钱进了我们的账户。皮特，我知道你这两次会谈很成功，但你可否说得更确实一点？"

"我出陈述'买主的冲突图'开始。你记不记得，就是低价格的需求及低库存需求间的冲突。"

我急着想知道他达成的交易结果，想知道客户对于他非传统做法的反应，结果我不耐烦的追问却引起皮特描述所有的细节。我意识到，最快的方法就是让皮特用自己的方法说完，于是我告诉他，我确实记得买主的冲突图。

"然后，我建立了'单价'（price-per-unit）与'可用单价'（price-per-usable-unit）之间的差别。你知道，我用库存报废概率图表作为考虑订单的一个要素……"

他这样继续讲了一阵，逐一详细地告诉我，他报告了什么，他如何报告，以及他为什么要如此报告等。我看一下手表，5 分钟内我得到酒吧去，更别提我们打的是越洋电话。

最后他谈到了："每个商谈，客户都十分喜欢我的建议，甚至要我写出提案，包括他们所有包装纸的需求。听到了吗？是他们所有包装纸的需求！"

"这代表了多少美元？皮特。"

"我们还在估价的阶段，最早要明天下午才能知道。不过，每件都是大生意，一年 50 万美元以上。"

"你实际做成生意的概率有多少？"我试着让他冷静下来。

"很高，极高。"

我出声表示怀疑。

"罗哥，你看不出来吗？现在，客户手上有份实际的参考价格。他可以比较我现在的报价和他每年实际付出的价格。没有比这个更好的方法可以说明'可用单价'这个观念。我一定会赢的。"

他说得很有道理，但是……

"罗哥，我和这两位客户这周还会再会面，还有足够的时间仔细过滤我们的估价。"

这是个好主意。不要邮寄估价单，而是面对面与客户讨论，这样可以避免很多的误解，尤其这次所提的方法又这么突破传统。

"那么，我们周末前会知道结果？"

"我们会更清楚状况，但我不会期待那时就可以拿到订单；他们需要时间消化资讯。他们也会要求现有厂商提出类似的估价，至少我会这么做。不管如何，我想我们月底前就可以拿到订单。我们的条件太优厚了，而且我会继续跟进。"

我告诉他，我对于他的工作表现感到很欣慰，然后匆匆赶往酒吧。在电梯中，我发现我现在有了另一个难题。一开始，我就喜欢皮特的方法，我唯一的疑虑是买主会不会采纳。现在，他已试过两个大客户，两者对于他的方法都相当清楚，而且考虑要给他全部的生意，我已大可不必再采取保留态度。没错，我们还需再等待一会儿，看看是否能与买主达成交易，不过，现在只剩下修改细节的问题，而不是方法是否可行的问题。

　　那么，我的问题是什么呢？是我说的话还有多少信用。今天，当我解释皮特工厂的表现时，我强调包装纸部门还需要大量投资才能转亏为盈。那我现在如何解释，这个无底洞忽然之间就变成一个金矿？我得想一下我的说辞。

　　这不是一般的酒吧，这是典型的英国式俱乐部，挤满了下班回家途中进来坐坐的人。

　　"我的救星来了。"杜鲁曼向我招手，"你要点什么？"

　　"一品脱啤酒，麻烦你。"我试着适应周围的环境。

　　"我要再喝一杯，"道尔提在杜鲁曼后面叫着，杜鲁曼正试着要挤到吧台旁。

　　"什么救星？他在说什么？"

　　道尔提递给我一张皱成一堆的纸巾，我好不容易才看出来，这是我在飞机上画的冲突图。这就是杜鲁曼要的，要我解释"同时保证股东及员工利益的矛盾"给道尔提听。我开始解释。杜鲁曼拿了3个大啤酒杯过来，然后安静地放在我们前面。当我说完，杜鲁曼对着这个冲突图笑着："你现在认为如何？"

　　"这是场很美好但不切实际的游戏。"道尔提并不觉得如何。

　　"对，我知道你的意思。"杜鲁曼用力在他背上拍了一下，"我也会有这么愤世嫉俗的时候，所有的事物看起来都只是一场游戏。很残忍，很多时候也很不公平，而且不管我们做什么，游戏还是会继续下去，有没有我们都一样。振奋点，小伙子，喝你的啤酒。"

　　道尔提笑了一下，用那张餐巾纸裹住玻璃杯，把它举得高高的，"为这场游戏干一杯。"我们同他干了这杯。

　　"而且我要宣称，"他向我眨一下眼，"所有的图表，从像这张这么简单的冲突图到像财务报表那么复杂的图表，都没办法帮我们做得更好。最后我们还是要全靠直觉，内心的感觉。"

　　"你与你的直觉。"杜鲁曼放下他的马克杯，"不过我得承认一件事，罗哥所称的这个'冲突图'包括的实际含义其实不多，如果真有什么含义的话。"看到我的表情，他惊讶地问："你不同意吗？"

我看到一个大好机会，可以告诉他们有关皮特公司的这个既尴尬又振奋人心的好消息，就这么办。"不，我不同意。"

一如所料，他们上当了。"你能拿这个冲突图来做什么？除了在酒吧里打发时间之外？"道尔提以怀疑的声调说着。

"事实上，"我决定表现得自大点，"只有当你打算要用它时，你才会花时间去写下一个冲突图。当然，如果在清楚描述问题并写下冲突图之外，却不试图解决图中的问题，那我必须同意这种方法是不实际的。这个图真正的价值在于提供一个直接解决问题的方法，以消除冲突。"

"你是说这个图，"道尔提小心地将餐巾纸从酒杯上拿下，"可以让我们获得实际的结果？"

"对，这正是我所要说的。"

"可以帮我们赢得这场游戏？"杜鲁曼仍不放弃他的比喻。

"这场游戏，甚至整盘游戏。"

"证明给我们看。"道尔提坚定地说。

瞬间，我觉得自己好像置身显微镜下，在接受某种重要的检验。不过，不用担心，我早有准备。

"让我们拿今天一整天都在研究的主题——我的印刷厂为例。"我小心地铺平餐巾纸，"为了保证股东的利益，我们试着要卖掉这家公司，因为它获利不足，不值得投资。"

"它的确获利不足，而且根据你的报告，在可见的将来，获利也相当有限。"杜鲁曼修正我的话。

"对。"我同意，"这是我们的假设。我们已仔细地检视过整个状况。你们也知道，能实质提高利润的关键在于设法停止包装纸部门的亏损。"

"如果你意在说服我们投资新印刷机……"杜鲁曼打断我的解释。

　　我毫不迟疑地打断他的话，"我们也知道绝不可能会有新的投资，我们必须提出新的条件给客户，能利用现有机器，同时对市场极具吸引力而又能令我们赚大钱的条件。"

　　"简言之，"道尔提说道，"不可能的任务。"

　　"看起来是如此。"我微笑着，慢慢地从啤酒杯里啜着美味的啤酒。

　　他们都看着我。一会儿之后，杜鲁曼问："你是说你已经找到办法了？"

　　"看起来是如此。"我很享受这个时刻。

　　"罗哥，我再去帮你倒一杯，但愿你不是在骗我们，愿主与你同在。"

　　杜鲁曼等到道尔提走向酒吧才说："发生了什么事？罗哥，来欧洲的途中，你不是告诉我，你对于要在不增加营运成本的情况下增加销售量，一点办法都没有吗？现在，是不是在这两天有了什么变化？或者你只是以自杀式的行为阻止我们出售公司？"

　　"没有这种事，"我保证，"我知道在过去 5 分钟内，我所说的话让你觉得很奇怪，不过，我不是在玩花样。我承认我不知道其他两家公司该怎么办，但至少印刷厂，我刚从电话中得知，我们突破性的做法有结果了。"

　　"我想听听整个详情。"杜鲁曼跟道尔提一样坚定。

　　我等道尔提坐定，然后开始解释皮特的想法，归功给皮特。我花了 15 分钟才解释完："你们现在知道为什么我之前无法告诉你们了。我无法期待你们会把它当一回事。坦白说，在 1 小时之前，我也不确定我自己是否把它当一回事。"

　　"我们必须等等看是否真能谈成这两笔大生意，不过，我必须承认，这颇能振奋人心。"

　　"那我们必须拖延出售印刷公司的交易过程，"道尔提慢慢说道，"至少要拖到情况明朗之后。"

　　"对！"杜鲁曼同意，"而且我们应该多找些可能的买主。如果罗哥所说的变成事实，这场游戏就完全不一样了。而且我们不能回头跟现有买主更改我们的说法。我们会越描越黑。不，罗哥，不用担心，我们会乐于见到你的做法成功。卖一个获利 15% 的公司要比卖个只达收支平衡的公司有趣多了。"他们开始计算皮特的公司应该要价多少。

没错，他们还是要卖这家公司，这也难怪嘛，他们最在乎的是优尼公司的信贷评级。不过，如果皮特的办法成功——我也越来越相信会成功——那他的未来就不用担心了。没有人会插手管下金蛋的鹅。想想看，我们原本还想要投资一笔钱，取代我们那些能快速准备操作的印刷机。还有比这更笨的想法吗？

道尔提打断我的思绪。"罗哥，你们是用这种冲突图想出这个好办法的吗？"

"没错，当然。没有它们，我们一点希望都没有。靠着这种技巧，我们勉强达成目标。"

"嗯！"这是唯一的反应。

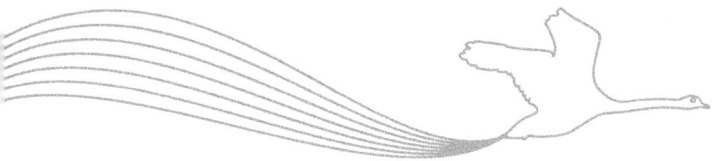

12

单靠直觉还不够

It's Not Luck

很多旅客抱怨英国菜难吃，不过依我看，英国餐厅有一项特色足以弥补这一切：他们上咖啡的方式。喝咖啡时，他们带我们到另一个房间，里面有皮质沙发椅、矮桌及烧着真正木头的壁炉。

我很轻易就被说服尝尝 1956 年的白兰地酒，杜鲁曼和道尔提也一样轻易地被说服了。我看着炉火，试着消化过去两天中所学到的一切。

在飞机上，我得以比较了解杜鲁曼的动机，也因此对他多了一份尊敬。今晚，我又发现他个性中令人欣赏的一面，我称之为"杜鲁曼的另一面"。他是一个温暖且具爱心的人，跟过去的冷血食人鲨形象相去甚远。不过，真正令人惊讶的是，道尔提也不是冷血动物，下班后的道尔提跟上班时判若两人。不是说他变得很多话或很乐观，而是他蛮友善的，而且有一种迷人且一针见血的幽默感。

杜鲁曼注意到我已沉思完毕，说："罗哥，有件事我们觉得蛮困扰的。你说印刷厂的营销突破不是侥幸想到的，而是靠逻辑图有系统地发展出来的。不过，你的其他两家公司规模更大，而且麻烦也更多。为什么你无法替它们找出营销方案呢？"

他们说话的口气开始变得跟茱莉一样，但我能告诉他们什么呢？我没尝试过这种方法？的确，这也是实话。但我为什么没有？因为我确信这只会浪费时间。

"只靠逻辑还不够。"我解释道，"你还必须有直觉。皮特几乎一生都在印刷业工作，这足以养成他的直觉，所以他可以用这种思维方法找到突破性的解决方案，但唐纳凡和史黛西才接手公司不久。"

"那么我们又回到直觉。"杜鲁曼听起来颇感失望，"如果是这样，那使用这些图形有什么好处？"

我可以说明这种思维方法的重要性。这种方法促使你必须表达你的感觉，借此可以真正释放你的直觉，也才能加以检视。不过，管他呢。如果我真的加以说明，他们一定会反问我，为什么我没有如此处理自我化妆品公司与压力蒸汽公司。所以，我没作答，只是安静地喝完白兰地。

道尔提将我的沉默当作一种回答，总结道："如果你没有直觉，没有方法可以帮助你。如果你有直觉，你不需要方法。"

这可激怒了我。这完全错误。"如果你没有直觉，"我回答，"没有任何方法能帮你。我同意这点。但如果你真的有直觉，你还是有可能犯错。直觉是寻找解决方案的必备条件，但以我的经验而言，这绝对不够。如果你要找到一个实际、简单的解决方案，你必须有一种方法来激发、专注及审视你的直觉。"

"或许。"道尔提说。

"不，不是或许，而是绝对。你是否碰到过一种状况，就好像游泳池中漂满了乒乓球，而你的工作是要把所有乒乓球按到水底？或者感觉你一直都在救火？"

"我是否碰到过这种状况？"他笑道，"这是我一生的写照，尤其是在过去这 5 年当中。"

"你看，在这种状况下，你知道如何对抗局部火场，表示你有直觉。但是，你仍然没有一点线索足以帮助你解开症结。"

"我同意，"杜鲁曼说，"但是如果没有线索，我如何能写下相关的冲突图？"

"对不起，我给了你错误的印象。冲突图并非都是第一个步骤。只有当现有状况在你的心里架构完整时，你才能用冲突图。"

"你的意思是……？"

"如果你一直在救火，会感觉被很多、很多的问题所包围。"

"的确。"道尔提说。

"这种思维方法主张这些问题并非各自独立，而是彼此之间存在着相当密切的因果关系。"

"是，以前上教堂主日学时，我也曾这么相信。之后，生活所教导我的是，问题是由借口连接而成的。"

我不理睬他的笑话。"在这些因果关系确定之前，我们对于整个状况无法有清楚的概念。第一步就是利用一种非常系统的方法，建立所谓的'现状图'（Current Reality Tree，CRT），清楚列出所处状况里所有问题间的因果关系。一旦做完，你会了解到你根本不需要处理那么多问题，因为到最后你会发现，'核心问题'（Core Problem）只有一两个。"

"你的意思是，任何状况的背后其实只有一两个'核心问题'？"杜鲁曼觉得很难相信。

"正是这样。只有一两个核心问题造成其他所有的问题。因此，我不称这些症状为问题，我称它们为'不良效应'（UnDesirable Effect，UDE）。它们是核心问题不可避免的衍生品。"

"这点很重要。"杜鲁曼边思索边说，"但我仍怀疑，如果你的话是真的，那么我们就掌握了直捣问题核心——而不是症状——的钥匙。"

"你答对了。"我微笑，"而这种思维方法给我们一个逐步去做的处方。一开始，你先列一张'不良效应'的清单，大概 5 ~ 10 个问题。你照处方继续做，最后你会归纳出核心问题的清楚定义。而且，它可以强化你的直觉，这对下一步很重要，下一步会引导你寻找解决核心问题的答案。"

"听起来太简单了。"道尔提说。

我为什么要如此对待自己？我重述钟纳的主张，好像这是我的主张，不过如果我对这些方法真的有信心，我应该更常使用这些方法。比方说，上次董事会之后，我就不会觉得自己在失败中挣扎，就不会一直如溺水的人极力想抓着什么；老天知道我多么需要一个扎实的解决办法。但事实是，我对钟纳理论的信心还不足以让我在此时依靠它。

"你自己试过吗？"杜鲁曼问我，"我是指把它用在一些看起来毫无希望的情况？"

我想了一会儿。在当厂长时，我没有采用钟纳的理论，我只用他的结论。难怪，那时候我并没注意到这种思维方法——钟纳

"制约法"（Theory of Constraints）理论的核心。我当事业部总经理时，钟纳坚持要我学习他的方法才不需要倚赖他，可以自己帮助自己。之后，我就常常使用部分的理论。通常是用来教育我的员工，解决纷争及构建团队精神。不过，至少我曾在 3 个案例中用到全套的思维方法。

"有，我用过。"我必须承认，"不止一次。"

"结果？"

"结果，很有效……出乎意料的好。"为了让自己听起来更有说服力，我补充道，"你需要的是对主题的直觉及有毅力去执行这套思维方法中的细致步骤。"

"这需要多少时间？"道尔提问。

"要看情形。5 小时左右。"

"5 小时？"道尔提笑道，"这比我为了这些问题一晚失眠的时间还少。"

他并不了解其中的困难。不是时间的问题，而是如何让自己投入及执行的问题。

"让我们试试看。"杜鲁曼建议，"我们为何不找个我们都熟到有直觉反应的主题，然后你示范给我们看。"

我看一眼我的手表，快晚上 11 点了。"这个提议不大实际，时间蛮晚了，而且我们明天还有两个重要的会议。再说，我们能选什么主题呢？我不觉得有什么主题是我们 3 个人都会有直觉反应的。"

"有，有的。"杜鲁曼说，"你在经营公司并让它们转亏为盈上很有经验。我们在控制公司上很有经验。而如果有什么事可以烦死我们的，就是如何增加公司销售量的问题。"

"对，"道尔提同意，"再说，我们不必今晚一次做完。我们只要做第一步，给你一张问题的清单——以你的说法就是'不良效应'。以后，如果有可能的话，你再说明它们之间有什么关系。"

我能怎么办？这下逃不掉了。杜鲁曼拿出他的笔，找寻另外一张餐巾纸，最后就拿放巧克力的花边纸将就着用，开始列出他的不良效应。

"'竞争比以往都激烈'。我已厌倦听到每家我参与的公司都这么说。"

"对，"道尔提说，"再加一项，'市场要求降价的压力越来越大'。"

"这点很好。"杜鲁曼同意，"不管市场需求多高，你总会听到同样的借口。到后来，我们这些外聘的董事都不敢再要求更多的销售量。他们通常会达到销售量目标，但都是靠降低价格。"

以他们的观点来看这些问题很有趣。"继续。"我说道，"我们需要 5~10 项不良效应。"

"还有什么我们常常听到的借口？"杜鲁曼真的很投入，"我想到一个了！你们听，'在越来越多的生意当中，我们无法从买主愿意付出的价格中获利'。"

"你将此归为借口？"我无法掩饰我的惊讶。

"当然。我想真正的问题——如果你能称之为问题的话——是客户越来越因为供应商的表现不符要求而惩罚他们。"

"好吧！"我无奈地说，"加上去吧！"

"我想真正的问题，"道尔提说，"是我们缺乏整体的远见。我看到的都是被动的反应，只忙着救火，没有一个合理、详细、有战术的整体策略。"

"我能把这篇演讲写成一项不良效应吗？"杜鲁曼说。

"好。"道尔提说道，"我尽量说得精简一点。我想真正的问题是经理们经营公司时都以达成局部效益为目标。"

"对，这点很好。"杜鲁曼忙着写，"这是他们一直努力的目标，结果，我们这些局外人所看到的是，公司里不同部门的人互相指责彼此工作不力。"

"把那点写下来。"我说，"这种行为的确是个问题。"

"我在写，"杜鲁曼说，"罗哥，你要不要从你的角度加入一个？"

"好。我会给你一个问题，而且你对这个问题的根源很了解。'面临前所未有的压力，要求采取行动以提高销售量'。"

他们都笑了，然后道尔提说："而且从成效来看，压力好像还不够。"

"不过，说正经的，"杜鲁曼继续说，"我们忽略了一件真正令人困扰的事。我说的是'需要以前所未有的速度推出新产品'。记得以前产品生命周期超过 10 年的日子吗？不再有那样的好日子了。越来越多我所参与的行业，产品生命周期都不到 3 年，有些甚至已发展至不到 1 年。"

想到唐纳凡讲自我化妆品公司的情况，我自然完全同意。"另外，还有一个因此衍生的问题。大家持续地推出新产品，结果混淆并同时宠坏了市场。"

杜鲁曼写完之后问："道尔提，就这个主题，你还有什么要补充的？"

"你知道我有。"道尔提说，"你听过我对新产品效果怀疑的论调。很多新产品都失败了，大部分的获利还没有研发费用多，不过即使新的或改良的产品真的成功了，结果总是会侵蚀到现有产品的销售。事实上，不只是新产品如此，新销售渠道也如此。"

当杜鲁曼附和他时，我正在想要不要就他所说的发表我的意见。"就在上周，我听到一个你绝不相信的故事。很遗憾，这件事发生在我们有巨额投资的公司。6 个月前，他们报告了一个很大的成就，他们与一个连锁俱乐部签下一笔大生意。上周我发现，我们看到的上季销售减退，正是因为俱乐部的销售抢走了一般商店的生意。"

由于最近优尼公司也发生同样的事，我宁愿尽快结束这个话题。我说："你为什么不写'大部分的新卖场及新的或改良后的新产品侵蚀到现有卖场或产品的销售'。"

"好。"

我很快地算了一下杜鲁曼的清单。"好，我们有 10 项。这就够了。"

"不，不，"道尔提说道，"不会这么轻易就放你走。这份清单责怪市场太多，责怪公司太少。让我再多加几项。"

他转向杜鲁曼说："写下'现有的销售人员大部分都缺乏足够的销售技巧'。"在他继续说下去之前我插嘴，试着平衡他的说法："销售人员工作量太大。"我确定杜鲁曼会写下这点。

道尔提继续说："生产和配销改进的速度不够快或不够有效。"

"等一下，等一下，"杜鲁曼说，"让我写完……好，继续。"

"研发技术。"道尔提说道。

"研发技术怎么样？"我问，好像我不知道似的。

他们两个都对着我微笑，然后杜鲁曼写：负责研发的工程部门推出新产品的速度不够快。

"可靠度也不够。"道尔提补充。

"好了，我受够了。"我说，"真的不需要再继续下去。"

道尔提对着我微笑。"让我加上最后一个问题，以提醒你我们在说什么。"他向杜鲁曼说，"新颖的营销点子不够多。"

道尔提等这条备注写好后，说："罗哥，你真的认为你可以在这张纸上所有的问题中找出紧密的因果关系吗？"

"而且要记着，"杜鲁曼说："照你刚刚所说的，这个处方应该可以引导我们找出造成这张清单上所有问题的一两个核心问题。我看这是不可能办得到的。罗哥，或许我们应该放弃这个想法，把它忘了吧！你这周还有许多事情要处理。"

"不！"我的自尊迫使我拒绝，"拿给我。"

"好。"道尔提严肃地说，"不过，在回美国前，我们想看看你有什么进展。"

"没问题。"我说，再次觉得自己好像面临一场重要的考验。我为什么没有在还有机会时放弃这件事呢？

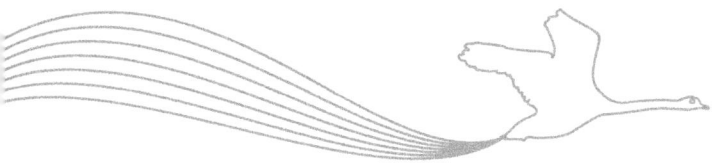

13

虚伪的数字世界

我们正在开会讨论出售压力蒸汽公司事宜。这是一个很奇怪的会议,开会对象不是公司(如昨天的会议)或投资者(像今天上午)。我的直觉很清楚地告诉我,我们交谈的对象唯利是图。这让我神经紧张。

"好!"马屁先生过了一会儿说道,"让我们看一下实际的东西,公司的资产。"他打开资产负债表。

"这家公司真正的资产是人。"我忍不住提醒这项明显的事实。

他看一下我的名片,然后向我笑说:"你负责这家公司?"

"对。"我坚定地回答。

"你的公司盈余不到25万美元,营业额是……让我看看……"他看一下他的笔记,"9 160万美元? 不太好。我现在想计算的是你的公司的净资产回报率有多少?"

狡猾先生对我微笑:"如果你能将员工折算成一个数值,恐怕它只会减少你的净资产回报率。我们还是回到公司资产的实际价值吧!"

我越来越不喜欢这个会议。

狡猾先生也看一下我的名片:"罗哥先生,在资产负债表上,这家公司的设备值721万美元。它真正的价值到底是多少钱?"

"你这是什么意思?"我既困惑又恼怒,"在优尼公司,我们不会在账册上动手脚。"

"我知道。"他又露了一次牙齿给我看。"我相信你们做账时一切都照规矩来。不过,这也正是我问的原因。在你的账册里,"他耐心地解释,"设备的价值算法是购买价格减去自购买时至今的折旧值。"

"我们以10年作为折旧年限。"我解释,"有一条注解上写了。"

"精确地讲是第21条注解。"他要表示他对资产负债表比我清楚,"不过问题不在此。"他望着杜鲁曼及道尔提,不过他们没说一个字。

"罗哥先生,"他再试一次,"10年前买下的机器现在在你的账面上价值是零。"

"当然，到了现在已经折旧完毕了。"

"对，不过它可能还有剩余价值。当我们要卖掉它时，可能还可以卖到好价格。"

在我能发表意见前，他继续说下去："另一方面，你刚买一年的机器，可能账面价值接近原来购买价，但能卖得的价格好不到哪里去。你瞧，资产负债表不能让我了解你的设备的真正价值。"

"我看不出这有什么关系。"我说，"不过，假设只卖这些机器的话，所得也不多就是了。很多机器都很老旧了，而且大部分是针对我们的特别需要所设计的。能使用我们机器的厂商会很少。"

"那，大概可以卖多少钱？"

"我不知道。"在压力之下我补充道，"不到 721 万美元，这点我可以确定。"

这个狡猾的家伙大概意识到我不打算进一步回答他，因此当杜鲁曼及道尔提没有表示要进一步说清楚时，他在他的笔记上写了些东西，然后继续别的话题。

"库存的价值该算多少？"他问。

"你为什么不用账面价值？"

"罗哥先生，这是因为你的账是根据会计准则计算出来的。"

我打赌你的账一定不是，我心里说。不，我一点都不喜欢这个人。我很大声地回答："这又有什么问题？"

"没什么，只是它所给的资料没什么用。你是以购买时的价格计算库存。我对它们现在所能卖的价格有兴趣。你同不同意这两个价格差别很大？"

"不，我不同意。至少，在我们的例子中不会。"

他给杜鲁曼及道尔提一个绝望的眼神。

"为什么？"杜鲁曼问我。

"因为我们的在制品很少。"我解释道，"我们的库存大部分是零件成品，即使以批发价出售，我们最低限度也可以取回成本价。剩下的库存是普通原料。"

杜鲁曼看着他。

"有道理。"他回答,"那土地呢?"

我知道他的意思。通常账册上的数字只是一些历史数字,跟目前价值丝毫无关。

"这里不会有什么令人惊讶的差别。"杜鲁曼说,"4年前我们购买这家公司时,这块土地已估过价。那个地区的房地产价格4年来都没有多大改变。"

"我希望能得知准确的估计现值。"

"当然。"杜鲁曼答道。

我一点儿都不清楚自己到底在做什么。这个人进行的方式完全错误。我们公司在持续获利中,为什么杜鲁曼和道尔提让他分开计算公司的各部分来评估公司的总价值呢?依这种做法,我们能拿到的价格一定很低。不过,我很快就得到答案了。

杜鲁曼说:"我们要不要讨论一下公司的真正资产?市场占有率?我们在北美市场几乎有23%的占有率,而且一直很稳定。"

狡猾先生转向我:"要抢占这个市场有多难?"

"很难。"我老实回答,"这个市场被4家公司瓜分,每家占有率差不多。每家公司的历史也都有40年之久。"

"我了解。"他咬着他的铅笔。我很讨厌别人咬铅笔。"为什么会这样?"他问。

"有几个原因。"我冷静地回答,"顾客忠诚度。这个行业事实上做的是零件生意。你卖给顾客基本配备,之后所有附加配备及零件,他都得向你买。"

"这点说得通。"他同意。

"还有,"我继续,"要制造这种机器并不容易。每个订单都不一样;你必须根据客户的需求量制作每件配备。最重要的是工人技术,要养成这种专业技术需要一段很长的时间。"我差点忍不住加一句,"这家公司真正的资产是人。"

"这个行业是不是有很多剩余产能?"他问。

这个问题从哪里来的？一会儿，我明白了。"对，有的。"我答道，"所有压力蒸汽公司都利用计算机数值控制器（CNC）和计算机辅助设计（CAD）等科技，所以会有很多剩余产能。不过每家公司都很小心不要开启价格战，非常谨慎。不过，如我所说，他们在这个行业很多年了，他们都想长久经营这项事业。我看不出有什么价格战的危险。"

"好。"他说。转向杜鲁曼与道尔提，他问："多少钱？"

令我非常讶异，他们竟明确提出："1 亿美元。"

这个价格很高。比这家公司真正价值高得令人不可置信。或许这个狡猾的家伙没有我想象中的那么精明，因为他唯一的反应是："让我再四处打听一下，下个月再给你们答复。"

不，这个膨胀了的数字只是一个起点。我最好记着，买卖公司的市场跟在地摊上买东西时讨价还价有某种程度的相似。

在下楼途中，我们都没有讲话。我不喜欢这类会议，我不喜欢这个人，整个情况令我厌恶。分析公司的价值好像公司只是机器、库存、土地及市场占有率的组合而已。这真是错得离谱，走样透顶。

而我们一向珍惜的资产负债表却是一大笑话。直到现在我才知道它有多不实际。真正的资产，如员工的专才、市场占有率、商誉等，根本显示不出来。而真正表现出来的数字，如机器的价值、库存及土地等，又跟它们的实际价值相去甚远。

我想离开这个虚伪的数字世界。

我要回家。

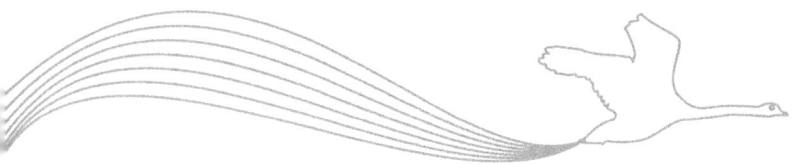

14

只是常识而已

It's Not Luck

这一天从一开始就不对劲儿，以目前的情况来看，会结束得更糟糕。预定有两个会议要讨论唐纳凡自我化妆品公司的出售事宜。我的问题是，我还没决定如何处理唐纳凡的新配销系统。新配销系统可以大幅改善服务及库存，但库存的减少会造成公司短期亏损 1 000 万美元。

我们送交给买主的财务报告采用的是上一季的结果，因此不会反映出新配销系统的影响。我能不提这点吗？要提的话，怎么做最理想？

前往第一个会场的途中，我把问题提出来与杜鲁曼及道尔提讨论，他们不太高兴我临时丢给他们这个意外的消息。

"新配销系统？库存减少 1 700 万美元？亏损数额比报表中还多 1 000 万美元？罗哥，我们现在应该习惯了你的行事方式，但是，下一次，早一点警告我们。"谢天谢地，这趟车程还算短。否则，我想他们还会对最后一分钟才被告知这件事尽情发牢骚。因为时间的关系，他们没有机会说明想如何处置我，他们只是要我确实充分了解"将事情全说清楚"的重要性。

"要破坏一笔交易，"杜鲁曼说，"最好的方法莫过于最后一分钟才出现意外情况。这次是我们跟自我化妆品公司的可能买主第一次会谈。你要全盘告诉他们，不要隐瞒任何事情。"

甚至进了电梯以后，他们还一直告诉我要多强调好处，但也要清楚点明库存骤减可能带来的负面结果。

我遵照他们的指示办理，结果买主也颇能接受我的解释。看起来大部分的买主对于库存变动会造成的虚拟利润和损失都很了解。

这些买主并不在意利润短期下降。相反，他们对于我们所做的改革及进行的速度留下了相当深的印象。

他们的反应好到令杜鲁曼坚持，预期的短期负面效应不会影响最后的售价。令我颇感惊讶的是，两个会议中，买主都接受了。

当然他们也都很详细地询问我相关问题。不过因为我们的新配销系统观念是那么的合乎逻辑，又那么的合理，所以，要说服他们相信这套系统的效果一点问题也没有。我唯一无法回答的问题是"你们之前为什么没有采用这套系统"。

我想，根据常识拟定的新解决方案总会碰上这类问题。

或许我不需要对出售公司感到这么恐慌？或许世界已经改变了，不再像以前那么受短期数字的控制？如果每个人都像我今天讲话的对象一样，那么唐纳凡和史黛西就可以依他们的方法继续经营他们的公司。

不，这并不正确。我只是企图说服自己，与他们合作将公司卖掉也没什么不好。我太清楚了，那些走样的经营方式来自达成公司指标的压力。这种一个季度接一个季度、一个月接一个月的压力最后会迫使最谨慎的高层主管插手管事。如果公司真的被卖掉了，唐纳凡和史黛西根本一点儿前途都没有。我必须想办法阻止这笔交易。

不过，我现在根本连想都不能想，我有更紧急的事需要处理。一小时之内，我必须去杜鲁曼的套房。

我把衣服摊在床上，进浴室冲澡。伦敦真的很热，非常热。

不，不是像你所想的。他们并不是因为我明目张胆地企图阻止买卖而打算吊死我。这是为了另一件事情，罗哥的老毛病又犯了，又把自己逼入了困境中。

是这样的，上个会议结束时，道尔提及杜鲁曼不客气地对我发难。"罗哥，"杜鲁曼首先说，"我想多问一下你这套新配销系统。"

"这只是常识，没别的。"我试着躲避这场针对我的风暴。

"只是常识，没别的。"杜鲁曼嘲讽地重复道，"你没注意到你提的方法很奇怪？在你的方法中，工厂不再以传统的责任——生产——来评核。"

我赶紧更正他的印象，"但这并不代表我们不评估他们的表现。在工厂里，他们仍然有责任替每种产品保有足够的库存。"

"这只会让我提出另一点疑虑。"杜鲁曼继续说，"说是要减少库存，但你的中央库存却从不到 1 天的量增加到 20 天。说是要快速出货给商店，你现在却将出货时间延到最后一分钟。罗哥，请别介意我这么说，但这一切，每个步骤都违反所有正常的做法。"

我不知道该如何回答这一连串的攻击。他们应该已经了解这套配销系统。我想问题在于，他们也明白我为什么直到最后一刻才告诉他们。

我要不要从头解释给他们听？不，他们在会议中的谈话显示他们已经完全了解。那么，到底发生了什么事？

我小心翼翼地说："对，我们的配销系统完全违反一般法则。不过，这是常识问题。"

"这正是令我们困扰的地方。"道尔提插嘴。

现在，我全被搞迷糊了。

"你是怎么做到的？"杜鲁曼问，"你为什么会如此大胆地违反传统，改变过去的做法，发展出这么简单又有效的制度？"

那么，他们是喜欢我们的方法啰！

"不是我发展出来的。"我归功于应得功劳的人，"是唐纳凡和他的员工想出来的。"

"那么印刷公司的销售点子呢？那个让你可以和快速印刷机竞争，又可在大量印刷上要求较高价格的点子？也不是你发展出来的，是皮特和他的员工？"

"没错，是他们想出来的。"我坚持道。

杜鲁曼没有放弃："而在不到一年之内将压力蒸汽公司扭亏为盈的人，我想也不是你，而是史黛西和她的员工？"

"这是事实。"

"那么你以前所管理的公司的杰出成就又该归功给谁呢？"

如果不是他讲话的语调，我真的会觉得他在赞美我。不过，听起来，好像他们对我有所不满。

"你要知道什么？"我最后问。

"这不是很明显吗？"道尔提并没有放松口气，"看起来，你和你的员工有一套系统可以突破通行的做法。"

"一套可以帮忙构建及沟通常识的思维方法。"我听到自己重复钟纳的话。

"这也是我们难以相信的地方。"

"还有另一种解释。"我笑起来,"我是某种管理天才,但这更难让人相信了。"

这很有趣,真的很有趣。不过看起来他们并不觉得有趣。

"我们很难相信你真的有一套方法,但我们又不能不予理会。"道尔提很严肃。

我耸耸肩。

他直视我的眼睛,然后说:"罗哥,你一定要带着我们做一次这样的练习。"

杜鲁曼接着说道:"坦白地说,我不相信你能从两天前我们丢给你的一堆问题中整理出什么头绪。你知道,我对你的说法并没当真,你说你可以找出造成所有问题的核心问题。不过,现在我不大能肯定。或许,你真的有一套方法,虽然听起来蛮奇怪的。"

于是,我在一小时内必须去杜鲁曼的套房,教他们如何寻找核心问题。要这么做,我必须为这个我所见过的最复杂的状况构建"现状图"。我一点头绪都没有。

我赶紧穿衣。我上次构建"现状图"是什么时候?我曾大量用过其他的思维方法,我也帮过唐纳凡构思配销系统,但上次我奋战构建"现状图"是在两年前。我不确定我是否还记得钟纳的相关指示。我和我的大嘴巴,我怎么又把自己困在这个没出路的死胡同?

我拿出杜鲁曼所写的花边餐巾纸。他的潦草字迹让他有资格去当医生写处方,真像在解密码。首先,我得重新誊写一次,这样大家才看得清楚。我一边解密码,一边慢慢看出了一些关联。或许有办法……让我仔细看一看……

不良效应:

1. 竞争比以往都激烈。
2. 市场要求降价的压力越来越大。
3. 在越来越多的生意当中，我们无法从买主愿意付出的价格中获利。
4. 市场越来越因供应商表现不如预期而惩罚他们。
5. 经理人以达成局部效益为经营公司的目标。
6. 公司内部的不同部门互相指责工作不力。
7. 面临前所未有的压力，要求采取行动以提高销售量。
8. 需要以前所未有的速度推出新产品。
9. 持续推出新产品反而混淆并宠坏了市场。
10. 大部分的新卖场及新的或改良后的新产品侵蚀到现有卖场或产品的销售。
11. 现有的销售人员大部分都缺乏足够的销售技巧。
12. 销售人员工作量太大。
13. 生产和配销改进得不够快或不够有效。
14. 工程部门无法快速地开发出又新又可靠的产品。
15. 公司缺乏新颖的营销点子。

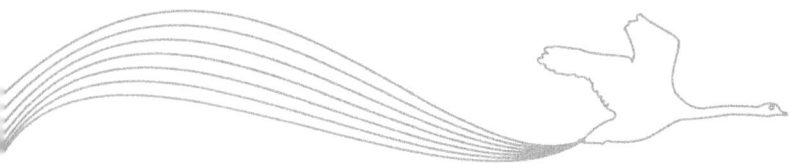

15

扮演教练

It's Not Luck

"下一步，"我满怀自信地说，"是在我们列出的不良效应中，替至少其中两个找出因果关系。"我希望我真的像我的声音听起来那么自信，不过，至少我记得下一步该怎么走。

"先选哪两个有没有关系？"

"没有。与其他方法不一样的是，这个过程不包括替这些不良效应排优先顺序。"

"好极了。"他说，"杜鲁曼和我永远无法同意哪两个是最严重的不良效应。还有，'不良效应'这个名词蛮拗口的，称呼它们为'问题'不是简单一点吗？"

"我宁可称它们为不良效应，比较贴切。"

他们礼貌地微笑着，然后专心回到清单上。

麻烦大了，我的问题不在于是否记得这些步骤，我想我全记得，问题在于要谨慎地一步步执行。将直觉转化成文字很不容易，我从来不曾未经长时间的反复尝试而能成功地构建"现状图"，现在我得在杜鲁曼和道尔提监督之下完成这项任务。我希望他们能有点耐性，不然，我看起来会像个大笨蛋。再怎么说，在他们面前尝试构建"现状图"，绝不是给他们留下良好印象的好方法，但是我非得令他们印象深刻不可。

"我们要如何进行？"杜鲁曼问。

"如何进行什么？"

"我们要如何进行才能找出两个不良效应之间的因果关系？"

"检视这张清单，然后运用你的直觉，因果关系就会出现在你脑海中。"

忽然，我看到一道曙光出现在眼前。我得救了，他们愿意自己做练习，我只要扮演教练的角色就成了。这么一来，任何过失都由他们自行负责，不是我的错。只要整个过程看起来有一点进展而不只是漫无目的地犯错就好。

"天助我也。"我悄声地说，然后进入我的新角色中。

"那么，你们是否已经看出至少有两个不良效应之间彼此有关联？"

"有，而且还不止一对。"杜鲁曼说道。

"是什么？让我看看。"

"我对任何的关联都不甚有信心，都太牵强了。"他说。

我十分熟悉这种感觉。你看一看问题，然后一堆的关联会出现在脑海中。你试着将它们写下来，但没有一个看起来够实在。不过，钟纳曾经教过我一个方法，将每个因果关系转化成一个扎实的新结构，其清晰及简明的程度令一般人认为这只是一般常识而已。

"不用担心，"我为杜鲁曼打气，"给我一组关联，任何一组。"

他迟疑地说："我选的是'面临前所未有的压力，要求采取行动以提高销售量'。这个事实会导致'需要以前所未有的速度推出新产品'。但是我觉得并不妥当。不是说不正确，只是……"

我拿出两张黄色的便利贴，在第一张上面写下他讲的第 7 个不良效应，关于要增加销售量的压力；在另一张上，我写下第 8 个不良效应，关于推出新产品的需要。我将两张便利贴贴在一大张白纸上，用箭头将两者连在一起（见图 5）。

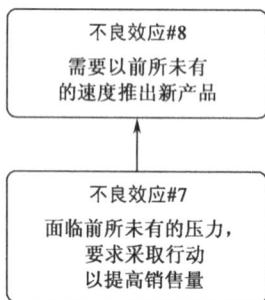

```
┌─────────────────────┐
│      不良效应#8       │
│    需要以前所未有     │
│   的速度推出新产品    │
└─────────────────────┘
           ↑
┌─────────────────────┐
│      不良效应#7       │
│  面临前所未有的压力，  │
│     要求采取行动      │
│     以提高销售量      │
└─────────────────────┘
```

图 5

"中间需要一些解释，"我同意，"这两个不良效应之间的关联似乎不那么直接。"

"好像跨越大西洋一样远。"道尔提笑道。

"你可以试着在中间加入一个中间效应，以说明这个因果关系。"我建议杜鲁曼。这句话好像没什么帮助，我再试一次："提高销售量的压力和推出新产品之间有什么关系？"

"这不是很明显吗？"他看起来蛮惊讶的样子，"提高销售量的压力会转化为开发新产品的压力，然后自然就需要推出新产品。""有道理。"我说道，然后在第三张便利贴上写下：面临前所未有的压力，需要快速开发新产品。我将这张便利贴贴在原先两张便利贴的中间。我们一起检视这 3 张便利贴（见图 6）。

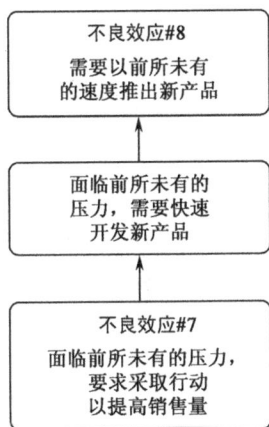

不良效应#8
需要以前所未有
的速度推出新产品

面临前所未有的
压力，需要快速
开发新产品

不良效应#7
面临前所未有的压力，
要求采取行动
以提高销售量

图 6

"看起来比较说得过去，"道尔提同意，"但还是缺少了一点什么东西。"

"对，我们称之为'不足'。我来补充一些我认为缺少的东西。"我写了另一张便利贴，并将它放在最下端这张的旁边。我读出刚刚写的内容："'提高销售量最有效的方法之一，是开发更好的新产品'。同意否？"

他们都同意。

"那么，如果'面临前所未有的压力，要求采取行动以提高销售量'，而'提高销售量最有效的方法之一，是开发更好的新产品'，"我继续念中间的便利贴，"那么我们会'面临前所未有的压力，需要快速开发新产品'。现在，如果'面临前所未有的压力，需要快速开发新产品'，那么不要多久，就会'需要以前所未有的速度推出新产品'（见图 7）。现在看起来如何？"

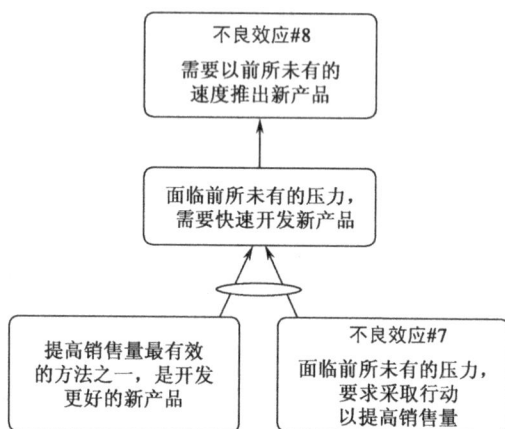

图 7

他们蛮喜欢，我却不然。

"伙伴们，"我说，"还有些地方不对劲。绝大部分的产业都感受到需要增加销售量的压力，前所未有，但只有部分产业需要以前所未有的速度推出新产品。"

"我不同意，"杜鲁曼说道，"几乎所有的产业都以高于以往的频率推出新产品，甚至连银行都持续推出新服务。"

"还是有差别的。"道尔提说。"你真的能拿化妆品业、高尔夫球杆制造业或任何电子相关产业的情况和银行业相比吗？在这些产业中，平均的产品生命周期不到两年，甚至不超过一年，他们每两年就需要汰换全部产品。我所说的前所未有的速度就是这个意思。"

"我想你说得没错。"杜鲁曼同意。

"你明白问题出在哪里了吗？"我说，"在现状图的底端，我们的描述适用于所有的产业。在现状图的顶端，我们的结论只适用于某些产业。底端还少了一些东西。我的结论是，如果我们要正确叙述现状图，我们就必须在底端描述一些只存在于那些产业的现象，这些现象令那些产业以前所未有的速度开发新产品。"

最后，我说："让我加点东西。"然后在底端贴上另一张便利贴：有些产业能快速开发新材料而得以开发出新产品"。

"说得有道理。"道尔提若有所思，"今天，一个中等技术人员以现有的材料所能生产的产品，要比十年前最好的技术人员所生产的产品还要好。那么，我们要如何处理这种情况？我们该如何更正现状图？"

我说道："就像刺猬做爱一样，要非常小心。首先，我们必须替这些特别的产业起一个名称。我们就将这些因为能快速开发新材料而得以开发出新产品的产业简称为'先进材料产业'。"

"现在，我们再看一次写下的内容，然后做一些必要的修改。如果'有些产业能快速开发新材料而得以开发出新产品——先进材料产业'，而'提高销售量最有效的方法之一，是开发更好的新产品'，因此会'面临前所未有的压力，要求采取行动以提高销售量'，那么'先进材料产业面临前所未有的压力，需要快速开发新产品'。"（见图8）

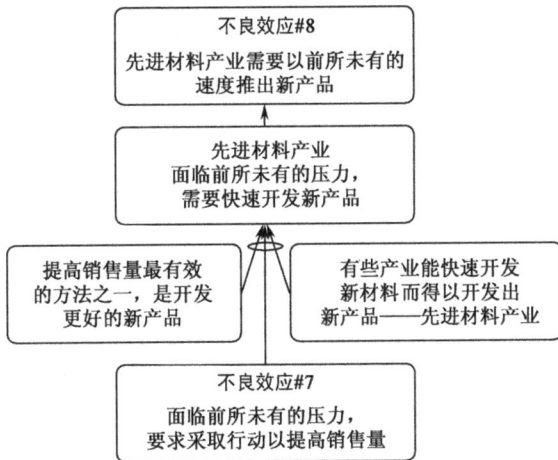

图 8

"很长，但是很有道理。"杜鲁曼感觉很满意，"让我们跟着修改顶端的描述。"

早已领教过他的字迹，我宁可自己动手写。现在顶端的描述是"先进材料产业需要以前所未有的速度推出新产品"。

"到目前为止，都只是常识，没别的。"道尔提说。

我忍着不提醒他，几分钟之前，对这个"常识"我们还有许多保留。

"常识？真是笑话。"杜鲁曼可没这么容易放过他，"如果真的只是常识，为什么我不同意一开始所写的箭头，而且我们花了半小时才获得这个结论？"

"好啦！好啦！"道尔提抱歉地说，"我没说构建常识是件容易的事。

不过，罗哥，下一步是什么？到现在为止，我们才连接了 2 个不良效应，后面还有 13 个。"

我说："这正是我们的下一步，我们已建立了一个扎实的起点。接下来，我们需将它和其他所有的不良效应连接在一起。不过，要慢慢来，这个步骤急不得。还有什么其他的不良效应可以轻易连接上去？"

"清单上的下一个，"杜鲁曼说，"'持续推出新产品反而混淆并宠坏了市场。'"

我检查了一下。"如果'先进材料产业需要以前所未有的速度推出新产品'，那么，'先进材料产业持续推出新产品反而混淆并宠坏了市场'，这样可以。"我将这个加入现状图中。

"你觉得第 12 个不良效应如何？"道尔提问，"'销售人员工作量太大'，看来应该蛮容易找出关联的。"

结果，没有想象中容易。几次尝试错误后，我们发现原因何在了。这个不良效应并非来自现状图的某一处，而是来自两个因素的结合。最后结束时，我们连接的结果如下：如果"面临前所未有的压力，要求采取行动以提高销售量"，那么"销售人员受到压力，要多拉些生意"。单单这项无法造成工作过量，还有别的事情占用他们的时间。如果"先进材料产业面临前所未有的压力，需要快速开发新产品"，那么"先进材料产业的销售人员需要以前所未有的速度学习有关新产品的知识"（见图9）。我们组合完成了。现在很清楚，为什么"在先进材料产业中销售人员会工作过量"。

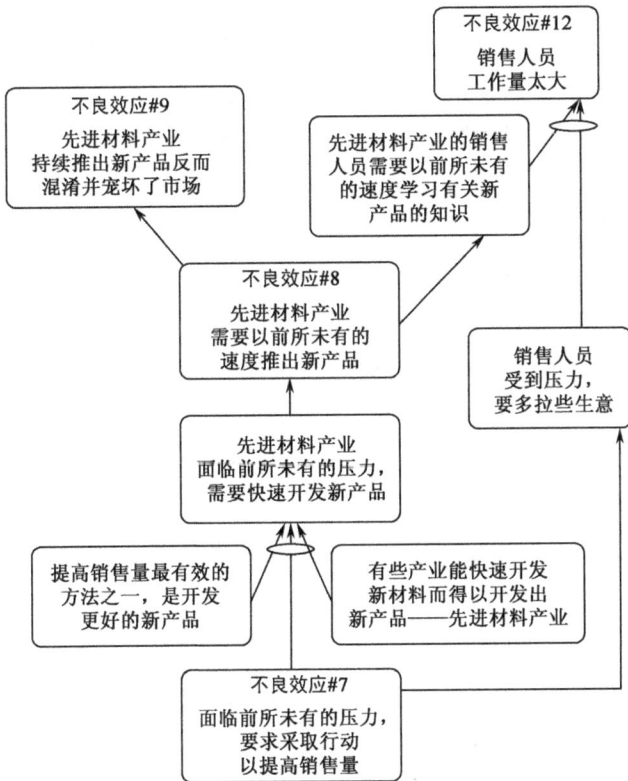

图 9

"那一般的产业呢？先进材料不会迫使它们竞相推出新产品吗？"我讲出心中的疑惑，"我们不能忽略这些产业。"

"就像我讲过的，"杜鲁曼说，"即使在这些产业中，起始点的描述也是成立的。它们也同样面临前所未有的压力，要求提高销售量。"

"我们知道在此压力下的后果。"道尔提接着他的话，"我们太清楚了。别忘了，急于获得订单时，传统方法是降价。罗哥，我们要如何处理这种情况？我想我们应该只把相关的不良效应加入我们的现状图中。"

"对，但这并不冲突。"又多了两张便利贴。我把结果念出来："如果'面临前所未有的压力，要求采取行动以提高销售量'，而'快速获取生意的传统方法是降价'，那么，'市场要求降价的压力越来越大'。嘿！第 2 个不良效应，欢迎加入。"

"而这个不良效应，很遗憾，适用于每个产业。"杜鲁曼叹息道。

"我想，"道尔提很投入，"我们正连接到第 1 个不良效应'竞争比以往都激烈'。还有什么事情比价格战更刺激竞争？此外，还有科技竞争，以前所未有的速度推出新产品，于是大战爆发了。这就是我们身边所发生的事。就是这样。"

我并没急着把这个不良效应加到现状图中。杜鲁曼看起来也颇不以为然。"怎么了？"道尔提催促我们，"你们难道不认为是降价的压力，尤其在竞相推出新产品的催化下，造成我们每天都面对疯狂竞争吗？"

"是，我们同意。"杜鲁曼不大情愿地承认，"但是……"

"但是什么？"

"不过，我觉得'竞争比以往都激烈'是造成'面临前所未有的压力，要求采取行动以提高销售量'的原因。"

"啊，我懂了。"道尔提转向我，"那我们现在该做什么？"

"有什么问题吗？"我假装不了解。

"问题是，"杜鲁曼耐心地为我解释，"照道尔提的说法，第 1 个不良效应是我们所写的一切的结果，因此应该是在现状图的顶端。但如果照我的说法，第 1 个不良效应是所有原因的起点，应放在现状图的底端。"

"杜鲁曼，你同意道尔提的说法吗？"

他花了点时间重新思考，然后点头表示同意。

"道尔提，你是否同意杜鲁曼的说法？"

"我同意。"

"那么有什么问题？第 1 个不良效应应同时出现在现状图的顶端和底端。它变成一种循环，互为因果。"我冷静地说。

"但如果其中有自我循环，"杜鲁曼试着消化这个想法，"如果有循环，那么不良效应的严重性应该会越变越大。"

"正是如此。这不就是我们实际上所看到的情况吗？看看我们在不良效应中所使用的字眼：'前所未有的压力''前所未有的速度''比以往都激烈'。这些字眼表示了这些效应的膨胀程度。再看看我们最后加的这个不良效应：'市场要求降价的压力越来越大'。这不是清楚地表示这个不良效应一直在进行中吗？事实上，从我们所用的字眼，我一开始就觉得有循环在里面。这并非不寻常，刚好相反，在任何的复杂个案中，至少都会发现一个严重的循环效应。"

他们用箭头将循环加入现状图（见图 10）并又读了一次。或许这让他们对现状更清楚，因为不一会儿道尔提和杜鲁曼便忙着讨论未来可能的结果了。

我的步调就慢多了。我还在检查这个现状图。我一再反复检查，结果发现他们所补充的还有一些不足。光有竞争并不足以造成前所未有的压力，以要求提高销售量。应该还有其他的因素，应该再加上其他叙述：公司觉得竞争太困难，公司害怕衰退。我向道尔提及杜鲁曼提及这些，但他们认为微不足道而不加理会，把它当作不值得一提的事。

我的经验告诉我，在构建"现状图"时将这些细节丢在一边可能会造成危险。通常就是这些细节让我们得以将所有不良效应连成整体，通常也是这些细节让我们获得突破性的解决方案。问题是，将这些明显的细节都写下来，同时也可能导致进展停顿。持续添加细节，不断添加细节，结果忘记了原本的目标是寻找能改变现状的解决方案。

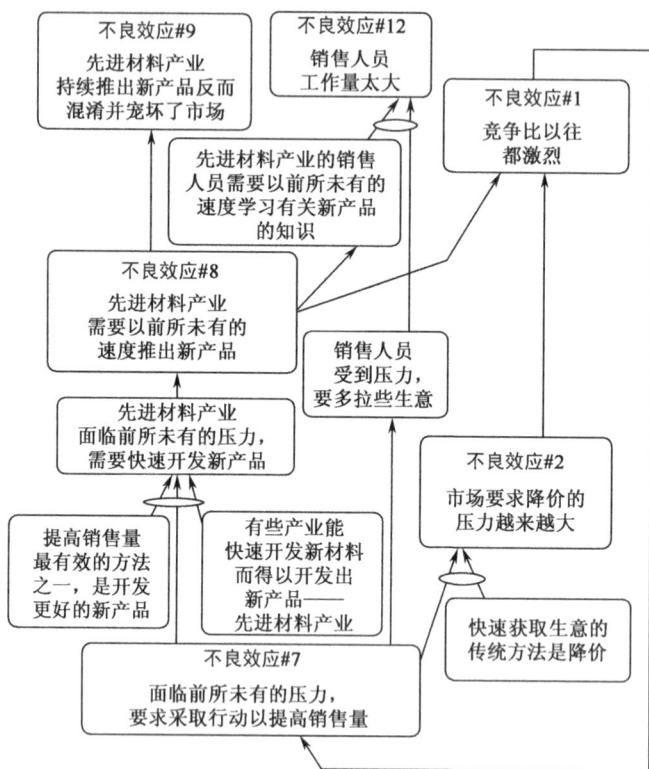

图 10

那么还要不要添加细节上去呢？我重新检视一下不良效应清单，结果在其中找到了答案。原本我迟疑不敢添加上去的因素已包括在其中。我拿起便利贴开始写。道尔提和杜鲁曼结束他们有关循环效应的讨论时，我也差不多写完了（见图 11）。

杜鲁曼大声念出我补充的内容："如果'生产和配销改进得不够快或不够有效''工程部门无法快速地开发出又新又可靠的产品''公司缺乏新颖的营销点子'，那么'公司进步得不够快'。

如果'公司进步得不够快''竞争比以往都激烈',那么'公司无法达到设定的财务目标'。正确。"

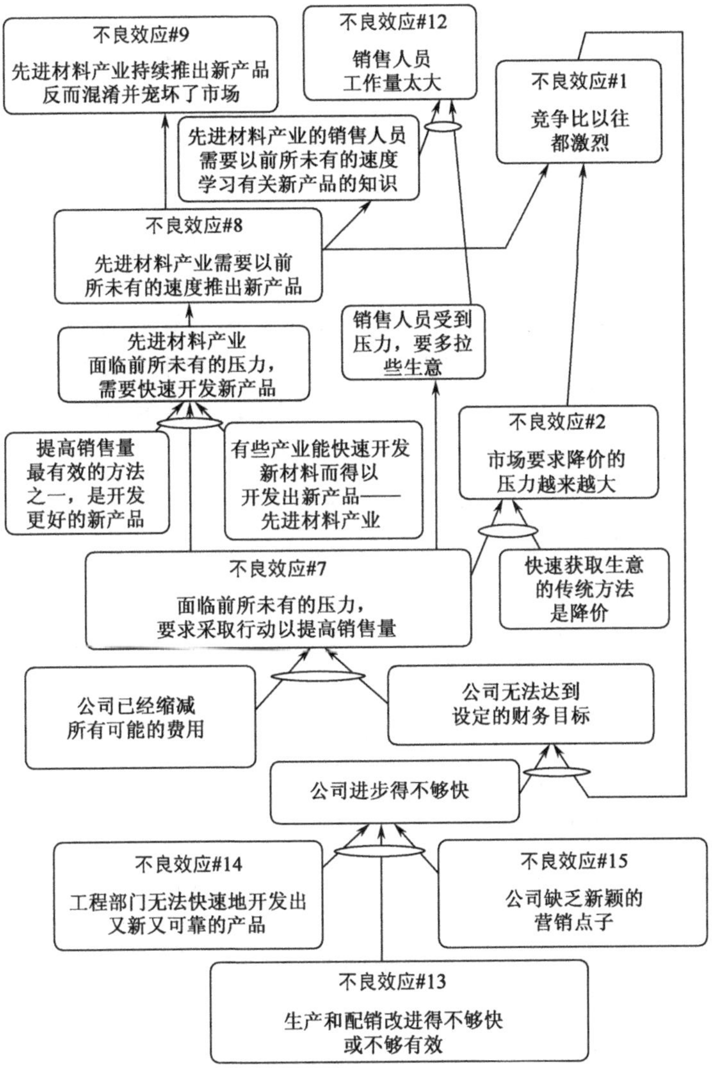

图 11

"这里还有另一项。"他继续说,"'公司已经缩减所有可能的费用'，这项我不大确定，不过我们看一下你把它放在哪里。如果'公司无法达到设定的财务目标'，而且'公司已经缩减所有可能的费用'，那么公司'面临前所未有的压力，要求采取行动以提高销售量'。这很正确。道尔提，你不觉得吗？"

道尔提没有回答，反而说道："在现状图的底端，有 3 个不良效应全指向经理人的无能。我不需要现状图告诉我这是核心问题，从一开始我就很清楚。"

"道尔提，你这样说就不公平了。"杜鲁曼对于道尔提的评语觉得不妥。

我说得更为直接："道尔提，忽然之间，所有的经理人都变得无能了？省省吧！对我而言，你所讲的听起来比较像第 6 个不良效应——'公司内部的不同部门互相指责工作不力'。你能将刚才杜鲁曼所讲的正式连到现状图上吗？"

"我会试试看。"他回答，微微一笑。

在他们努力尝试的同时，我检视这张清单，试图寻找一个不良效应可以代替道尔提关于经理人无能的建议。第 5 个不良效应马上映入我的眼帘：经理人以达成局部效益为经营公司的目标。我决定等等道尔提和杜鲁曼。

当他们结束时，我问："你们为什么觉得大部分的配销系统改进得不够快，也不够有效？"

道尔提半开玩笑地回答："因为它们并没有开发出你们用在自我化妆品公司的那套系统。"

"那套系统只是常识而已，为什么他们不能自己开发出这套系统呢？我再问你一个更棘手的问题。在你所知道的任何公司里，一个经理容不容易说服公司改用这套系统？"

他们停下来思索了一会儿。杜鲁曼首先答道："不，这会非常困难。我说过，你的系统将需要变更公司内部的评核基准。要达成共识，进行像这样的改变并不容易。"

"那么成本会计将库存减少曲解为巨额的虚拟亏损，又怎么说呢？你知道我差点儿因此叫唐纳凡取消他的系统。"

"我不会怪你这么做，"杜鲁曼说，"今天早上，我自己差点儿也要这么建议。"

"如果你同意这点，那你听听看我写的。我先给一个共通的陈述：'公司主管会为每种作业模式设计适当的评核方式。'"他们自然同意这个说法，我继续说，"如果'经理人以达成局部效益为经营公司的目标'，且'公司主管会为每种作业模式设计适当的评核方式'，那么就会'有一些重要的评核方式着眼于局部效益，比如以成本会计为准的评核方式'。你们同意吗？"

"终于来了！"道尔提叫道。

杜鲁曼解释道："有人警告我们，在这趟旅途中，你会不断严厉批判成本会计。有些人甚至说，你称成本会计为'生产力的头号敌人'。"

"这不好笑。"我颇为不悦，"所有我提出的有关生产及科技的改善方法都违反了成本会计评核方式。使用率、差异报告、产品成本，只要你们提得出来的任何衡量指标，都和我的方法背道而驰。但唯有如此，才能改善公司。我告诉你们，我经常得冒很大的风险。如果不是我们获利状况改进的速度够快，恐怕今天我无法和你们一起坐在这里。"

"继续说。"杜鲁曼拍拍我的肩膀，"我们完全同意。"

我还是有点不太高兴，决定回到现状图的主题。"这里是同一件事的另一面，'很多可以缩短生产时间，提高可靠性、质量、反应速度及服务的行动都无法节省成本，甚至在短期内会增加成本'。在发问之前，你们让我先解释，我所谓的'成本'是依照它的传统定义，也就是成本会计师在工厂里所用的评核方式。"

"很遗憾，在这点上我们和你没有争论。"杜鲁曼向我确认，"我们很仔细地审查你以前在事业部采用的办法，而我们必须同意你所说的，你的确违反了所有的局部效益评估法则，但同时你所有的办法又完全合理。唯一的问题是，优尼公司其他部门采用你的方法的速度慢得令人难以忍受。不过，请你继续说，我们想看看你打算把这项放在什么地方。"

"现在只需要把这些全部组合起来。如果'有一些重要的评核方式着眼于局部效益，比如以成本会计为准的评核方式'，且'很多可以缩短生产时间，提高可靠性、质量、反应速度及服务的行动都无法节省成本，甚至在短期内会增加成本'，那么'生产和配销改进得不够快或不够有效'，而且'工程部门无法快速地开发出又新又可靠的产品'。我的困难是从这里如何引出第 15 个不良效应——'公司缺乏新颖的营销点子'。直觉告诉我它们之间有关系。"

"我想你说得没错。"道尔提同意，"而且我觉得第 3 个不良效应也有关系。"

我检查清单，看看第 3 个不良效应是什么，是"在越来越多的生意当中，我们无法从买主愿意付出的价格中获利"。他说得有道理。那利润和产品成本有什么差别呢？如果在日常操作中，产品成本的观念误导了我们，那么利润的观念在营销中也可能同样有害。

我们试了一会儿，但并没有得到任何明确的结论。

已经快十二点了，一共还有 4 个不良效应没有连上去（见图 12），它们是：

- 不良效应#3，在越来越多的生意当中，我们无法从买主愿意付出的价格中获利；
- 不良效应#4，市场越来越因供应商表现不如预期而惩罚他们；
- 不良效应#10，大部分的新卖场及新的或改良后的新产品侵蚀到现有卖场和产品的销售；
- 不良效应#11，现有的销售人员大部分都缺乏足够的销售技巧。

杜鲁曼站起来，伸伸懒腰："我们要不要先告一段落？"

"好。"我赶紧同意。

"罗哥,"道尔提还想向我要求什么,"明天你只需要参加中午的会议,要不要利用早上的时间继续做做看?"

"没问题!"我叹了一口气,"我答应过,在我们回美国以前,我会找出造成这一切不良效应的核心问题。"

"你的确答应过。现在我相信你可能真的做得到。"

回到房间后,我试着继续研究,不过我实在太累了。已经过了半夜,也就是在家里已经过了晚上七点半。茉莉还没回家,不过自从我来欧洲后,都还没和孩子们说过话,我打了个电话回家。

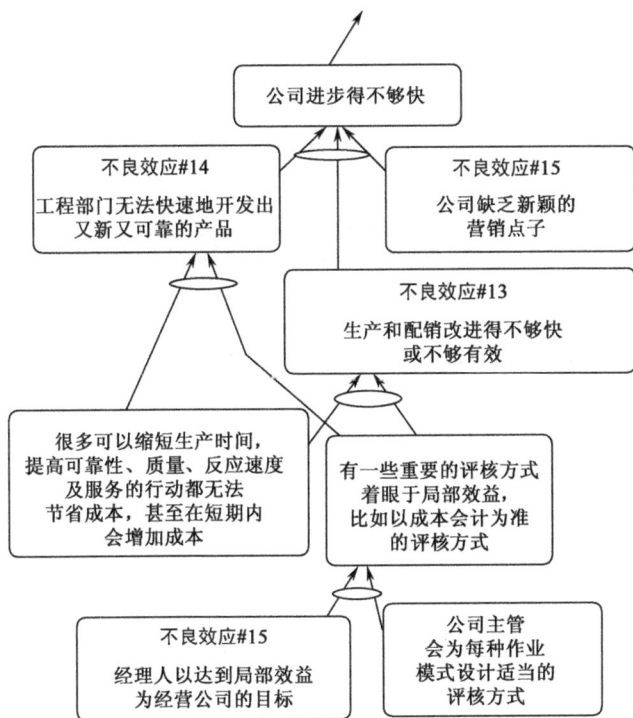

图 12

这是一通很短的电话。你能问多少次:"一切都还好吧?""你觉得如何?""过得如何?""有什么新鲜事?"等回家以后,我得想办法找到其他可以和孩子们交谈的话题,否则实在太离谱了。

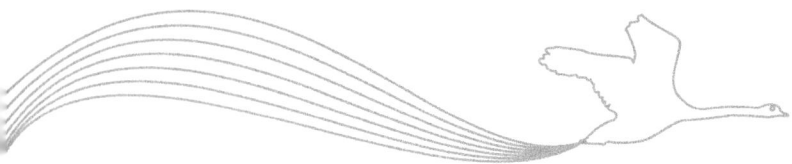

16

挖出核心问题

就跟预估销售额一样，人们总是无法精确地预测真实的交通状况。一旦了解伦敦塞车的状况甚至比纽约还严重，我们只能匆匆结束了最后一个会议，因为没有人愿意错过回家的班机。结果呢？我们提早到达伦敦希图鲁机场，飞机还有三小时才起飞。

这个头等舱旅客候机室是我见过的最好的候机室。饮料种类多，又有各式各样精致的三明治，以及看起来美味可口的蛋糕，而且全都免费。

那么，我还有什么好抱怨的呢？我宁愿困在车阵中吗？人就是这么奇怪，如果事实和所期待的不符，如果原本采取的预防措施派不上用场，反而会大失所望。我甚至还听过有人抱怨从来没领到自己的寿险理赔金。

我想人们都罪有应得。我们刚刚听到广播，班机因为机械故障要延后起飞，他们会在一小时之后再告知详情。当然了，我是过来人，通常严重误点都是这么开始的。

茱莉主张人可以把每个问题都转化为机会，这回可不成。不过再转念一想，其实还是可以的，我不太满意我买给她的礼物——虽然这是件很好的克什米尔羊毛衫，但找不到和她肤色相配的颜色。我本来打算今早去逛逛街，结果却把时间花在研究道尔提的现状图上。现在有点时间，听说这个机场有些珠宝店还不错，或许可以找到一些东西，现在，它们正对着我叫："买我！"

回到候机室，我的行李中多了一个蛮别致的白金手链，账户中却少了一笔钱，我安心地放松心情，喝啤酒。整体看来，这趟旅程比我预期的好很多。杜鲁曼和道尔提确实对我留下蛮好的印象。唐纳凡公司的交易比我期待的还好，我们大概可以卖到不错的价钱。史黛西的公司状况尚未明朗化，不过，情况最好的是皮特的公司。我们甚至没有讨论它，也不打算讨论，要等到尘埃落定再说。

不晓得皮特那边的情况如何？他原定今天早上和其中一位客户会谈。不晓得他的乐观估计是否已经落实，不晓得他对客户的反应是否判断错误，不晓得客户是否婉转地告诉皮特他们不了解他的办法。

"皮特回来没有？"我问他的秘书。

"回来了，罗哥先生，请等一下。"

"嘿！罗哥，你那边的事情进展得如何了？"皮特听起来蛮高兴的……不过，也可能是要掩饰他的失望。

"皮特，你的会议进行得如何？"

"比预期的还要好。"

我真正感觉松了一口气。直到现在我才意识到自己冒的风险有多大，如果皮特的办法最后被证实只是吹牛，我的麻烦就大了。杜鲁曼和道尔提无疑会认为，这是我为了阻止公司被出售而蓄意想出来的点子。想到这里，我不禁打了个冷战。

我冷静地要求皮特多告诉我一些细节。

"我们进入会议室，讨论所有的细节。我又让步了 2.2 万美元，他就签下了这笔生意。"皮特说得好像他每天起码处理三次这种事似的。

这也没关系，每个人都有权利偶尔炫耀一下，尤其是大功告成的时候。

"你要不要告诉我，这笔生意有多大？"

"我们签了一份合约，提供给他今年年底以前的需要量，总金额是 63.4 万美元，再加上每项新设计的量。不过新设计我必须答应 5 天内交货。这笔美好生意就这么敲定了。"

"这么短的交货时间，有没有问题？"

"没有问题，前置作业室经理宣称他可以轻易地做到 4 天内交货。"

"好极了！"不过我继续问，"那么另一位客户呢？你明天要碰面的那位？有没有什么新的消息？"

"我们一直保持电话联络。"他答道，"每几小时他就打一次电话来，加点东西到估价单上，他大概把他的营销部门都拉进来了。他把我们搞得快疯掉了，不过我不是在抱怨，绝对不是。"

我也不会。"皮特，要记得，我们不想被几个大客户牵着鼻子走。"我说。

"对，我们正在讨论这件事。这点很重要，将决定我们应该寻找什么客户。不过，现在看来，以我们的'令人无法抗拒的提议'（黑手党提案，Mafia Offer），我们可以拉到任何客户的生意。"

他已经飘飘然了。如果换作我，也会如此。下周，我最好去看看他。经历了这么大的成功之后，他可能会看不见草丛中的毒蛇，这笔生意还不是十拿九稳，可容不得任何疏忽。

好，很好。我将最新状况报告给杜鲁曼和道尔提，他们同样感到很高兴。我们为皮特和他的员工干了一杯。

"你们准备好要看看我们的现状图了吗？"我拿出折起来的一大张纸，在桌上摊开来。

"还有好消息吗？"杜鲁曼把它的椅子移近一点。

"我是这么觉得，不过还是得由你们来下判断。"我对今天早上构建的内容颇引以为傲，相当地引以为豪。

"我们从哪里开始？"道尔提一副公事公办的样子。

"从下往上。"我回答，"这样比较能顺着逻辑走。"

杜鲁曼自告奋勇，念道："如果'经理人以达成局部效益为经营公司的目标'，且'公司主管会为每种作业模式设计适当的评核方式'，那么就会'有一些重要的评核方式着眼于局部效益，比如以成本会计为准的评核方式'。对，这是我们昨天所写的。啊！我看到了，这里有新的东西。如果'经理人以达成局部效益为经营公司的目标'，那么'大部分经理人对于产品价值的认知很大程度上取决于设计、生产、销售及运输产品所需的局部劳力'。我不确定自己是否同意最后这个论点。"

"不，你很清楚。"道尔提倒是很确定，"你不认为应该如此决定一个产品的价值，但你必须同意大部分的经理人对产品价值的观念就是这样的。"

"你说得没错。对不起，罗哥。"

我鼓励他："继续念新加上去的叙述。"我很想知道他们的反应。

杜鲁曼不需要任何的鼓励："'成本会计的本质为计算产品成本'。嗯……我不太确定，不过在反对之前，我们先看看你如何处理这项叙述。"

他深深吸了一口气："如果'有一些重要的评核方式着眼于局部效益，比如以成本会计为准的评核方式'，且'成本会计的本质为计算产品成本'，加上'大部分经理人对于产品价值的认知很大程度上取决于设计、生产、销售及运输产品所需的局部劳力'，那么'大部分经理人相信产品成本是一个真实的数字，用以表达该产品所吸收的所有生产及运作成本'。哇！这句话可真长，让我再读一遍。"

我等他们消化最后一段拗口的文字。

最后道尔提说："没问题，我接受。"

杜鲁曼也同意。

我忍不住说："你看到这点引申出来的无法避免的结论了吗？它的意思是……"我正在找现状图上所用的确切字眼，"它的意思是'大部分经理人相信，产品价格应该等于产品成本加上合理的毛利'。"

他们还没搞懂，相反地，道尔提很快地下了结论："关键字眼在于'应该''……应该等于……'，我懂了，你要把这句话和另一个不良效应连接——'在越来越多的生意当中，我们无法从买主愿意付出的价格中获利'。"

不急，时间到了他就会明白。我大声地说："正确。不过，目前看来，我们还需要经过几个阶段才能把它们连接起来。忍耐一下，首先，我们还需要复习一下计算价格的方法。"

"你是指供给与需求之间的拉锯吗？"杜鲁曼问道。

"基本上是如此。"我同意，"不过，请试着了解得更深入一点。公司代表供给者，而我们可以看到，供给者很清楚他所供应的产品的价值，自然，他们会要求以他们对该产品价值的认知来制定价格，也就是产品成本加上合理的毛利。"

"等一下。"道尔提说，"你说得好像供给者是一体的，其实并不是这样，供应商彼此之间也互相竞争。"

"这正是我们需要考虑的另一个事实。"我向道尔提微笑，并指着现状图，"我并没有忽略这点——刚好相反。我拿我们昨天所讲的'竞争比以往都激烈'这点得到另一个结论，'供应商越来越无法形成统一阵线'。"

"谢谢你。"道尔提说，"你现在大概在某处放了有关'需求'部分的叙述吧？"

"就在这里。"我指给他看，"'市场对某产品价值的认知取决于拥有该产品所带来的好处'。"

在他有机会问更多问题之前，我解释道："我宁可不以需求和供给的方式显示，而把它看成公司与市场两者之间对产品价值认知的冲突。"

"这倒蛮有趣的。"杜鲁曼评论，"这两种认知之间毫无共通点。公司对产品价值的认知出于已付出的努力，而市场对产品价值的认知来自使用产品所带来的好处。缺乏两者都同意的客观条件，难怪决定价格就像在角力一样。"

"正是如此。"我说，"而且，由于目前供应商越来越无法形成统一阵线，不可避免的结果是，"我念起现状图，"'销售的价格和数量越来越取决于市场对产品价值的认知，而非取决于供应商对产品价值的认知'。"

杜鲁曼同意。"不可避免地，这又导致，"他继续念着，"'满足市场对产品价值的认知成为更重要的成功之钥'。这正是我们在过去10年中学到的教训，可以说是痛苦的教训。"

"大学一年级的经济学。"道尔提尖酸地说。

"不，不是的。"杜鲁曼比我快了一步，"还有，不要再这么刁钻。难道你不明白罗哥所写的吗？决定权已经落到市场那边去了，跟供给与需求的关系已经毫不相干了。"

"你的意思是？"道尔提对杜鲁曼的激烈反应颇感意外。

"我来解释一下。"我试图让他们冷静下来，"我们的意思是，当竞争变得非常激烈，尤其当科技竞争推波助澜时，厂商每几个月就争相抛出新产品，在这种情况下，价格会持续下降，甚至在需求多于供给时，也会如此。"

"不会这样吧！"道尔提抗议道。

"如果不会这样，那么你必须指出来，我们在什么地方错了；我们的现状图中确切的错误在哪里？"

道尔提重新检查我们的现状图，不过杜鲁曼对他说："别费事了。罗哥说得没错。你看，我举个例子，在晶片制造业中，需求远大于供给。每个晶片厂都塞满了订单，订单一年都做不完。但是，价格还是一直在往下掉。"

"我想你说得没错，我必须再想一想。杜鲁曼，如果真是如此，那么在很多我们所投资的高科技公司中，我们就无法期待经济复苏能带来价格上扬。这可真糟糕。"

"道尔提，你难道从来不曾怀疑吗？经济复苏已经差不多一年了。你难道还没开始下调对这些公司利润的预估吗？"

"还不够。"他承认道。

"我们可以继续往下讲了吗？"我问他们，"差不多快要连接上别的不良效应了。"

"没有什么用，"杜鲁曼继续喃喃自语，"大学一年级的经济学……"道尔提大概正在试着重新评估他的几笔投资的未来。谁说分析无法获得实际的效果呢？

最后我终于得以继续念现状图："如果'供应商对产品价值的认知是产品成本加上合理的毛利'，而'销售的价格及数量越来越取决于市场对产品价值的认知，而非取决于供应商对产品价值的认知'，那么'在越来越多的生意当中，我们无法从买主愿意付出的价格中获利'。这是我们的第 3 个不良效应。"

"很简单，对不对？"杜鲁曼揶揄着道尔提。

我想，在接下来的几步中，他们大概就笑不出来了。"我们看一下这个分支。"我提议，"如果像我们先前所说的，'大部分经理人相信产品成本是一个真实的数字，用以表达该产品所吸收的所有生产及运作成本'，那么'大部分经理人相信以低于成本的价格销售（至少长期来看）会导致亏损'。"

我看着他们，他们看着我，又深思地互望一眼。"罗哥，难道你不相信这点？"杜鲁曼问。

"如果我不相信产品成本，我怎么可能相信这点！我相信的是公司最后的盈亏。不过，这与此无关。你同意这个引申的论点吗？""我们相信大部分经理人都相信这点。"道尔提说，"至于我们，目前我们暂时还不想急于下结论。"

到目前为止，一切都还好，我心里想，然后冷静地继续读下去："如果'大部分经理人相信以低于成本的价格销售（至少长期来看）会导致亏损'，那么'大部分公司都不愿接受低毛利的订单，甚至会放弃低毛利的产品'。"

"罗哥，"杜鲁曼慢慢地说，"你是在告诉我们，让公司管理阶层策略性放弃低毛利产品是一种错误吗？"

"这要看情形。"我严肃地说，"当你放弃低毛利产品时，你同时也赚不到购买这些产品的客户的钱。问题是，你省下的钱是否比失去的还要多。"

"我们可以削减变动成本，不过通常不会削减太多固定成本。"他承认道。

"杜鲁曼，别再骗自己了。"道尔提强烈抗议，"很多时候，我们甚至不能削减全部的变动成本。"

"如果公司没有任何瓶颈，"杜鲁曼慢慢地整理这段逻辑，"而且我们未全部削减归为产品成本的变动成本，那么……罗哥，你是在告诉我们，我们事实上是在危害自己的公司，对不对？"

我仍然面不改色。这不容易。

"我需要喝一杯。"杜鲁曼说，然后站了起来。

"叫两杯吧！"道尔提跟着他过去。

我猜他们对结论的兴趣远高于我如何连接第 4 个不良效应。我倒是无所谓，让他们做些反思也无妨。有人说，通往地狱的道路是以善意铺成的。自从我学会构建常识后，我所观察及引申得到的结论是，这个说法并不正确。现在，通往地狱的道路必须以善意来封锁。

他们带着咖啡回来，顺便也帮我带了一杯。

"你们的酒呢？"我问。

道尔提拍拍他的肚子，"在这里。"

"还有一件事要告诉你们。"我说。

"你给我们看的已经够多了。"杜鲁曼保证。

"不！"我反对，"要记得，这一切都是因为你们要求我指出造成这一切不良效应的核心问题。我们还没到达那个阶段。"

"有，你已经做到了！"杜鲁曼叹息道，"你已经示范每件事如何紧密地连接在一起，这就够好了。"

"再说，"道尔提举起手来，"看你热心的样子，一定还有另一颗炸弹等着我们。我想今天已经听够了。"

"还缺少一项连接。"我坚持，"你们还没看到'拼命追求局部效益'应该怎么样连接上'公司缺乏新颖的营销点子'。"

"对，这蛮重要的。"道尔提同意。

"好吧！罗哥，"杜鲁曼放弃了，"这是我们自找的，我们罪有应得。继续说下去，指给我们看。"

他说得有道理。下次他们不会再这么随便地建议我构建现状图，让我无法去替家人买礼物。

我指着尚未看过的现状图区域，开始慢慢地念："如果'大部分经理人相信，产品价格应该等于产品成本加上合理的毛利'，那么'大部分经理人相信，产品基本上应该只有一个合理的价格'。同时，你们是否相信，'同一个市场内的不同部分（market segment）可能有不同的需求'？"

"又来了，"道尔提开始按喇叭，"好个二分法。"

"不对！"杜鲁曼更正他，"好个机会！罗哥，继续说，还蛮有趣的。"

我继续说："如果'同一个市场内的不同部分可能有不同的需求'，那么'同一个市场内的不同部分可能对于同一个产品有不同的价值认知'。"

"当然。"道尔提说道，"有不同的认知，我们就可以要求不同的价格。"

"别说得这么快。"我说，"不同的认知并不能自动转化为不同的价格。我目前的结论是'大部分经理人严重地忽略了市场对同一产品的价值有不同认知'。对应你的论点，我加了另一个叙述，'可以采取行动以确保满足同一个市场内的不同部分（market segmentation）'。但是，道尔提，如果由于公司的疏忽而未能采取这些行动，那么公司一定会预期对产品价值认知不同的两个部分的市场，将同样要求较低的售价。"

"如果他们知道其他部分市场的价格是多少的话。"他承认道。

"道尔提，秘密终究是守不住的，最后他们一定会知道别人的价格，那又怎样呢？你必须采取行动，以确定即使在供应商眼中是同一产品，以市场的观点来看，却是不同的产品。"

"你能举一个例子吗？"

"当然，看一下我们即将搭乘的飞机。你去旅客服务处查一下大家付的机票价格，你真的相信你会只看到一个价格吗？"

"不。"他笑起来，"完全不同，这和他们的购买时间、购买地点有关，也和他们是个人购买或团体购买有关。"

"对。"我同意，"同时也和一些奇怪的事相关，如旅客在目的地停留的时间。如果你注意的话，这些事情没有一件和运送旅客横越大西洋的真实成本相关。不同的旅客在飞机上所占的位子一样大，搭乘同样的飞机，也由同样的空乘人员服务。航空公司必须采取行动区隔市场，否则它们早就无法生存了。即使如此，我必须承认，如果你仔细研究，你可能会发现它们过分地区隔市场了。如果你了解它们的做法，你很快就会发现其中有些价格真是荒谬。你需不需要另一个例子？"

"不用了。"杜鲁曼说，"我想我可以想到很多其他的例子。不过，告诉我，你对区隔的定义是什么？"

"在这里。"我指给他看，"'唯有当一个部分的市场的价格变动不会造成另一个部分的市场价格变动时，我们才能称之为彼此区隔的市场'。"

杜鲁曼再读了一次："所以，你指的不只是'在市场中的定位'？"

"的确。"我同意，"在市场中的定位不同只是我对区隔定义的一部分而已。我指的是公司可以采取行动以区隔现在貌似统一的市场。当然，先决条件是这个市场的各个部分实际上已经存在着不同的需求。"

"继续说下去。"道尔提说道。

"我必须强调，"我继续解释，"同一个市场内的不同部分的行动非常重要。请看，如果我们不采取行动的话，会发生什么状况。如果我们只有一个价格——无论价格是多少，你是否同意下述的论点：'实施单一价格，可以令客户以低价买到他认为价值很高的东西'？"

他们同意。

我继续说："同时，'实施单一价格也会赶走那些认为产品价值低而价格过高的客户'。"

"事实上，你的意思是，"杜鲁曼总结道，"大部分的公司并未好好利用市场区隔可能带来的大量潜能。"

"正是。"他们抓到重点的速度比我推论的速度快，我想大概是因为他们的经验比我多。

"罗哥，你是说，正是由于未采取行动区隔市场，才会导致第 10 个不良效应？"道尔提跳到下一个结论。

"聪明！"我忍不住赞叹。

"第 10 个不良效应是什么？"杜鲁曼问。

我用手指指到那里，并且念出来："'大部分的新卖场及新的或改良后的新产品侵蚀到现有卖场或产品的销售'。我要强调，我今天早上花了一些时间重新看了一下发生在我们公司的实际例子。在每个例子中，如果在推出新卖场的同时我们采取了行动以区隔市场，我们就可以减少造成的损害。"

"我们相信你说的话。"杜鲁曼说。

"下次试着做好一点。"道尔提拍拍我的背。

"现在你们看到下个步骤了。"我继续说，急着想说个明白，"从我们刚刚所讲的，很明显可以看出来'公司在营销的时候未曾好好利用最具远景且几乎仍是处女地的方向——市场区隔'。"

"几乎还是处女地。"道尔提咯咯笑道，"不一会儿可能就会写上'有怀孕迹象'。"

我向他扮了一个鬼脸。

"没什么恶意，罗哥，只是开开玩笑。我真的很欣赏你带领我们得到的结论。事态明朗了。很多公司现在都殚精竭虑，迫切地寻找新的营销点子。我们都知道要在一个人人都走的方向中找出新点子有多困难。每个人都试着在找，但同时只有少数人试图去大胆区隔貌似统一的市场。我们都被单一价格蒙上了眼睛。你说得绝对正确。"

"现在，所有的问题都连在一起了，我们很轻易地就可以找出核心问题。"我宣布。

"怎么做？"道尔提还保有一些好奇心。

"依着箭头。看看是哪个直接或间接地导致了所有的不良效应。"

他们弯腰检视这个现状图，依着箭头向下寻找。他们找了一会儿，最后道尔提抬起头："恭喜你，你做到了。所有我们列出的不良效应（可能还有很多我们未列出来的）都来自同一个问题——

'经理人以达成局部效益为经营公司的目标'。我可不敢说我从一开始就怀疑核心问题是这个。"

"那下一步是什么？"杜鲁曼问。

在我回答之前，道尔提举起他的手："够了，杜鲁曼，我已经头昏脑涨了，你也好不到哪儿去。如果你想知道下一步是什么，和罗哥约个时间，也把我算进去。不过，请不要排在下周。就今天而言，实在是够了。"

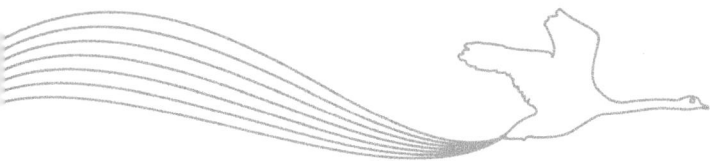

17

原来你真的都明白

It's Not Luck

"谢谢你，爸。"莎朗在我面颊上亲了一下，拿着几乎未拆封的礼物走进她的房间。

"她怎么了？"我问。

"没事。"大卫忙着玩他的围巾。"曼联队、利物浦队、阿森纳队。啊，这个好，阿斯顿维拉。"他把围巾围到脖子上，"你知不知道上周他们终于……"

最近，大卫开始对足球着迷，尤其是欧洲足球。欧洲足球有什么好着迷的？

很高兴他喜欢我送的围巾，我转向茱莉。"莎朗怎么了？我还以为她交了那个叫什么的男朋友之后，情绪低潮期应该结束了。"

"他叫艾瑞克，是好了一点，不过还未恢复正常。没什么好担心的，"茱莉向我保证，"一两天后她就会恢复正常。"

"我想我要上去和她谈谈话，让她开心一下也不错。"我太想念我的小女孩了。

"你可以试试。"茱莉并不抱太大的希望。

"我能进来吗？"

没有人搭腔，至少我没听到任何回答。我轻轻地推开房门，莎朗躺在床上看书。

"我能进来吗？"我重复一遍。

莎朗放下书。

我将此解释为"可以"，然后就自顾自地坐到她的床上。她挪动了一下，好让我有多点空间。

我进房间来了。很好，但是我现在该做什么？

"你在读什么？"

"一本蠢书。"她把书放到地上。

"艾瑞克还好吗？"我再试了一次。

"还好。"

"学校呢？"

"不错。"

连我自己都觉得无聊。

"你知道，莎朗，"我试着更直接一点，"我想跟你谈一件我真的觉得困扰的事。"

"什么事？"

"我们之间没有什么可以交谈的话题，我们之间找不出一个愿意与对方讨论的话题。"

"噢，爸。我们能不能找别的时间谈这个问题？我现在太累了，不想谈。"

吧嗒！没戏唱了。

好！最后一试。人们说少女总是多愁善感，或许这招会管用。"莎朗，我在欧洲的时候，每到晚上都会觉得十分寂寞，很想念你们。我什么都不想做，不想阅读，不想去任何地方。我毫无理由地就陷在这种糟糕无比的心情之中，觉得提不起劲来做任何事情。"

没什么反应。

"你是不是也这样？没有什么理由，每件事看起来就是很无聊？"

"爸！"

"好吧！我不吵你了。不过，告诉我，你心情不好有没有什么真正的理由？"

"当然有。不然，你以为我是怎么了？"

我温和地向她微笑："我并不觉得你有什么理由心情不好。""你知道什么？"她坐起来，"你明白我要到周一才见得到艾瑞克吗？你知道我被迫要背叛克莉丝对我的信任吗？没有理由？你知道黛比多令人生气吗？我对艾瑞克所做的每件事，她都说是孩子气，她根本就是在嫉妒我。我知道这些事情你听起来没多大意义，都是些不关紧要的女孩子家的琐事。爸，我现在没心情，你能不能让我静一静。拜托！"

　　我同意。"对，嫉妒很令人生气，"我一面说，一面站起来，"不过，有时候我们就是必须与它和平共处。我想生活就是这样。"

　　"黛比是我最好的朋友，所以我才这么难过。"

　　"另一方面，"我边开门边说，"如果你想让黛比继续做你最好的朋友，而且又不会这么恼人，你最好采取一些行动。"

　　"什么？"她也站起来，"我能做什么？"

　　我走到她的书桌旁，拿起一本淡红色笔记本，然后开始写："你的目标，就我所了解，是'维持与黛比的良好友谊'。要达成这个目标，你必须'适应黛比的行为'，在目前的状况下，你必须'容忍黛比的嫉妒'。"

　　"但是……"

　　"是的，莎朗，你会有个'但是'，很大的一个。"

　　"多谢了，爸!"

　　我没理会她的言外之意。"你看，另一方面，为了要'维持与黛比的良好友谊'，你必须确定'不允许友谊恶化成占有'。"

　　"恶化成占有……没错！这就是我一直告诉她的。"

　　"这就表示，"我继续完成冲突图，"'你不能容忍黛比的嫉妒'。你身陷一个真正的冲突中。而且我知道黛比对你意义重大，所以你才会这么受困扰。"

　　"'不允许友谊恶化成占有'。我要告诉她这点。她必须了解她并不拥有我，我应该可以交男朋友，尤其像艾瑞克这么帅的男生。"

　　"那么你提到的其他理由呢？"我礼貌地问。

　　"不用管了，这是真正的理由。"

　　我想就此停止会是个错误。如果其他的事不重要，莎朗不会变得这么消沉。单单黛比一个人不足以造成这个后果。

　　"莎朗，我想我们应该继续谈下去。"

　　"为什么？"

　　"因为你最近太安静了。如果只是因为黛比的嫉妒，那么你一定会为此大发牢骚，你一定会想办法把道理灌输到她的脑袋中，单单这件事不可能就让你缩进龟壳中。"

"缩进龟壳中？我并没缩进任何东西内。我并没有要求……"

"莎朗！"我在她扯得太远之前阻止她，"其他的事可能表面上看起来没那么重要。但我怀疑，它们对你其实很重要，而且比你自知的还具有深层的重要性。"

"我不明白。"

不过，至少她了解我并不是在责怪她，或者甚至更糟的，在哄她。

"我想我可以帮你找出为什么其他的事会这么令你困扰。你要不要试试看？"

"如果你坚持的话。"

"拿一张干净的纸来。"我说，然后递给她一支笔，"现在，让我先示范给你看，如何以一件令你困扰的事件开始，然后结束！"

"等一下！"她叹息，"什么叫作'困扰事件'？"

"你知道，就是那些有时可以让人烦上半天，看起来不重要但很恼人的事。"

"对。"她微笑，"是有一些。"

"你看，有些事困扰我们的程度大得超乎常理，这些事所造成的伤害比表面看起来大。"

她想了一下。

"我的猜想是，"我继续，"困扰你的事情迫使你在另一件你很在意的事情上妥协。你要不要我教你如何从这些困扰你的事件中找出真正的伤害？"

"你认为我办得到吗？"她听起来颇怀疑。

"我们一起看看。关于艾瑞克，你有什么需要妥协的事情？你刚刚提到会有一阵子见不到他？"

"对。他周一有个讨厌的考试。说来话长。"

"好，写在这里，在右边，'到周一才能和艾瑞克见面'。"

她一面写，一面说："我必须一个人去参加聚会，这不是很糟吗？"

"现在，在这下面写下你想要的。"

"我想每天都和他见面。"

"好，将它写下来。现在，在左边写下为什么这对你这么重要。"

"你的意思是……"

"为什么每天见到艾瑞克这么重要？"

"因为本来就是这样。他是我的男朋友，我们必须在一起。这不是很明显吗？"

"那么写下'亲近艾瑞克'。"

我在心里快速地检查一下两者之间的合理性，为了要"亲近艾瑞克"，必须"每天见到艾瑞克"？为什么？我不敢问。

"现在是比较困难的问题：你究竟是为了什么而愿意退让，不见艾瑞克？你为什么觉得在周一之前应该不要与艾瑞克见面？"

"我告诉过你了，他必须通过这个考试。他说这件事很重要，至少对他妈妈而言很重要。事实上也的确很重要，如果他再不及格，他会被调课程，而他又那么想当工程师。"

"我很高兴看到你不允许友谊恶化成占有。"

"你是指要求每天都见到他？"

"对。如果你要维持一份良好的友谊，你必须考虑对方的需求。"

她想了一下："我想你说得没错。"

"那么，为了满足什么需求，以致你甘愿让步，不要每天和艾瑞克见面？将这个答案写下来。"

"我还是不懂。我该写什么？因为艾瑞克？这是你要我写的吗？"

"为了满足什么需求？"我重复。

"考虑他的需求的需求。"对于我这么挑剔她有点不高兴。

"就是这个。"我说，"写下来。"

当她写完时，我让她知道精确写下来的用处。"现在加上'为了'和'我必须'，念念看是否有道理。"

"为了'考虑到艾瑞克的需求'，我必须'到周一才能和艾瑞克见面'。我还是觉得他可以更有弹性点。接下来要做什么？"

"这两者共同的目标是什么？为什么考虑艾瑞克的需求和亲近他对你都很重要？"

"因为，因为……我知道，但……"

"看一下前一个冲突图。"我试着帮她，"我们所写的有关黛比的。"

她看了一眼，然后笑道："几乎是相同的目标。'和艾瑞克维持良好的友谊'。"她完成了她的冲突图。

"为了维持一份良好的友谊，你必须和他在一起，但同时你必须考虑他的需求。你看，莎朗，要到周一才见到艾瑞克令你陷入冲突，这会危害到你的重要目标。"

她并没有真的在听。"爸？我想我对艾瑞克的冲突图和黛比对我的冲突图一模一样。"她再一次看着黛比的冲突图。

这给她一个全新的观点。

"你现在对黛比的行为会不会比较了解一点？"

"你知道吗？我相信黛比和我可以就友谊是什么、什么会造成占有等达成共识。我们大概会有一场大讨论，或许妈妈会答应我今晚睡在黛比的家中。"

莎朗像只小羚羊，脚步轻快地离去。

在我走到门口前，她回来了："妈同意了。谢谢你，爸，真的谢谢你。"

这种感觉真好。

"你要不要试着替你的第三个问题解码？"不是因为这个十分迫切，而是我想多花一点时间与我充满活力的女儿在一起。

"有何不可？"她同意，"那是什么？"

"跟克莉丝有关的。"

"哦，对了。"她又变得很严肃，"情况蛮糟的。"

"你先不用告诉我发生了什么事，先把它画成冲突图。"

"我试试看。"然后她坐下来。

首先她写下"把数学作业借给金姆"。在这项下面她写下"不借数学作业给任何人"。

这蛮有趣的。我很有耐心地等待进一步的发展。在考虑一两分钟后，她在左边写下"遵守我对克莉丝的承诺"。在上面，她又写下"救救金姆"。

"目标很明显，'维持良好的友谊'，但这整个架构合理吗？"她问。

"合理。如果数学作业是你跟克莉丝一起完成的话。"我说道。"情形就是这样。不过，金姆一直哀求。我不忍心说'不'。"

可怜的宝贝。三个打击分别来自三个地方，全都打击到她心目中最重要的事——维持良好的友谊。但她甚至不知道应该如何处理其中之一，更别提三个了。难怪她会缩进龟壳之中。

莎朗经常躲回自己的天地里。我们曾经怀疑这个小孩是不是有点毛病。维持良好的友谊不是件容易的事，很容易就会受到伤害，但都是值得的。

我们那时在哪里呢？我们怎么没对她伸出援手？要帮她忙并不那么困难。我们处理这些问题的经验当然比她丰富多了。至少我们有足够的疮疤可以证明，假如把问题置之不理时会如何。

莎朗会同意吗？她会信任我们来处理这么敏感的问题吗？

"爸？"莎朗有点不好意思，"你刚说什么，和我没有话题可谈？"

"对，莎朗。"

"这并不正确。我喜欢和你谈话。你对这些问题都这么了解。"

"下次你向我要求什么而我说'不'时，记得你曾经说过这句话。"

那天晚上，当茱莉和我一同享受舒服温馨的宁静时，我想到莎朗的冲突图。

当她一开始抱怨时，我看不出问题之间有什么关联，我也不觉得莎朗看得出来。结果，每个冲突图后面的目标竟相同。对莎朗而言，重要的是友谊。就这件事而言，并没什么好惊讶的，我一直都知道。但……

如果我替自己也做一个类似的分析，不知道结果会如何？假使我挑选三个不太严重但颇烦人的不良效应，如果我替每个不良效应画一个冲突图，不知道情形会如何？每个不良效应的目标都一样吗，即使是从生活中不同层面所选出来的不良效应？

是否个性比我们平日所强调的还重要呢？

"茱莉？"

"是的，亲爱的。"

"让我们讨论一下……"

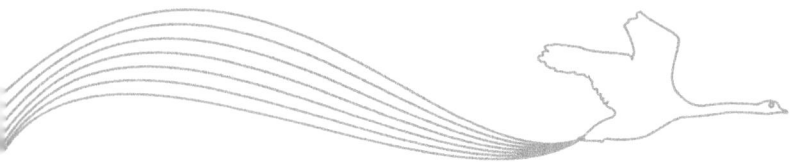

18

寻找圣杯的骑士

"我告诉你，我根本无法和史麦斯一起工作。"皮区恼怒异常。

"我必须说，你花了很长时间才得出这个惊人的结论。"我揶揄他。

我们坐在一家餐厅中，共进每月一次的午餐。这个习惯始自皮区提名我接任事业部总经理时。有很长一段时间，他是我得知高层种种腥膻闲话的来源。皮区蛮喜欢这个午餐会面，因为他知道我对他忠心耿耿。今天，我已经是这个小圈子的一员，午餐会面就更有趣了。

"快点告诉我，这次发生了什么事？"我耳朵全竖起来了。

"这条卑鄙的毒蛇！无耻的叛徒！你不会相信他做了什么事。"皮区愤恨难消地发泄着。

"只要谈到史麦斯，恐怕他所做的事都令人难以置信。"

"你知道格兰毕需要交一份投资计划书给董事会吧？"

"对，我知道。"我脸上已全无笑意。我也知道这些投资的金钱来自何处，他们争夺的正是我旗下公司的血。

皮区对史麦斯仍是一肚子火，没注意到我。"所以，格兰毕要我和史麦斯各准备一份投资计划书，我们决定遵守君子协定。史麦斯会是君子？真是个大笑话。我早该知道这是行不通的。反正，我们协议不要为金额争议，而各自就金额的一半拟订投资计划。"

我和他们共事得够久，轻易就可以猜出："然后你发现你的计划只用了半数金额，而他的计划却用了全数金额。"

"谁告诉你的？不。这很明显，对不对？不过，你当时真应该在场，就可以看到他如何说服我这次不会有什么问题，他还证明这是唯一对我们双方都有利的方法。而我，笨蛋一个，还真的相信他。"

"你活该。"我说道。

"对，任何相信史麦斯的人都活该。"

兀鹰无论什么都吞噬，我对自己说。我旗下的公司才刚开始出售，而他们已经抢着瓜分尸骸。史麦斯当然该死，而皮区，你也一样。

我们静静地吃着三明治。

这么说有欠公平。我到底想要皮区怎么样呢？要他不替旗下的公司争取投资？如果当初是他提议卖掉我的公司，那当然另当别论。但始作俑者不是他，他根本没参与。

"你知道，皮区，这对唐纳凡及史黛西的打击很大。他们一点都不喜欢卖掉公司的这个主意，我也不喜欢。"

"我可以理解你们的心情。没有人喜欢处在你的处境中。不过，现实生活就是如此。总是会牺牲边陲地带，以保护核心。"

"我想也是如此。还有，到时候需要你帮唐恩找个妥当的职位，可以吗？"

"随时都可以。"

"我想替他找个产品经理的职位，他已经有这个能力了。"

"像唐恩这样的人才，我随时都需要。不过，我们为什么需要讨论假设的情况呢？听着，你知道那个混蛋史麦斯建议什么吗？他建议我们投资 2 200 万美元买下爱达荷州那家毫无价值的公司。"

"为什么？"我颇感讶异，"我们已经做过调查，他们的专利蛮可疑的，而且真正的人才早在几年前就离开了。再说，为什么这么贵呢？"

"史麦斯有意扩大整个收购金额，以证明他需要 1.3 亿美元的资金。你瞧，他不想采用任何杜鲁曼不喜欢的提议，所以任何他可以想到的其他点子，他全放到投资计划书中，只要看起来好看就行。而且你必须承认，账面上，这家公司看起来相当不错。""这全是一场戏！"我叹息道，"格兰毕要数字好看一点，而且要能责怪杜鲁曼和道尔提的卖价太低，所以他假装我的公司可以卖得比实际价格高出许多。史麦斯则想要多一点权力，所以他假装他的公司需要这笔钱，其实这笔钱对他而言，毫无必要。如果这不是卖掉我的公司所得的钱，那会更有趣。"

皮区不同意："对史麦斯而言是这样，但对格兰毕而言不是。这个老家伙像箭一般正直。"

"以前我都这么想。"我承认，"但你要如何解释他这么夸大我旗下公司的价值？"

"你在说什么？"皮区真的很讶异，"1.3 亿美元是很保守的估计。"

"皮区，我对于买卖公司经验不多，但我不是三岁小孩，我知道如何解读财务报表。我的公司每家能卖到 3 000 万美元，就算幸运了。要卖到 1.3 亿美元，简直太荒谬。"

皮区看着我。"你要咖啡吗？"他问。

"别管咖啡吧！告诉我发生了什么事情。"

皮区忙着抓住服务生的眼光，我开始有点儿不太高兴。然后，他眼睛望着别处，问道："你觉得压力蒸汽公司值多少钱？"

"最多 3 000 万美元，甚至不到。皮区，这个市场十分稳定，而且呈胶着状态。史黛西成功地将公司利润增加到 250 万美元。或许如果很努力的话，还可以把利润提高两三百万美元，但最多也不过如此了。"

"罗哥，如果竞争对手可以关闭这家公司，并且获取这家公司的客户，对他们而言，这家公司值多少钱？"

我觉得好像有人在我脑袋上重重一击，很重的一击！

所以，这就是他们的计划。当然，我怎么会这么天真？竞争对手如此做，同时也可获得我们的市场占有率。他们全都有剩余的产能，原料是售价的 35%而已。竞争对手接手我的公司并且予以肢解后，一年甚至可以提高 4 000 万美元利润，更别提可以打破胶着的局面，成为市场中最大、最具优势的供应商了。我怎么会这么笨呢？

现在我了解与那个满身铜臭味的买家会谈时是怎么回事了，现在我全都懂了，甚至连价格都懂了。难怪我闻到什么腐烂的味道，我闻到的是公司的尸骸四分五裂。

而杜鲁曼及道尔提，这两个屠夫。他们小心翼翼，不愿走漏一点儿风声，两面看问题。没错，我知道等我质问他们时他们会怎么说。"我们必须牺牲一部分，以拯救整体。"才怪！

"你还好吗？"皮区听起来真的有点担心。

"不，不好。"我大声说。

"不，你还好。"他对着我微笑，"我几乎可以听到号角的声音。魔龙啊，快逃命吧，骑士罗哥即将出发屠龙了。"

"天杀的，我正打算如此。"

我坐上车，发动引擎。去哪里呢？哪里都无所谓，只要往前开，我需要思考。

开了数英里，我还是怒气难消。气杜鲁曼，气道尔提，气格兰毕，气史麦斯，气华尔街，气整个世界，甚至，也有点儿气自己。

经过很长一段时间之后，我开始整理自己的思绪。生气于事无补。我要怎么办呢？替员工争取一份优厚的遣散费？好烂的解决方案。再说，我又能说服优尼公司付多少呢？每服务一年，付一个月的遣散费？两个月？或者三个月？他们甚至不可能答应年资一年付两个月的遣散费。而且，这根本不算什么。对一些在别处无从发挥所长的人而言，的确不算什么。

而史黛西呢？她有什么机会呢？她的记录上会有一家她所经营的公司遭到肢解出售的下场，这个污点会成为她一生的阴影。

而我呢？我的额头上也会留下一个烙印，好像圣经中杀害亲兄的该隐一般。

不行，我绝不允许这类事情发生。那我要如何阻止呢？

冲突在哪里很明显，我早已知道有一阵子了。如何破解也很明显，我们必须找出增加销售量的方法，有效而且快速的方法。问题是，直到目前我都不相信真有这个可能，我必须假设这是有可能的，我必须视之为理所当然。唯有这样，我才能重新振奋精神，继续寻找方法。

不相信有圣杯的骑士，永远找不到圣杯，而满怀信心的骑士呢？你甭想阻止他。（传说耶稣基督在最后晚餐上用过的杯被带到英国，之后成为骑士们追寻的目标，而只有行为思想纯洁高尚的人才能获得。）

一定有办法的。一定有办法增加销售量。事实上，皮特公司的成功证明了这点，既没有科技的优势，又没有钱可以投资在设备或广告上，什么都没有。但是，不到一个月，看看我们的状况。现在，我们有皮特所谓的"黑手党建议"——好到没人能拒绝。

但我要到哪里去多找一些这么棒的点子呢？

要多棒才能保证史黛西的公司不被丢进碎纸机中？一定要非常棒。即使我们把利润提高到一年 500 万美元还是不够，即使1 000 万美元也没办法。他们将公司卖给这群豺狼能得到的钱实在是太高了。他们真的有机会卖到将近 1 亿美元，这不是个幻想。

找到能突破营销、提高销售量的点子还不够，我们必须找个强有力的方法打垮竞争对手。这是唯一的方法。

不，或许我还不知道真正的困难在哪里，而提高销售量也还不够。不过，我知道要如何找到解决方案。它就在我的脑袋中，藏在某处，分散成一片片，并不完整，甚至扭曲变形了，但如果有解决方案，那么一定是在那里。我必须利用钟纳的思维方法把它引到阳光下，让它浮现出来，并加以修饰。

我已完成了最困难的部分，感谢杜鲁曼和道尔提，我已把目前竞争市场的现状图构建完成了，我必须继续下一步。

而且我必须自己来，无法推给史黛西或唐纳凡。这是我自己的责任，再说他们的视野也可能太窄了，我必须找出一套通用的办法。稍后，他们每个人都可以用来构建符合他们个别需要的方案。

不要再拖延，我告诫自己。现状图指出了核心问题：经理人以达成局部效益为经营公司的目标，下一步是更精确地加以描述。我必须找出让经理人无法做得更好的原因是什么。道尔提说得并不正确，根据钟纳的说法，我们不应假设经理人疏忽或无能，我们应该假设他们陷入一个冲突中，以至于他们无法正确地经营公司。好，如果照着课本来，我应该列出他们该做的事情，而且找出是什么样的冲突阻挠了他们，令他们无法照着做。

什么才是"应该做的事"？我希望经理人如何经营公司呢？

不是很明显吗？我问我自己。他们应该尽力达成整体效益。

嗯！对这点我有疑问。

我不是反对整体效益，但是……

如果我们能达到的已是"最佳效益"，那为什么一个小小的突破性方案却可以达成以前想象不到的结果呢？

过了一会儿，想法开始冒出来。最佳效益是指在一个框框内做得最好，但我所寻找的是……对了！我们急切需要突破性的解决方案，非突破性的方案已经不管用了。我们必须在框框外寻找解决方案。

那么我的提议是什么？经理人应该一直不停地寻找突破性解决方案来经营公司吗？

不，不需要这么夸张。

我想如果以"经理人能做出好的决定"为目标应该就可以了。这样我替突破性解决方案留了一扇门，需要时可以再加进来，不必将它变成经常性的要求。

我想了一下。这个目标很简单，但很有道理。我决定将它列为想要达成的目标。

现在我需要清楚地用文字写出阻碍经理人达成目标的冲突。根据钟纳的准则，矛盾在现状图中应该很明显。但我有个问题，我认为自己对这个冲突图上上下下都十分清楚。如果里面有任何冲突的话，我一定早注意到了。

但以往的经验告诉我，要节省时间，最好的方法就是遵照准则行事。我必须再看一次，但要怎么看呢？

我从在高速公路上看到的第一个出口下了高速公路，停在一个加油站前。

"麻烦你加满高级汽油。"

我伸手到后座,拿起公事包,找出那张现状图。不一会儿,这个冲突就出现在眼前。我想,如果知道在找什么,就比较容易找得到。我将冲突写成"考虑客户对产品价值的认知"及"考虑供应商对产品价值的认知"。

现在我必须证明阻止目标成为事实的就是这个冲突。没花太多时间,我就完成了冲突图。"为了使'经理做出好决定',他们必须'考虑到获取足够销售量的需要'。"对高层决策而言,这是事实。

不,这对公司所有阶层而言,都是事实。我想即使对较低层的决策而言,也是事实,无论是配销、生产或技术开发。

"加好油了,先生。18.30 美元。"

我把信用卡交给他,然后继续念:"为了'考虑到获取足够销售量的需要',经理人必须'做决定,并且根据客户对产品价值的认知采取行动'。这项很好。"

我转向冲突图的底端:"为了让'经理做出好决定',他们必须'考虑到获取合理产品毛利的需要'。"在企业文化的笼罩之下,这是绝对必要的。事实上,在大部分的公司里,即使有些人明白自己不应该这么做,仍然不得不这么做。当然,除非有人想成为"烈士"。

我读出最后一段连接:"为了'考虑到取得合理产品毛利的需要',经理人必须'做决定,并且根据供应商对产品价值的认知采取行动'。"

我签了信用卡账单,发动引擎,然后找路回高速公路。

我看了一眼冲突图。一旦把它写出来,就很明显。在优尼公司上上下下,我所见到的经理人都一直在这个箭头的两端摆荡。

"我不觉得我们该接这个订单。""我觉得我们应该接。""不要接这个订单。""接这个订单。""不要。""你们为什么接这个订单?""我们必须接。""不,我们不需要。""我们需要。"

"罗哥,"我对自己说道,"你写得非常清楚,继续下去。"

在这个冲突图中,有哪个箭头是我觉得最不妥当的?这个问题很简单。为了使"经理人做出好决定",他们必须"考虑到获取合理产品毛利的需要"。在过去几年中,我已经一次又一次证明,如果市场区隔清楚,我们不只现在可以提高利润,未来也一样可以——即使毛利是负数,尤其在所有的工作都是由非瓶颈完成的情况下。

在我的公司中,我希望产品毛利不是接受订单与否的必备条件之一。接受订单与否,该考虑的只有订单对整体产量及整体有效产出的影响。

我们已经破解了这个冲突。

那我们为什么还身陷麻烦中?

忽然灵光一现。我们向来不考虑产品毛利,但是也从来没有造成问题。我们已经将三家公司全部从无底洞转化为收支平衡。这个办法可行——但还是不够。每次我们找到某部分的市场,便急于利用我们的剩余产能生产,然后以低于平均价格的价格卖出。这样做能改进我们最后的盈亏,但很浪费,我们现在无法负担这种浪费。

真正的问题是我们已经找不到什么市场空间了。我们既不敢在核心市场中降价销售,也不敢发动价格战,这可能会毁了我们。所以,现在在每家公司中,都还有大量的剩余产能。

再说,价格持续下跌也侵蚀到我们自改善中获取的利润,我们必须采取更强而有力的行动。对我们而言,逐渐提高利润并不够。要拯救公司,售价必须高于平均价格。

要怎么做呢?

这正是我必须想办法寻找的。我必须找出更有效的方法,以突破这个冲突。我最好检查一下在这个冲突图中其他箭头之后的假设。如果有更好的答案,那必定跟我今天所做的不同。

这条道路很清楚,我继续读:"为了'考虑到获取合理产品毛利的需要',经理人必须'做决定,并且根据供应商对产品价值的认知采取行动'。"

这里的假设是产品毛利必须基于产品成本。就我所知，这会令人产生一个印象，好像产品应该有个合理的价格。

根据现状图，结论显然是必须设定多种价格。这表示，要采取行动以区隔一个现存的、貌似统一的市场。

对，现状图很清楚地指出这个方向。不过，如果这个冲突图真的有用，它应该能向我提供更多的选择。我不认为发展一套区隔市场的通用办法会是快速又简单的工作。再说，这类工作需要一支笔和一张纸。

在我回家做这件事之前，我应该检查一下冲突图中的其他箭头。或许它们可以向我提供较简单的选择。

我看了一眼下个箭头，这是个冲突箭头。钟纳曾说过，如果能破解这个箭头，它通常会带来最强而有力的解决方案。现在，我真的需要一个强而有力的解决方案。

"做决定，并且根据客户对产品价值的认知采取行动"与"做决定，并且根据供应商对产品价值的认知采取行动"，这两者互不相容。这是一般常识嘛！其假设是什么呢？这两者的认知不同？这太明显了！

"这是现状图构建完成后才变得明显的。"我淡淡地对自己说。

那我能怎么做呢？过了一会儿，我发觉这个假设限制较多。如果在客户心目中把产品价值看得很高，比供应商的认知还高，在这种情况下，经理人不会面临两难的局面。

也就是说，如果他们不贪心的话。

这个假设也表示，"客户为产品所定下的价格要比供应商定的低很多"。只有在那个时候，经理人才需面临两难的局面。

我一边看着道路，一边把这点草草写下来。

我们可以如何更改这个假设？我有什么想法可以更改这个假设吗？我问自己。

有了，不过实在太简单了。"不够具体。"我喃喃道。

我必须让想法更具体一点。这没什么困难的。我了解这个步骤，我也有时间，我所需要的只是个方向。而这个想法看起来非常简单，简单到不会出错，太简单了。

连续好几英里，路上一直出现即将有休息区的标志，在哪里呢？

到了，我将车子停到休息区中。

"采取行动，有效提高市场对产品价值的认知。"我写道。

这是蛮简单的，可列为简单级。不过，也算个方向。如果钟纳的法则真的有效，那么它应该可以带领我们找到一个解决方案。

根据这套法则，接下来我必须选出策略性目标。这也没什么大不了的，它们只是不良效应的反面而已，应该不会太难。我这里有张清单……。

但这张清单没什么帮助。因为这张清单是杜鲁曼和道尔提列出来的，所包括的不良效应是关于他们公司的。我们也不见得需要提升销售人员的技巧或改进科技。

事实上，我们根本没有足够的时间去做这件事。我们——我暗笑——只需要更具竞争力就够了。

不，等一下。即使这样也不够。我们必须完成的事项，别的公司大部分并不需要完成。我们必须能够快速展现可观的盈利。

慢慢地，我写下第一个目标："在产品不降价的情况下尽量利用所有的产能。"

以我们现有的剩余产能，这必然产生可观的利润。问题是我们必须说服每个人可以长期维持这样的利润，这同等重要。

我加上第二个目标："拥有明显、有优势、有竞争力的地位。"

好，这就可以了。接下来我必须做的是以刚才提到的方向想出如何达到这两个目标的方法。我必须构建一个"未来图"（Future Reality Tree，FRT）。

如果有比构建"现状图"还麻烦的事，那就是构建"未来图"，而且后者的起点看起来大都有点虚无缥缈，因为未来的事尚未发生。

不过，还是有可能的。我知道。

我启动车子，然后决定开回去，我开始寻找路标。找出我现在在何处是个不错的想法。我看到威明顿的标示牌。威明顿是哪里啊？

我在等什么？我赶紧拿起电话拨给唐恩。

"你在哪里？"他显然很担心，"预算会议预定 10 分钟后要开始，我想我无法代替你参加。"

"可以，你可以，只要请皮区同意就可以了，他会同意的。啊！天啊！我原本一点半应该和财务总经理开会的。"

"还需要你告诉我吗？"他听起来好像有点不高兴，"别担心，我代你去过了，没什么特别的事。但是，你在哪里啊？你今天要回公司吗？"

"我不知道。唐恩，听着，记不记得我上周给你的现状图？把它拿回家，仔细研究一下。明天之前，我要你里里外外了解得清清楚楚的。"

啊！天啊！刚过麦尔福，我离家已超过 100 英里。

"没问题。但罗哥，我可以知道原因吗？"

"应该很容易就猜得出来。"

"这表示我们得试着找出提高销售量的方法？"

"对！"

"啊哈！"我即时的反应是把听筒移开我的耳朵。这个人真是中气十足。"我们都在等。全部的人！"他大叫。

"明天八点见。"

"我要不要去预订一间会议室？在你的办公室开会，会一直被打断。"

"好主意。还有，你自己准备好。"

"做什么？"

"一堆的工作等着我们，我们要好好动员一些人。"

19

做生意的第一课

It's Not Luck

端上咖啡的时候，我鼓足勇气，提出真正的议题："我想说服你们，不要卖掉我的公司。卖掉公司将是个大错误。"

"罗哥，我们已经讨论过好几次了。"杜鲁曼听起来有点不高兴，"这个议题早已结束了。"

道尔提做手势表示同意。

"如果情况改变了，还是不能讨论吗？拜托，你应该是个够开放的人，允许让我们讨论问题！"

"情况还能改变到多大的程度呢？"他以悲天悯人的语气补充道，"罗哥，放弃吧！这场战役胜负已定。"

"只要给我一点时间。"我说道，"我可以把我的公司变成会下金蛋的鹅。"

"你现在为什么觉得你可以？两周以前，你一点都不乐观。"

"我之所以变得乐观是因为你们两个人，你们已经……"

"不要指望我们，我们是坏人。"道尔提笑着说。

"罗哥，我想我已经向你解释过。"杜鲁曼试着把理智塞进我的脑袋中，"我们已经没有选择余地，优尼公司的财务状况太脆弱了。我们喜欢你，也欣赏你所做的一切，但不要要求我们做不可能做到的事。"

我让他讲完，然后冷静地继续说："你们要求我针对公司在目前激烈竞争的市场中的状况进行分析。你们起了头，难道不想知道结果吗？"

"想，我们的确想知道。但罗哥，如果你以为一个理论性的分析可以让我们改变决定，那你比我想象的还要乐观。"道尔提说。

"这不全然是理论，我有一个十分具体的起点，我可以从印刷厂的扭亏为盈开始推演。"

"我们很感谢你对那家公司的贡献。"杜鲁曼试图安抚我，"你在这家公司的作为带来近乎奇迹的效果。但是你以为在自我化妆品公司和压力蒸汽公司也能达到同样的成效吗？它们与印刷行业大不相同。"

"而且它们之间也大不相同。"道尔提补充道。

"我知道，不过我不是从零开始。我以皮特的做法当作范本，继续我们的分析，我架构了一套通用蓝图，可以适用于每家公司。有了这套蓝图，就可以很轻易地替每家公司找到其特殊的解决方案。"

"你真的认为你可以列出一套通用步骤，以攻占每个市场吗？"道尔提问道。

"对。"我十分自信地回答，"这就是我要展示给你们看的东西。"

"任何市场？即使我们不给你任何资金，而且限定你在某个很短的期限内完成？"杜鲁曼颇感讶异。

"这要看你们所谓很短的期限有多长，不过 6 个月对我而言，已经足够。"我已经很清楚 3 个月内能在一家公司推动的改变有多大。大部分的人觉得 3 个月不可能有什么作为，但我觉得 3 个月已经很长了。

"我没答应什么，当然更没答应 6 个月的期限。"杜鲁曼说，"不过，如果你对自己这么有信心，那我先请你喝一杯，你可以解释给我们听。"然后他开始四处张望。

"拿啤酒来。"

午餐人潮已经散了，餐厅安静了下来，服务生也离开了。杜鲁曼离开位子，回来时手上多了好几个杯子。

"真好。多谢了，杜鲁曼。"我大大地喝了一口，擦擦嘴，然后说道，"为了提高销售量，我们必须提高市场对产品价值的认知。"

"对，如果你做得到的话。"杜鲁曼同意，"这比降价好多了。"

"通常我们以为要提高市场对产品价值的认知就必须推出好的新产品。"

"这在现状图上写得很清楚。"道尔提附议，"你们都知道我相当不喜欢这种做法。看看所需要的巨额投资和不成比例的成功率，根本不划算。我总是说，让竞争对手在前面开路，我们跟在后面就好。"

"现在还有另一个办法。"我说道，"不会牵扯巨额投资或高风险。"

"现在，你挑起我的好奇心了。"道尔提承认，"我洗耳恭听。"

"我们看一下皮特所做的事情，就可以看到另一种选择。他并未触动实质的产品，而是在其他方面改善。"

"你是指什么？"杜鲁曼问。

我试着解释："从供应商的观点来看，产品就是实质的产品，这个观点只能允许有限的改善。若以市场的观点来看，你就会发觉，对产品的看法宽广了许多，包括相关的服务、财务条件、保证等，产品包括了整个交易。"

"有道理。"杜鲁曼慢慢地点点头。

"所有的供应商都知道这点。"道尔提比较挑剔，"你看，现在大家多重视顾客服务，多重视准时送货及快速交货！"

"不过，"我努力争辩，"当身为供应商的我们谈到提升产品时，很自然地就会想到技术、设备的投资，以及大量的时间。而皮特的独到之处是，他可以在不需改良实质产品的情况下，快速有效地改变市场。他改变的是周边效益，即产品以外的部分。而这点可以在不需投资之下完成，而且速度很快。"

道尔提看起来丝毫不感兴趣，一点都不。

杜鲁曼有礼貌多了，"我完全赞同。"他说，"不过，罗哥，实际上真的如此吗？或许这只是理论而已？我是说，听起来真的很棒，但是有一个问题，你怎么知道交易中的哪部分改变会对客户带来很大的冲击，而且竞争对手也还没办法做到这样的改进？"

"这很简单，"我笑道，"不过，让我先说明一些背景资料。还记得真正决定市场中产品价值的是什么吗？不是我们如何生产，而是买家能从使用产品中得到的好处。"

他们都点头，这点以前曾经讨论过。

"我们知道好处可分为两种。一种是增加正面效应，另一种是减少负面效应。看看任何一则广告好了，汽车广告都说什么？不外乎舒适、可靠或买车可获得很大的折扣。如果你注意一下，其实只有第一项——舒适，是优点。其他两项都只是消除负面效应而已。

"'可靠'的意思是什么呢？车子不需要常常送修。'可靠'本身不是一个正面优点，而是减少拥有这个产品后必然会有的麻烦。价格优惠或折扣也是一样。付款是必然随着拥有产品而来的负面效应。不过，如果买我们的产品，可以少付一点。"

"你把增加正面和减少负面——也就是负负得正——拿来比较还蛮有趣的。"道尔提咯咯笑着，"不过你为什么要提到这点？"

"因为你们给我时间限制。我相信唯有给市场带来更多正面效应，才能更有效地提高市场对产品价值的认知。不过最简单及快速的改进方法是集中力量消除负面效应。客户对此都有切身的感受，你不需要费力说服客户负面效应的存在，也不需说服客户去除这些负面效应，这条道路的抗拒最少。

"想想看，这正是皮特所做的事情。首先，他选择将市场定义为买方市场，因为直接与他交易的是客户，而且当皮特成功地改变他们对产品价值的认知时，最快速采取行动的会是他们。然后，他又解决了客户眼中的重要问题，难怪在客户心目中，皮特提议的方案价值大幅提升。"

"等一下。"道尔提颇有戒心，"你是说，你必须了解客户，而且你必须确定你针对客户的需要提出解决方案。"

"正是如此。"

"很抱歉，罗哥。"他看起来蛮失望的，"不过，这是做生意要学的第一课。每个人都非常努力地尝试找出客户的需求，并且提出比竞争对手更厉害的解决方案。我看不出你告诉我们的内容有什么特别之处。"

'不，道尔提。每家公司都说他们是这么做的，但真正这么做的没有几家。"

"我不大确定我了解你的话。"道尔提现在讲话比较小心了。

"好。请告诉我,你觉得一般公司如何寻找客户的真正需求?"

"我不知道细节,但他们的确在这方面下了功夫,例如,我知道他们投资蛮多金钱进行市场调查。"

"很好的例子。"我同意,"才 4 个月前,我们得到一份有关压力蒸汽市场的调查报告。市场调查部门给我们一份 200 页的文件,里面有很多很多的数据。我敢打赌客户碰到的每个不良效应,尤其是跟我们及我们的产品有关的不良效应都详细列在里面的表格或分析图中。你所想到的每个基准程序、每个细节都在里面。但是,你知道我们就此采取了什么行动吗?"

"大概什么都没有。"他承认道。

"几乎是如此。我们对报告留下深刻的印象,甚至推出一些活动,试图解决某些不良效应,不过这份报告并未告诉我们任何我们不知道的事情。"

"那么,你的意思是?"

"我要说的是,你讲得没错。每家公司都试图解决客户的不良效应。但跟皮特所做的事相比,你看到其中的差别了吗?"

我喝了一口啤酒,等待他们的反应。

"的确有些差别,"道尔提承认,"而且差别还不小。不过,我无法确切地描述……"

"那是因为你还不太习惯使用我们的术语。差别在于每家公司都试图解决客户的不良效应,而皮特却试图解决客户的核心问题。"

"对,当然。"杜鲁曼说,"我常说处理症状是无效的,我们应该针对症结来处理。"

"这样还不够。"我必须确定他们真的了解这些事情彼此之间真正的关联,"症结对我而言还不够。我们要找出来并且解决的是核心问题,不是引致一两个不良效应,而是引致所有不良效应的核心问题。"

"我明白。"道尔提说，"而你似乎已经找到最理想的工具，就是现状图。你曾经示范如何将一连串看起来毫不相关的不良效应全归结于一个核心问题。真是了不起的示范，我永远不会忘记。"

哇，道尔提果真精明。

我试着总结："还记不记得，你们曾经担心如何知道我们的提议中哪些部分会对客户产生很大的影响？现在你看得出来为什么我这么确定我们不用担心了吧，杜鲁曼？"

他仍然没有正面回答，不过表情看起来轻松多了，也比较有信心。

"那么，看看我是否了解你的建议。"道尔提继续追问，"首先，你要进行市场调查，以寻找不良效应。"

"道尔提，我不需要进行市场调查，我想市场调查是一种时间和金钱上的浪费。我的员工们对市场已经够了解了，有能力列出一张具代表性的不良效应清单；即使他们列不出来，那么与一两个客户会面也足以让不良效应浮现出来。你不需要找出所有的不良效应来构建一个好的现状图，具有代表性的样本通常就足以找出核心问题。"

"对，那么你将拿市场的不良效应来构建现状图，然后借此寻找深层次的问题。"道尔提暂停了一下，并给了我一个询问的眼神。

我同意地点点头，他继续说："然后你再寻找必需的改变，不是针对产品本身，而是针对整个交易，如此你才能较深入地解决市场上的问题。很耐人寻味。"

"耐人寻味？根本是一大创见。"杜鲁曼赞同地拍桌子。

我向后倚，喝完啤酒。他们也跟着如此做。过了一会儿，道尔提问："那你怎么能确定你没有漏掉什么？没有疏忽任何可能回头反咬你一口的观点？"

"好问题。"我说，"让我再强调一次。你知道，如果一个人的问题大部分都获得解决的话，他可能会改变他的行为。现在我们谈的是深层次的问题，可能因此消除很多不良效应，我们必须预期客户的行为也将跟着改变。但是谁能保证这个改变一定会对我们有利？谁知道这个改变不会反过来变成我们的问题，而且在不久之后，令我们的情况变得比未改变前更糟？”

“好问题。”杜鲁曼说，“不过我认为做任何改变的同时，我们都必须承担一些风险。”

“风险是不可避免的。”我回答，“不过我的恐慌让我不得不尝试尽力减少风险，而且我有完美的方法可以做到这点。

“一旦构建完市场的现状图，我们就可以知道其中的因果关系，假设我们推出新的提议，然后以逻辑推断客户会有什么反应。换言之，我们要构建市场的未来图。”

他们看起来好像明白了。

“现在，我们要使用我们所拥有的最有力但也最被滥用的资源——人。我们公司就像其他公司一样，有一堆人对任何建议的立即反应都是‘对，但是……’。小小的‘对’，大大的‘但是’。我们要做的就是将构建成的未来图尽量发送给公司的每个部门，请他们发表负面意见。”

“毫无疑问你可以收到回复，而且是一大堆。”道尔提笑道。

“不能忽视这些不友善的意见，这很重要。每个意见都如珍珠般重要，因为如果我们善用它们，如果我们将每个保留意见都变成一项负面分支，我们就可以找出所有可能出错的地方了。”

“还有很多不会出错的地方。”杜鲁曼挖苦道。

“然后，我们就必须铲除会导致真正危险的负面分支，也就是说，我们在提议的办法之外，还必须有附加的行动，以尽量保证不致发生我们找出的负面效应。”

“没错，很聪明。如此一来，如果构建成功，你就可以找到一套绝佳的办法，可以有效地大幅提高你的竞争优势。罗哥，这个过程需要多少时间？”

“我不知道。不过，我想大概不到一个月。我还需要多一点时间实施这个办法，以及取得订单。”

"为订单干一杯。"道尔提举起他的啤酒杯。我们看了一下杯子，全空了。道尔提拿起水杯，杜鲁曼和我如法炮制，我们就以水杯干了。

"罗哥，那么市场区隔呢？"道尔提问，"我们从现状图所得到的那个美妙点子，难道你不打算使用吗？"

我再一次对他们自现状图所获得的知识感到欣慰："或许不是一开始就用，不过我一定用得到。"

"重点是要在目前貌似统一的市场中完成区隔，而且不只是追求产品定位。你知道如何达到这点吗？如何达成这样的区隔吗？"道尔提毫不留情地问。

"我想我知道。"

"什么？"再一次，他们又开始逼问我了。

"其实蛮简单的。"或许简单，但我再次怀疑要如何解释才会清楚，"事实上，方法来自我们持续的讨论。你瞧，道尔提，我们还有一个问题没有回答：什么是一家公司的市场？我们可以将其定义为与公司交易的个人，或者将其定义为向我们买货的公司，也可以定义为向我们的客户购买产品的公司。或许我们还可以想得更远，将市场定义为最终的消费者。

"我怀疑我们真能替每个阶段都做分析，而我们越接近消费者，得到的解决方法就越有力，当然所牵涉的环节也会越多，我们必须说服中间所有的环节都一起合作。"

他们还在听吗？我最好赶快回答道尔提的问题。

"真正有趣的问题是，如果我们有两个市场，那我们需要构建多少个现状图？你们觉得呢？"

"两个，我想。"杜鲁曼决定加入讨论。

"如果这两个市场有些部分重叠，换言之，不容易看出两个市场的确切分界线在哪里呢？"

"仍然是两个，我想。"

"那么，如果在一个市场中，我们可以将其分为两大客户群，他们唯一的差别是，其中一群客户除了有另一群客户全部的不良效应，还有一些他们自己的不良效应，又如何呢？”

“很有趣，你是用不良效应来区隔市场。不过，回到你的问题上，我的答案还是两个。”

道尔提同意地点点头。

我说：“你的答案错了！我们可以这么看，如果我们只构建一个现状图，但仍区分哪群客户有哪些不良效应，我们可以把我们的提议分为两部分：一部分解决所有的共同不良效应，另一部分可以解决那些额外的不良效应。以我们的观点来看，既然我们的改变大都在产品周边，而不是实质的产品本身，我们会倾向于将它们全部看成一个产品。不过从市场的观点来看，对于那群还有额外的不良效应的客户，我们扩大了的建议会更有价值，他们因此会愿意付出较高的价格。”

“很聪明，罗哥。这就是你区隔市场的办法啊！”道尔提似乎对我的答案挺满意。

杜鲁曼也继续点着头：“很棒。”

我决定直接切入我最关心的问题：“那么我可以假设我的公司已经脱险了？”

“你是说，我们停止所有出售公司的行动？”道尔提对着我微笑道。

“是的，至少暂时如此。”

“罗哥，实际一点。”杜鲁曼又是一副施恩的口吻，“你的行动计划的确非常独特，我们也都很喜欢。但别告诉我，你没有注意到它的漏洞。第一，当你完成市场分析时，怎么样保证我们不会发现，其实你和竞争对手都已经针对市场的核心问题采取了行动？第二，即使你们还没有采取行动，又如何保证你们可以解决市场的核心问题？或许问题跟你的提议根本无关。第三，即使市场的核心问题和你的提议有关，谁说你一定有能力进行足以化解该市场核心问题的行动呢？或许，所需的改变不在你的控制范围内，或者产品本身需要重大的改变。怎么样？"

我现在知道杜鲁曼为什么能位尊权重了，我不认为我可以这么快就抓到重点，我绝对没办法。他当场就逐条列出这些漏洞，真是令人印象深刻。

"这并不是说，"他继续说，"我们觉得你一点机会都没有。你还是有可能成功，印刷厂就是个证明，有时候这还是可行的。"

"你们愿意冒险吗？如果我有可能成功，而你们不给我时间，那么你们可能真的廉价卖掉了金矿。"

"我们不会冒任何风险的。"道尔提解释，"反正下几周没有安排什么主要活动。到时候你应该已经知道你的计划有没有成功的机会。随时让我们知道最新的发展，如果你真能有效解决公司的市场核心问题，我们会知道该怎么办。别忘了，在印刷厂的成功例子上，我们配合得很好，所以在处理任何其他类似的成功例子上，也不会有问题。"

"对，不会有问题。"杜鲁曼保证，"只是要记着，要让我们全盘了解。做得好，罗哥，棒极了。"

不，我们没有浪费时间。不管是开会还是为了发展出种种想法而下的功夫都不曾白费。现在一切全看我们自己了，如果继续运用钟纳的"思维方法"，依常识推演出结论，我们终会得胜。

我并不担心杜鲁曼提出的几个漏洞，这些观点并不新，我们过去在做分析的时候早已看到了这几个问题，我想我们有办法好好处理这些问题。

做这些分析并不容易，构建逻辑图并不好玩，令人振奋的事情完全埋藏在那些"如果-那么"的逻辑推理的灰色背景中。唐恩和我整整花了两天的时间，运用钟纳的思维方法，辛苦之至才达到了目前这个看似明显的结论。我还记得我们是多么仔细地分析了所有的细节。

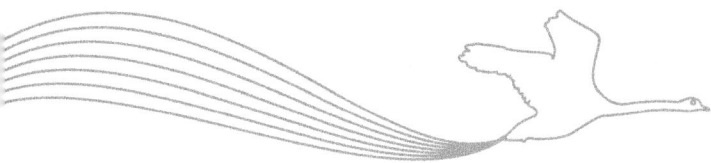

20

空中楼阁

我到达的时候，唐恩还没到。

所以，我决定不要浪费任何时间。我从会议室的角落拉出海报架，翻到空白的海报纸。接着我从口袋中拿出一沓厚厚的便利贴，在其中一张上面写上"公司不降价而尽量利用所有的产能"，在另一张上写上"公司拥有一项明显、绝对领先、有竞争力的优势"。我将它们贴在海报纸的上端。

"很好的目标，早安！"唐恩进来时跟我打招呼。

"早！"我回答他，开始写另一张便利贴。

"要咖啡吗？"他问。

"要，麻烦你。"然后我将这张便利贴贴在海报的下端，并且大声地念："公司采取足以提高市场对产品价值认知的行动。"

"这是什么？"唐恩问，"今天要分析的主题吗？"

"可以这么说。"我说，然后接过他递给我的杯子，"同时这也是我自冲突图中获得的'激发方案'（injection）。"我看到他的表情后，补充道："我知道这不算什么，不过这是我们的起点。"

"你称这为起点？"唐恩颇感惊异，"对我而言，这比较像终点。"

"这么说吧，在目前这个阶段，这比较像一厢情愿的事。"我承认道。

"我们要拿这些来做什么？"他不太高兴，"我以为你会有比较具体的东西，真正的起点。我们怎么用这个来构建未来图呢？"

唐恩构建未来图的经验并不多，尤其当起点还只是一厢情愿的事时。

"就像以前那样。"我试图安抚他，"我们先从这个激发方案开始，然后，利用'如果……那么……'的箭头，就可以试着连接到这两个目标。我们加进一些目前尚未成立的叙述。如果需要，我们还可以加进更多的激发方案，直到达成目标。"

"更多的叙述？更多的激发方案？算了吧，罗哥，以这样的起点，我可以毫不费力地达成目标。不过，有什么用呢？结果不会是未来图，而是未来幻想图。我们如何真正达到你所谓的起点？这才是真正的问题。"

"我知道，而且你也知道我很清楚。所以，不要再大惊小怪，开始正经地向目标做些连接吧！"

"但是，罗哥！"他开始争辩，"如果我们连如何实现激发方案都毫无线索，如果这只是空中楼阁，那继续做下去有什么意义？"

"有，有意义。"我坚定地说，"在开始绞尽脑汁，寻找如何实现它的途径之前，我们应该先知道是否真的渴望这么做，对于能否单靠这个激发方案达成目标，我不像你这么有信心。"

"但是……"

"如果一切真像你说的这么简单，那我们为什么还要争论？开始做就是了。"

"我想，在我们埋头讨论细节之前，先看一下全盘概况比较好。"唐恩并不十分热心。

"如果'公司采取足以提高市场对产品价值认知的行动'，"我说，开始构建未来图，"那么'市场对于产品价值的认知就会高于目前市价'。"

"你为什么这么说？"唐恩有点挑衅地问。

"因为这两个字——'足以'，如果没有高过目前市价，你要如何诠释'足以提高对产品价值的认知'这句话？"

"我了解你在做什么了。"唐恩紧皱的眉头开始稍微舒展，"你希望借构建未来图对激发方案多一些了解。"

"正是如此。"我说，"如果钟纳说得没错，未来图可以让我们了解得更仔细，仔细到让我们知道如何完成它。"

"好主意。"唐恩微笑，"可以继续了吗？"

"请！"我递给他一沓便利贴。

他写下另一张便利贴，然后念道："如果'市场对产品价值的认知高于目前市价'，那么'市场就不会对公司所要求的价格有任何异议'。"

"很好。"我说,"但是还不够好,这样还是无法确保竞争优势。"

"的确。"唐恩同意,"市场可能对我们的价格没有异议,但同时,市场可能对竞争对手的价格更没有异议。你说得没错,我们还需要添加另一个激发方案。内容大概是'市场对我们的产品价值认知高于对竞争对手的产品价值认知'。这就足以使我们拥有具有竞争力的优势。"

"考虑到我们要的是'绝对领先的竞争优势',我建议你将'高于'改成'远高于',这样就没问题了。"

"这张纸承载着所有的梦想。"唐恩一边修改激发方案,一边喃喃自语,"现在看起来,我们好像可以连接到其中一个目标:'公司拥有一项明显、绝对领先、具有竞争力的优势'。我告诉过你,这太容易了。"

"唐恩,"我耐着性子说,"你提出了'竞争优势'这个问题,但你并没有证明这个竞争优势是明显的优势。你必须先证明我们的市场占有率会得到提高。"

"你说得很对,这两个激发方案我都需要证明。"他并不觉得有多特别,"如果'市场对我们的产品价值认知远高于对竞争对手的产品价值认知',而且'市场对公司目前的价格并无异议',那么'公司的市场占有率就会提高'。现在,我们已经到达一个境地,市场偏爱我们的产品甚于竞争对手的产品,结果是,我们的市场占有率提高了。你觉得现在可以连接到合适的目标了吗?"然后他开始画相关的箭头。

"唐恩,我想你太急躁了一点。我并不觉得你已建立了一项绝对领先的竞争优势。"

"还缺少什么?"

"你如何保证竞争对手不会马上抄袭我们的点子,进而完全瓦解我们的优势?"

"我明白了。"他想了一分钟,"我想我们必须加进另一个激发方案,内容大概是'公司所采取的行动令竞争对手很难抄袭'。"

"这样就可以了。"我同意。

当他把这项加上去后，他说："根据相同的逻辑，我也可以连接到其他目标——'公司不降价而尽量利用所有的产能'，可以吗？"

"不，不行。我想我们还需要加上另一个激发方案。"我拿给他一张便利贴，"我们必须确定有一个或多个足够大的市场，提升对我们的产品价值的认知，而且这些市场比我们可用的产能大很多。"

他念着便利贴上的文字："'公司所追求的目标市场要比我们可用的产能大很多'，没问题。"他将这项叙述贴在大大的白纸上，我们完成了未来图。

"当你可以做梦时，要达成目标是件非常容易的事。"他评论道。

"没错。"我笑着说，"看起来大概要等到猪也会飞的时候，这些激发方案才能成真。不过你必须承认，到目前为止，我们并没有浪费时间。现在我们知道我们需要什么。把市场对我们的产品价值认知提升至高于我们的定价还不够，还需要将市场对我们的产品价值认知提升至高于对竞争对手的产品价值认知。我们需要一个很大的市场，市场必须大到足以消化我们所有的产能。而且，我们的做法必须让竞争对手很难抄袭。"

"就这样？太简单了嘛！"他讽刺地说，"现在我们不是等一头猪会飞就够了，而要等四头猪全会飞。这就是我所说的进步。"

"也不全然如此。我们所加进来的激发方案其实都引申自最初的方案，这么做只是让它更明确罢了。"

"还不够明确，起码对我来说。"他叹息。

"我们还没完成。"我试着鼓励他，"我们现在必须发挥未来图的真正威力——'负面分支'！"

"有什么用？"

"可以帮这些猪装上翅膀。"我开玩笑地说。

"如果你这么说的话。"他喃喃自语，不抱太大的希望。

我抄下最初的激发方案，翻到另一页海报纸，然后把便利贴贴在海报纸底端。我又念了一次：" '公司采取足以提高市场对产品价值认知的行动'。唐恩，怎么样才可以提高市场对产品价值的认知？"

"更好的产品。"

我知道这很难办到，所以最初的激发方案看起来一点也不实际。不过，根据钟纳的说法，顺着步骤继续做下去，应该可以带我们找到真正的解决方案。我希望他说得没错。反正我也没有别的选择，就花些时间把它写好吧！

唐恩念着我写的内容："如果 '公司采取足以提高市场对产品价值的认知的行动'，而且 '市场喜欢比较好的产品'，那么 '很明显，公司已成功推出了更好的产品'。从这里衍生出来的负面分支很明显，推出新产品需要投资时间和金钱，而这两种资源我们都没有。"

"正确，不过我们还是需要把它写下来。如果 '很明显，公司已成功推出了更好的产品'，而且 '推出新产品需要时间和金钱'，那么 '公司显然要投入时间与金钱'，但是如你所说，'我们没有时间，也没有金钱'，因此，结论是 '身为公司管理阶层的我们就会被别人取而代之'。这是个负面分支，毫无疑问。"

我站起来，又倒了一杯咖啡。"唐恩，在负面分支中，我们是在什么地方从正面转到负面的？激发方案是正面的，成功推出新产品是正面的，下个步骤，投资时间和金钱是负面的。这里就是我们需要集中注意力的地方。在相关的箭头后面，我们有什么假设？"

唐恩清清喉咙："我们假设新产品的确是新的。"

"你的意思是……"

"或许新产品只是在旧产品上加了些小小的修改？那么，公司就不需要投资大量的时间和金钱在上面。不，这并不空泛，而是很实际的情况。拿皮特的解决方案为例，他只在提议中做了小小的修正，不需要投资任何时间和金钱。"

"对，好主意。我们把这点放进未来图中。"

"怎么放？"

"先拿着你的杯子。"我将杯子递给他，然后翻回原来的那页海报纸，"我们有一个新的激发方案：'公司推出足以提高市场对产品价值认知的小改变'。"然后我将它贴在海报纸的底端，"现在原先那只会飞的猪不再是激发方案，而是其他东西衍生出来的结果。你看，如果'公司推出足以提高市场对产品价值认知的小改变'，那么公司已'采取足以提高市场对产品价值的认知的行动'。"

"我必须说，新的激发方案实际多了。不过，我们还不知道哪里可以找到足以让一切改观的小改变。我们的新激发方案仍然不够有力。"他无动于衷地说。

"所以我们需要再修饰一下。"我还是不失乐观。

"怎么做呢？"唐恩颇为沮丧，"我甚至找不到任何可以写下来的负面分支。"

"当所有的方法都无效时，就再读一遍现状图。"我引用钟纳的话，"很多时候，可以为我们铺路的方法就在其中。"

唐恩无从争辩。

我们再一次检视现状图。令人惊讶，我竟然发现一个线索，就在底端。

"听听这项，唐恩。'市场对产品价值的认知来自拥有产品所带来的好处'。"我将这句话写在一张便利贴上，然后贴在靠近底端的激发方案附近。

"我看不出相关之处。"

我不理会他。现在，我们终于有些进展了。"如果'公司推出足以提高市场对产品价值认知的小改变'，而且'市场对产品价值的认知来自拥有产品所带来的好处'，那么'很明显，公司所推出的小改变会带给市场很大的好处'。再试试看，唐恩，能带来好处的做法还有什么？皮特的解决方案带来什么额外的好处？"

"你刚刚说了。皮特的解决方案带来了解决方案。"

起初我没听懂。不一会儿，我才了解唐恩的评语是多么有见地。"你说得绝对正确。皮特的解决方案不只解决了他公司的问题，同时也解决了客户的困境。我们如何把它归纳成结论？"

"很简单。"他说，开始书写、擦掉、移动便利贴的位置，然后再写，直到最后他贴上结论：'能解决客户问题的产品可以带来好处——解决的问题越多、越大，好处也越明显'。"

"很好。"我全然同意。

"如果我们认同这个结论，而且我们认同'很明显，公司所推出的小改变会带给市场很大的好处'。那么不可避免的结论是'公司所推出的小改变可以解决市场很多（可能的）困扰，解决的困扰越多越好'。罗哥，很接近最后的答案了，但我仍然不知道我们能拿它来干什么？"

"你在说什么？我们成功了，我们的猪会飞了。"我从椅子上跳起来，"你难道还看不出来吗？"

他还没看出来。

"唐恩，你觉得哪种做法比较有效？针对症状，还是针对根源来解决问题？"

"这是什么问题？还用问吗？当然是针对根源解决问题要比针对症状解决有效。"

"那么，"我继续追问，"是针对一个问题的根源，还是很多问题的共同根源？哪种比较有效？"

唐恩开始微笑："针对很多问题的共同根源。那么，我们如何发掘市场诸多问题的共同根源呢？我们当然知道。答案多么简单，为什么我们以前都没看到呢？答案是这么明显。如果要替公司寻找一个营销方案，我们不应该分析我们的公司，应该分析的是公司的市场。营销的解决方案在市场里。多么简单，多么明显啊！"

"对。"我插嘴，"每个人都知道他们的不良效应是什么，但很少人知道核心问题是什么。如果我们要带给市场一堆好处，我们最好先找出核心问题，而不是像别人一样，只针对症状。而且我们有独特的优势，我们有一套完美的工具——现状图——来完成这项任务。"

唐恩站起来，我们互相握手道贺。

"罗哥，我必须告诉你，我本来不相信从你最初的激发方案中可以引申出什么来。在我的眼中，它不只要让猪会飞，它简直要让鲸鱼也会飞。不过现在局面完全改观了。"

"再接再厉，唐恩。我们来重画这个未来图。这次，我们用比较具体的激发方案当起点，看看会有什么结果。"

唐恩贴上一个新的激发方案："'有关公司市场的现状图已构建好了'。我敢打赌，这个激发方案将帮我们把原先所有的激发方案装上'翅膀'，它们不再只是梦想，而会变成实际的结果。"

"让我们看看。"我鼓励他继续。他说得没错，或许我们需要多一些激发方案，不过我们已爬出深坑，任何事都有可能了。

"好。现在让我加上'现状图可以非常有效地将问题、不良效应连接到它们的根源'。引申的结论是'公司可以知道它向市场送交的提议到底解决了现状图上哪几个深层问题的根源'。罗哥，等一下，我们怎么知道公司的提议跟其中任何深层根源有关？"

"唐恩，没问题，我们知道。在实际的情况中，市场会有不止一个与供应商有关的不良效应，不良效应不只源自供应商的产品，也源自它的服务、财务条件等。"

"我了解。"他同意，"而且既然与我们相关的不良效应不止一个，我们一定可以找到一个我们有办法处理的深层根源。太棒了！这表示我们可以顺利地找出必须进行的小改变，以带给客户最大利益。我现在把这点加到未来图上，这会将原先的激发方案变成必然现象。"

我同意我们一定可以找出一个我们有办法处理的深层根源，我祈祷只需要小小改变就可以处理这些问题根源。或许就是这样，因为有这么多的不良效应源自我们的服务。

唐恩这么做的同时，我专注于下一个新的激发方案。我们如何确保市场对我们的产品价值认知会高于对竞争对手的产品价值认知？

我很惊讶地发现，不需要加进任何新的激发方案。这个市场有好几个现存的不良效应与我们这类的产品（包括提供这些产品给客户的方式）有关。这表示目前还没有人成功地解决造成这些不良效应的核心问题。如果我们成功做到，市场势必对我们的产品有较高的价值认知。毫无疑问。

我知道，就我旗下的公司面对的市场而言，这些不良效应都还蛮严重的。清除这些不良效应将有很大的帮助，我们将获得绝对领先的竞争优势。

唐恩写完时，我走到海报架前将适当的陈述和箭头加上。当我写完时，原先的激发方案——"市场对我们的产品价值认知高于对竞争对手的产品价值认知"已不再是激发方案，而是结论，是一个结果。

"现在我明白你为什么坚持要画未来图了，虽然它只是在建造一座空中楼阁。"唐恩的眼睛发亮，"现在它提供给我们一张清楚的地图，我们很清楚应该解决什么问题。"

"好，让我们来看看，接下来应该连接的激发方案是什么？""公司所采取的行动令竞争对手很难抄袭。"他读出来，"我们如何确保竞争对手没办法抄袭我们？"

我们继续分析着，推敲所有的细节，架构严谨的蓝图，好让唐纳凡及史黛西有所遵循。

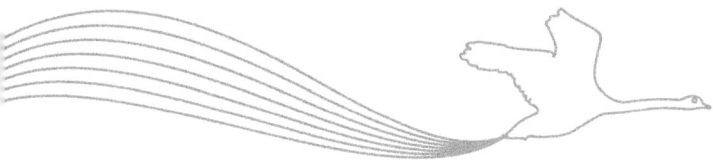

21

合伙买车的困境

It's Not Luck

　　我斜躺在电视机前，心不在焉地看着电视上的新闻报道。今天可真辛苦，尤其是下班前皮特丢下的那颗"炸弹"，问题还真严重。而且，如果不立刻解决，所有的一切可能会就此崩溃。

　　史黛西的公司会被肢解出售，皮特及唐纳凡的公司会被廉价卖出，而且不久之后，也会走向毁灭。而我呢？我会毫无颜面地被扫地出门。杜鲁曼和道尔提一定不会手下留情。所有的一切都系于我们能否快速解决这个意想不到的问题。其实我们也不是全然没料到这个问题。我从一开始就有点儿怀疑，不过谁料得到会这么严重呢？

　　为什么当每件事看起来都在掌控中时，事实却偏偏证明不是如此呢？如果有什么事情是我无法抱怨的，就是无法抱怨生活太平淡。有时候，接受点刺激是蛮好玩的，不过，我现在搭乘的云霄飞车可太刺激了。

　　最糟糕的是，我自己一个人做不了什么事。我的双手都被绑住了，唯一能做的就是好好坐等皮特和唐恩处理完这场混乱。坐等别的战士打胜仗其实比自己当战士更令人神经紧张。

　　我真的有理由担心吗？这一切都从今天下午四点接到皮特的电话时开始。

　　"罗哥，我想我遇到了一点问题。"

　　我知道皮特说话风格一向带着英国式的含蓄，我想问题大概很严重。"什么事？"我冷静地问。

　　"我的销售人员无法把新方案推销出去！"他的声调十分平静。

　　"为什么？"我真的很诧异，"根据你的报告，过去两周，你又谈成了三笔生意。"

　　"没错，罗哥，这就是问题所在。生意都是由我谈成的，而不是我的销售人员。销售人员到目前为止一笔生意也没谈成。不是他们没尽力，他们尽了力。现在，他们已经沮丧到拒绝再尝试下去，我恐怕我们必须降低销售预估数字。"

　　"等一下，皮特，不要这么快就下结论。多告诉我一点。"

"没什么好说的。"皮特听起来很沮丧，"我刚结束了一个业务会议。每个销售人员都试了，但是全军覆没。他们宣称我们的方案太复杂了，买主没办法了解。我的销售副总带头反叛，他试过 4 次，而且对象都是热门的大客户。现在，他已经确信这是个卖不出去的方案。"

"你自己试了几次？"我问。

"5 次。"

"结果呢？"

"结果获得 5 份漂亮的合约。但重点不在这里，公司不能只靠我来做生意，而我现在根本推不动他们。"

"等一下。"我说，"让我想一下。"

安静了一会儿，我问："皮特，你觉得这个方案很难推销出去吗？"

"不会，一点儿都不会。所以我觉得这点很奇怪。"

"你有没有告诉你的销售人员你是怎么进行的？"

"当然有，我甚至将整个过程写下来。他们发誓每一丁点都照着指示进行。我不知道到底出了什么问题。"

很久没有听过皮特这么沮丧，他们在业务会议中一定狠狠地攻击他。

"你的销售人员声称你设计了一套只有你自己才卖得出去的方案？"

"没错。"

"他们说你是超级销售人员，但公司的方案应该设计得即使基层销售人员都推销得出去？"

"他们就是这么说的，一字不差。罗哥，他们的收入几乎有一半来自佣金。我必须采取一些行动，而且要快。"

"皮特，冷静点。"我试着安抚他，"我们都知道你不是超级销售人员，你能够卖得好，一定是因为这个方案够好，又卖得出去。"

他苦笑着说:"我试着告诉他们这点,但他们就是听不进去。我是说,再也听不进去了。"

"我从人生学到的教训是,"我告诉他,"在现实生活中,没有真正的矛盾,总可以找到简单的解释,而在这里我看到唯一的简单解释是,不管你的销售人员怎么说,他们向客户推销的方法一定和你不一样。他们一定在某个地方做错了,这点却是致命的错误。"

"有道理。"皮特回答,"不过,可能当局者迷。上一次,我跟我的销售副总去参加一个会议,我对自己发誓,绝对不说一句话,只要在一旁观看就好。结果,不到三分钟,我就接手整个会议了。我们谈成了生意,但是我的销售副总变得更不喜欢这个方案了,我真正需要你帮忙的地方是,派唐恩来协助我。"

"你的意思是……"我并不全然感到惊讶。

"我想让唐恩陪我的销售人员去做些业务拜访。他对这个方案不会像我这么热情投入,因此他在旁观他们进行业务会谈时不会插手。同时,他对整个方案的逻辑又知道得很清楚,或许他可以看出他们究竟错在什么地方。"

我想了一下,皮特说得没错。但我需要唐恩与我一起工作。不过,没有什么事情比确保皮特的方案行得通更重要,我的整个计划全要靠皮特来证明,这样的营销方案可以很快将一家公司扭亏为盈,这对我们这个集团的存活举足轻重。

"你什么时候需要用到他?"我问。

"越快越好。如果明天就能开始最好。"

"让我看看可以怎么安排。我再给你电话。"

我直接走到唐恩的办公室。

"爸?"大卫打断我郁闷的沉思,"你能给我一点意见吗?"

我无法相信我的耳朵。大卫上次来问意见是什么时候啊?我甚至不记得了。

"当然。"我关掉电视,看着他。他看起来没什么异样。"坐下来。"我说。

"我比较喜欢站着。"

我等他开口，不过他一个字也没说。他只是一副局促不安的样子。

"说吧！"我鼓励他，"你有什么问题？"

"不是什么真正的问题。"他看起来不甚自在的样子，"比较像一种状况。"

"一种你不知道要怎么处理的状况。"

"对，有点像这样。"

"你找对人了。"我让他安心，"我最会让自己陷入不愉快的状况中。"

"你？"大卫颇感惊讶。

我只是微笑。就让我的孩子们保有心目中的父亲形象吧！"告诉我详细情形吧！"我决定采取公事公办的态度。

这让他觉得稍微自在点。"你认识贺比吧。"他开始说。

我点点头。我当然认识贺比。他一半的时间都待在我们家里，不时横扫我们的冰箱，我怎么可能不认识他。

"嗯，他有一个很有趣的点子。"

"真的吗？"

"这个点子有很多优点！"他开始吞吞吐吐，"你知道……"

我了解我的孩子。下一句话他会说："对不起，算了！"然后就跑掉。

"大卫，贺比有什么点子？"

"你知道贺比对旧车很着迷，就像他爸爸一样。"

"也跟你一样。"我忍不住补充道。

他微笑："跟他们没得比。你知道他们的收藏品。六辆古董车，一辆比一辆正点。"

"对，我知道。"在他又开始告诉我贺比父亲爱车的嗜好前，我赶紧先表示知道。有这种嗜好很好，但是，首先你必须是个百万富翁。

大卫回到主题："贺比想和我一起合买一辆破烂的旧车，然后再把它重新组合。他找到一辆1956年的敞篷车。这辆车几乎快散掉了，引擎只是块结实的锈铁，不过底盘还好，车身好好重整后，可以变成一辆漂亮的车子。"

我静静听他滔滔不绝地说着。"贺比知道去哪里买需要的零件。他甚至找到了一台变速器，是1959年车型的，不过我们想应该可以用。贺比和我都蛮会拼装车子，我想我们可以把它变成一辆值得收藏的车子。这辆车子潜力不错。"

"那么你的问题是什么，大卫？你想要我借钱给你买车吗？"

"不，完全不是。"他看起来好像有点受到侮辱，好像他从来没向我要过钱似的（而且还是为一些更糟的理由要钱）。

"你确定吗？"

"确定。我想只要车子的价格不超过1 500美元，我们就没问题。我需要分摊的这部分钱，我还付得起。我去年夏天赚的钱都还存着。再说，祖母答应在我18岁生日时要送我500美元作为生日礼物。我最多只需要一项短期贷款。"过去的经验让我怀疑，孩子们口中的短期贷款最后往往要用继承的财产来偿还。我母亲打算今年秋天大卫上大学时送他一笔零用钱。不过，管他呢，反正用一辆废物重新建造一辆车子，对他有益。我想他办得到。

"关于贷款，我还不太确定，"我说，"但是，如果钱不是问题，那么你的问题是什么？"

"我不知道。"他说道，"我有种不太妥当的感觉。"

"有任何实际的原因吗？"

"我不知道。我怕贺比筹不出他那部分钱，结果所有的东西都得由我出钱。"

"那么你打算如何处理？"

"别担心，爸，这件事永远不会发生。到时候，我宁愿放弃。我想不大可能发生这种情况，贺比声称他拿得到这笔钱。还有其他更严重的问题。"

"比如说？"

"比如说，车子归谁所有？什么时候归谁用？现在我们都一起出去，但是……"他又开始吞吞吐吐了。

我让他支吾了一阵。"我想我了解。"我最后说。

"那么，爸，我该怎么办？"

我不知道该如何回答。贺比的点子听起来没问题，看来他们知道自己在做什么。不过潜在问题蛮多的，有很多地方都可能会出错。我该建议他继续下去呢，还是干脆放弃？

不管我如何建议，有件事可以确定，就是不久之后，就会有人责怪我的建议。我差一点又要说，让我想一下，还好后来及时想到该怎么做。

"大卫。"我慢慢地说，"我给你的建议，你都会照做，不提任何问题吗？我不希望如此。你先问自己，我的建议有什么用处？"

"会有帮助的，我尊重你的意见，爸。"

"坦白地说，我不知道该给你什么意见。这个问题并不单纯，正反两面都有优缺点。"

"对！"他叹息道，看来蛮失望的。

"不过，我有个方法可以帮你。"我说道，"我可以教你如何做决定。既不需要妥协，也不用猜测。"

"爸，真的可以吗？即使看起来好像没有明确的答案。"

"我们去书房吧！"我一边说，一边站起来。

"希望不会太复杂。"他喃喃自语，跟着我到书房。

我们坐在书桌前，我给了他一个一毛的镍币。

"假如是人头，就是要买车，假如出现的是数字，就告诉贺比放弃。"

"这就是你的方法？"他问。

"不，这只是决定起点的方法。其实选哪项并没有多大关系。"

"你怎么说，我就怎么做。"他往上掷镍币。结果是人头。

"好。那我们先假设要买车。然后列出这个点子的所有好处。"

在写了两行字后，他有点迟疑。

"怎么了，大卫？"我问道，"有什么好处你不想让我知道吗？""有一点。"他露齿而笑。

有个方法或许更好，我对自己说。"我可以告诉你我曾经如何使用这个技巧处理一个很类似的情况。我想我甚至还保留了那时做的一份分析。"

我一边找，一边告诉他这个故事："大概是在四年前，那时我们跟你的杰米舅舅住得很近。有一天，他来找我，建议合买一艘游艇。"

"真有趣。"大卫说。

"对。"我同意，"这个建议有很多吸引人之处，但是和你的情况很像，我也觉得不全然妥当。你看看我那时怎么做的分析。不过，放在哪里了呢？应该就在这个抽屉的某个角落。"

我翻遍一堆文件。我早忘了这里面还放了这么多有趣的东西，大卫几乎要放弃了。

"就在这里。当然，就在最下面。第一页是买游艇的好处。""你开始前也先掷一次镍币？"

"大概，我不记得了。不管如何，这里是和杰米一起买游艇的理由：我可以拥有一艘游艇；有人可以分摊买游艇和维修的财务负担——这也是我买得起游艇的唯一方法。"

"这两项和我的情况一模一样。"大卫插嘴道。

"很自然，这两个情况本来就很类似。或许其他我想得到的好处也跟你的一样。例如，我不需要独自一个人做全部的维修工作；而且杰米对机械很在行，一定可以把这艘游艇照顾得很好。"

"不，最后这点绝对不相同。"大卫笑道。

"拿去，你自己念。"我递给他这张纸。

他看了一眼。"没错，这上面所列的大部分和我的情况一样，除了最后一点。"然后，他笑着念道："'会有个盟友帮我说服茱莉让我花钱在我的梦想——这艘游艇上'。这些好处颇具说服力，结果呢？"

"看看另一页，列出来的坏处说服力也不差。"

"'我们可能对该买哪艘游艇意见不合'。"他开始念，"我没有这个问题，我们已经知道我们要买什么了。下一项，'我们可能对使用时间的安排意见不合'。对，这会是个问题，不过不会像你的情况那么严重。我们都是一起约会的。"

"即使在我的情况中，"我说，"这也不是个大问题。你知道你妈妈喜欢我和她弟弟一起活动，而且我也喜欢他。"

"对，可是舅妈呢？"

我不理睬他的问题："继续念。"

他继续念其他的坏处，不时还加些好玩的评语。我不知道究竟是谁觉得比较有趣，他还是我。

"很好。"他念完时说，"一份很好的摘要。不过，这些项目如何帮助你做决定呢？现在要做决定看起来甚至比开始之前更难。""还没结束。"我告诉他，"这才刚开始。现在，从'我们同意一起买游艇'开始，用'如果……那么……'的逻辑连接各个负面效应。就像你向我借车时我所做的一样。记得吗？"

"记得，爸，多谢了。没有什么问题嘛！对吧？我确实把车子照顾得蛮好的，而且我现在也没烦着你借车。"

"对，没有以前那么经常。"我承认，"所以，当我连接完所有这些负面效应之后，我开始检查是否可以采取行动消除它们。"

"你说'消除它们'，是什么意思？"

"就是想出方法，确保这些负面效应不会发生。大部分的负面效应该都可以事先防范。除了一点，每个我能想到的方法都需要杰米的合作。那就是说，如果我们之中有人要卖游艇的话，就会有麻烦。"我补充。

"你想得蛮远的。"大卫颇为欣赏。

"你看有没有其他的方法？"我问道。

"大概没有。"他承认，"结果，你最后怎么决定？"

我埋头整理了一阵子，修饰字眼，这样当我拿给杰米看时，他不会觉得不高兴。"看一下这里。"我拿给他看负面分支图。

"看，首先我叙述我的起始点：我们同意合买一艘游艇；其后你可能想卖掉你的那份，我却没有足够的钱把整艘游艇买下来，至少不是那类的游艇。你看到会有什么结论吗？"

"嗯，很明显。你无法将杰米的那一半买过来。"

"再加上，我对于合作伙伴的选择十分严格，那你就知道结果了。杰米可能想把他那一半卖给我不赞同的人。

"现在你知道了吧？不管我怎么做，结果都会很不愉快。我可能不肯妥协，那就表示，我也需要卖掉我的那一份。这不是个好选择；可以想象，到那个时候我已经爱上那艘游艇了。"

"我明白了。"大卫下了结论，"你不太喜欢杰米强迫你一起把游艇卖掉。"

"这是毋庸置疑的。"我说。

"另一个可能性也不太好。你可能妥协，但你又得面对一个你不喜欢的合作伙伴。那么你对杰米的埋怨就更大了。"

"而且你知道，"我总结道，"如果有什么我不喜欢的事情，那就是夹在你的母亲跟她的兄弟之间。所以，我就拿起这张纸念给杰米听，请他想出一个解决办法。"

"结果呢？"他颇有兴趣地问道。

"你知道啊，我们没有拥有那艘游艇，但我们和杰米维持了一份很好的关系。"

"那么你有什么建议呢？我不要和贺比重新拼装这辆车子吗？""不是这样。我是建议你写下所有的负面效应，然后用'如果……那么'的逻辑把它们连接在一起。不要只是把它们放在那里，全靠直觉来做决定。"

"为什么做这件事这么重要？"

"有两个理由。"我说道，"第一，一旦详细列下这些逻辑，你要真正检视该采取哪些行动来消除负面效应就简单多了。"

"另一个理由呢？"

"另一个理由就更重要了。如果你不知道有什么方法可以只靠自己的力量去消除负面效应，而且你需要贺比的合作的话，先不要向贺比提议任何行动，因为这样做可能导致不愉快的争论。相反，给他看你的逻辑推论，就像我刚刚这样。一步步念给他听。如果他有什么好主意，他自然会想到，然后你们两个可以一起讨论，加以修饰。这样一来，如果消除了所有需要担心的负面效应，你们就没有理由不一起拼装一辆车子了。"

"如果他想不出来呢？"大卫问，"如果我给他看了可能会有的负面效应，而他也想不出方法来避免呢？"

"那么你们就得做决定。不过，这时候，不再是你为了这个问题和他对抗，而是你们俩联手对抗这个问题。如此一来，你们俩的友谊就稳固多了。"

"好主意。或许我会试试。爸，我能借一下这几张纸吗？"

"好，只要你答应会放回原位。"

"当然。"他对我微笑着，"抽屉的底层，我知道。"

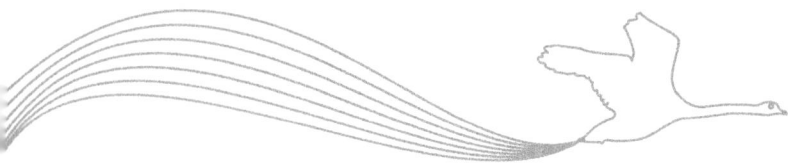

22

交换角色

It's Not Luck

唐恩走进我的办公室时，我正在准备向格兰毕报告的简报。

"恭喜了！"我向他打招呼，"皮特刚打电话来，把你捧上天了。你对他做了什么事？施了魔咒吗？还是只运用了你天生的魅力？"

他笑着，显然觉得十分受用。"他有没有告诉你，今天早上，我让他拿到一张漂亮的订单？"

"有，他也提到这点了。"

"其实做起来很简单。"唐恩坐到一把椅子上，"一切都在掌握之中，没有什么事在意料之外，完全没有。"

"情况如何？"我问，"怎么变成由你扮演销售人员？我以为你是去研究为什么皮特的销售人员无力销售的？"

"我们找到原因了。现在他的 4 个销售人员每个人手上都有一张订单，他们现在可喜欢这个方案了，他们觉得这是一项伟大的发明。不过，你知道，在做了两周苦工之后，我必须看看自己是否也能做到，而不只是会教而已。所以，他们替我和一家小厂商安排了一个会议。几乎没费什么唇舌，犹如神助一样成交了。谈得还真愉快。"

"或许你可以考虑转到以销售为主的事业。"我揶揄他，"告诉我，问题出在哪里？我想听你说说，包括所有细节。"

"就像你所想的一样。"他开始说，"他们根本不知道如何正确地介绍这个方案。我想最大的错误在于和买主开会时，他们从一开始就大谈这个新方案有多好，可以替买主省多少钱，库存会降到多低等。你知道，谈的全是好处。"

我听不懂："这有什么不对吗？他们不都是这样做吗？"

"如果他们想让订单飞了，就这样做，否则，就不要。"

"唐恩，不要再打哑谜了，解释给我听吧！"

"我是在解释啊。你想想，罗哥，如果你是买主，你若看到销售人员对他的方案大吹大擂，你会有什么自然反应？"

"如果我是典型的买主，我会浇他冷水。"我说。

"正是如此。"唐恩附和,"你会开始反驳。他声称他的方案有多好,你会反驳。他说你多么需要它,你也会反驳。如果有些说法好像有点夸张,例如,像我们这么不合传统的方案,那你更可能提出怀疑。"

"对,我可能会这样做。"我同意。

"买主提出的反对意见越多,销售人员越不可能谈成生意。很多研究报告都证实了这点。"

"不需要研究报告来证明这点,每个销售人员都有这种经验。那么你想告诉我什么?销售人员不应该在一开始就介绍产品吗?尤其是当他的方案和传统的方案大不相同的时候?"

他没有回答,反而走到白板旁,开始画冲突图。他一面写,我一面大声地念出来:"目标是'令客户了解你的产品具有他付钱所能买到的最高价值'。我希望你不需要太费力气便能说服皮特的销售人员,这应该是他们的目标。"

"不,毫无困难。他们都很专业。"

"很好。"我说,继续念下去,"为了'令客户了解你的产品具有他付钱所能买到的最高价值',你必须'把价值展现给客户看'。这点很明显。同时,你必须小心地'不要引起客户的反感'。这点我也同意。现在,让我们看看冲突的部分。

"为了'把价值展现给客户看',你必须'介绍你的产品'。当然,为了'不要引起客户的反感',你必须'不介绍你的产品'。"

唐恩急着解释:"要记得我们刚才讨论的。你一开始就介绍产品,客户下意识就会产生反感。"

"对,很有趣的矛盾。"我同意,"难怪销售人员总是试着在进入生意正题之前,先与客户建立一种融洽互信的关系。那么,你是怎么突破这个冲突的?他们该怎么做呢?"

"皮特和我为此构建了详细的过渡图(Transition Tree,TrT)。你要看看吗?"

"当然。"

唐恩到他的办公室拿资料。我再看一次白板上的冲突图。图中的现象很普遍，里面没有任何一点是皮特独有的状况。或许皮特的解决方案也适用于一般行业？我希望如此，因为这个冲突图显示要推销我们的突破性方案会遇到多么严重的问题。就因为方案超乎传统，客户势必会提出很多反对意见。

唐恩人去哪里了？怎么去了那么久？

"我想，最好你也有一份复印件。"他回来时这么说。原来他跑去复印文件。

我看了一下他交给我的两张纸。一个典型的过渡图，如何将目前过渡至未来的详细逻辑分析。图的底端描述了目前买主的心态——这是起点。第二张纸的顶端则是目标，"恭喜你成功了"或"对失败进行深入分析"。这真是唐恩的典型风格。

在两张纸的右边都有几个方格子，里面是建议采取的行动。有几项看起来没什么道理。

"我们要不要一起看？"我向唐恩建议。

"很乐意。首先让我们描述一个典型的买主：'很多买主认为他们应该假装并不需要购买'。"

我微笑着说："对，有太多的买主是这个样子的，我无法忍受这些人。"

唐恩继续念："'买主通常无法全然相信销售人员对产品的赞词'。"

"很保守的说法。"

他对我露齿一笑："看下一项，'通常买主和印刷公司的交易经历并不愉快'。"

"这不仅是个保守的说法，而且是英国式的保守说法。"我揶揄他，"这点是皮特写的吗？"

"当然。现在，你是否同意这里每个起点都会得到相同的结论：'如果以传统的方法介绍我们的双赢方案，很可能买主的反应不是热情，而是充满疑惑'？"

"难以避免。"我同意。

"现在，以皮特的销售人员的观点来看，他们知道我们的方案对买主而言绝对是上上的交易。买主付的价格又低，所需储存的库存也出奇低，又不用担心库存会报废。但同时，销售人员无法相信这个方案对他们自己有利，他们一点都不确定自己因此可以得到更多的订单。在这样的心理状态下，你想他们对买主的疑惑会有什么反应？"

"他们会极力游说买主，说这是他最需要的梦寐以求的东西。"我可以想象得到整个情形，蛮滑稽的，"我希望他们够专业，不至于长篇大论。"

"不，就像我所讲的，他们很专业，不过也有所谓的肢体语言。你可以想象会议从这里开始走下坡。"

"对，想象得到。那你用什么不同的方法进行？"

"第一件事，是确定他们有足够的时间好好进行介绍。我们安排的会议时间至少要有半小时。"

"我明白了，这就是你所说的'销售人员与买主的会谈必须没有时间压力'。"

"正确。然后销售人员开始介绍客户现状图。"

"等一下。"我说，"你说的是什么现状图？我不记得皮特做过什么现状图，他一开始就先写买主的冲突图。"

"正确。但后来我们发现逃不掉，还是得做一次。"看到我还是很困惑，他继续解释，"当皮特发展他的解决方案时，他的直觉够强，能让他跳过几个步骤。但是当我们试着写下销售人员要如何向买主解释方案时，我们发现唯一的方法是从头开始，依照一般情况构建所有的图。你一会儿就看得到。"

"所以，不管如何，整套步骤都必须完成。有趣！"我说，但并不完全了解为什么，"让我看一下皮特买主的现状图。"

他递给我另一张纸。"没什么意外之处。"他澄清，"基本上就是皮特向我们报告他的解决方案时我们所讨论的内容。底端是印刷公司的政策，你看到我们如何仔细列出买主所有的不良效应，我们的想法是让销售人员由下往上念给买主听。因为一开始是把矛头指向我们自己，买主对这样的起头不会感到不悦。这很重要，不然他会叫销售人员长话短说，立即介绍方案就好了。销售人员一旦照办，形势就会急转直下。"

"买主能够了解这个现状图吗？"

"一点问题都没有。为什么会有问题呢？每个人都看得懂'如果……那么'的逻辑，这是语言的一部分。"

他说得没错，我把构建现状图的困难和了解现状图的困难搞混了。如果某人对现状图的主题很熟悉，那他要了解现状图就一点问题都没有，甚至小孩子也一样。即使没看过现状图的人也一样。"继续！"

"然后销售人员再以数据、实例加以补充，以清楚说明'可用单价'（price-per-usable-unit）的概念。"他递给我另一张纸。

"买主对这点有没有什么疑问？"

"没有，一点也没有。事实上，他们都认为这是个很有用的概念，他们马上就开始使用这个名词。我想他们一直都有这个概念，只是没有用文字表达出来罢了！"

"我了解。所以'买主很有兴趣地听着'。这就是你要说的？"

"对，他们会加些评语，加些注解，不过没有人反对现状图中的任何部分。他们对自己工作的痛苦状况感受太深了。

"现在，我们完成了很重要的一步。你知道，现状图很生动地将印刷公司的政策如何给买主带来苦头的情况呈现出来。你知道结果怎样吗？买主觉得终于遇到一个真正了解他们的销售人员。"

"这真是一大成就。"我附和着，"我看得出来你如何突破冲突图。你没有在一开始就介绍产品，相反，你先谈买主的困难。而且你谈的方式令他们真正欣赏和认同。良好的关系就要这样建立，不是建立在虚无的交际而是实质的东西上。你知道，唐恩，通常要建立这样的关系需要数个月，甚至数年。"

"我猜也是如此。"他说，"反正在这个阶段，我们发现销售人员应该再一次指出我们的方案与买主的不良效应之间的直接关联。这可以帮这页内容做个总结。结果是什么，你应该预料得到。"他从过渡图中念道："'买主的反应可能是叹气，说些俏皮的话，或者类似的反应，但他不会攻击销售人员'。"

"当然，到这时候，买主已经知道销售人员是站在他们那边的。"我同意。

"对。销售人员接着解释，我们已经充分明白，只要公司方案给买主造成困扰，这样的方案本身对我们而言就是个问题，因为它会阻碍我们的销售。"

"我确信每个买主都会很喜欢这段忏悔。"

"对。大多数人的反应都是问我们打算如何处理。这就替我们开了一扇又好又宽的门，让销售人员得以进行下一个步骤。他会交给买主未来图，说'这就是我们的新方案。'"

"可以复印一份给我吗？"

"当然可以。"

底端是激发方案：可以先订两个月的货，但实际只收到两周的货，而且在第一次收到货后，还享有取消订单的权利而不需要任何罚款或解释。唐恩说得没错。这些激发方案正好点出我们对原有方案所做的修正。

唐恩继续解释："销售人员把未来图念给买主听，让买主深刻地了解为什么这些必然带来正面效果。"

"有趣！"我说，"你很小心地只用在现状图上他已同意的'如果……那么'逻辑。你很聪明，几乎可以确保他不会反对未来图中的构想。"

"没有人提出反对意见，不过，不要以为我们在这个阶段就拿到订单了。如果你回头看过渡图，你会看到下一个障碍：'买主面对供应商的慷慨时会变得很多疑'。"

"自然如此。那么，你怎么说服他们草丛中没有隐藏任何毒蛇？""我们决定，最简单的方法是直接让他看到毒蛇。我们告诉他，这还不是全部的方案。你猜下一步是什么？我们让他看负面分支。"

"什么负面分支？你在说什么呀？"

"噢！对不起。"他递给我另一张纸。

我花了点时间阅读上面所写的内容。这是我写给皮特看的负面分支：买主可能会滥用这个方案，先下大订单以取得低廉的单价，然后在第一次交货后取消订单。

"他们对此有什么反应？"我问。

"什么反应都有。不过，每个反应中都包括了如何消除这个负面分支的建议，一些我们可以接受的建议。"

"我明白了。"我说，"这样一来，你让买主也参与构建这个方案。到了这个阶段，他们已经接受这个方案了。"

"对。"他笑道，"对我这个观察员而言，到了这个阶段，我可以感觉到买主已开始武装自己，以抵挡销售人员要求达成交易的最后攻势。为了克服这点，我们试用了颇为独特的一招。我们教销售人员对买主说，他们可能需要一些时间考虑，建议买主另外再约时间会面。这一招保证可以增加买主对销售人员及对这个方案的信任。不过，只有一个客户另外再约时间会谈。"

"其他的客户呢？"

"其他的客户坚持继续谈下去。"

"这样更好。"

"这里还有个很微妙的变化。"唐恩继续带来惊奇，"我们知道最后的成交是很敏感的步骤，因此决定绝对不要冒任何风险。皮特事先列出了在买主签下订单前通常会遇到的障碍，我们干脆将这张障碍清单呈现给买主看。"

"等一下！"我无法相信自己的耳朵，"你把买主为什么不要买的借口拿给他们看？你想说服买主不要签这份订单吗？"

"看起来确实如此。"他笑着，"但是罗哥，别忘了。到了这个阶段，买主很清楚我们的方案对他而言是美梦成真，我们不怕他们弃我们而去。"

"我明白了。"我懂了，"也就是交换角色。如果你采取的立场是提出障碍，那么他们现在必须采取的立场就是辩称他们可以克服这些障碍。这个做法很大胆。"

"也不全然如此。事实上，买主会先表示其中一些障碍根本不是什么大问题，接着和销售人员讨论如何克服其他障碍。然后，你就知道结果了。只要订单不是太大，差不多都会在当场就签下。如果是跟较大的客户谈，那么他们通常会要求我们准备一份超乎我们预期数量的订单。形势一片大好！皮特现在面临的问题是如何接订单接得慢一点，厂里需要时间来消化这波浪潮。"

"很棒，唐恩，真的很棒。你们做的比我所期望的还多。把这个蓝图给唐纳凡和史黛西参考，以备他们想出突破性的营销点子后会用得着。"

唐恩靠回椅背，为自己的成就而感到骄傲。

"唐恩，为了奖励你，你现在可以回家休息，然后就开始整理行李。"

唐恩站起来，伸伸懒腰："你是说，打开行李？"

"不，打包。我们要飞到唐纳凡的公司。"

"罗哥，我才刚出差两周回来，而且我今晚有事。"

"没问题。你可以留在这里，然后明天休息一天。我要去唐纳凡的公司看一下他们研究出来的解决方案。我只是想，或许你也想插一脚。"

"给我全世界，我也不想错失这个大好机会。"他往门口走，口中喃喃地说，"行程这样紧迫，难怪我一直结不了婚。"

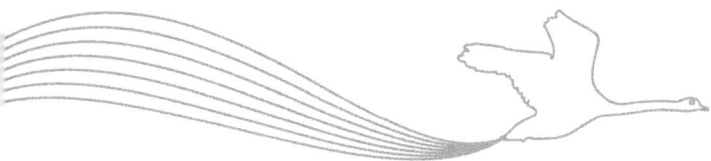

23

先赔再赚

It's Not Luck

　　我已经要求唐纳凡尽量减少与会的人数，只邀请实际参与制订营销方案的人员参加，我预期会有十几位。他带了业务副总苏珊及营运副总杰夫。我跟杰夫蛮熟的，他在构建分销系统上贡献良多，是一个蛮有能力的人才。我对苏珊知道的就少多了，我从来没有机会和她密切合作，不过唐纳凡对她评价非常高，所以她的能力一定也很强。

　　"其他人呢？"拿咖啡和甜圈圈时，我问唐纳凡。

　　"没有其他人了。"看到我扬起眉毛，一副怀疑的样子，他补充道，"罗哥，自从传言公司即将被出售，这个地方就充满了谣言，令公司营运备受困扰。在你核准我们的营销计划之前，我不会让更多消息泄露出去。我不需要更多的骚动。"

　　"我明白。要不要开始了？"

　　唐纳凡指示苏珊开始。"我们顺着你的现状图谈。"她说，然后走到海报架前。

　　"你们相信这套方法有用吗？"我好奇地问道。

　　"我不能说我们对这套方法完全信服。它很有道理，但坦白说，谁相信突破营销困境的点子能靠系统地逻辑思考发展出来呢？"

　　"不过，这套方法行得通啰？"

　　"我们是这么觉得。"唐纳凡替她回答，"否则我们不会请你来。"

　　"等到订单源源不断地进来时，我们就会知道这套方法的确有效。在那之前，这只不过是个很好的点子而已。"

　　"我喜欢这种说法。继续下去。"

　　她翻到第一页说："我们在这里列出市场的不良效应，作为起点。"

　　"我们决定选择商店作为我们的市场，而不是最终消费者。"唐纳凡补充。

　　"为什么？"我问。

　　"我们遵照你的指示。"他回答，"你要快速地有结果，所以我们专注在与我们有直接接触的环节上。"

"再说,"苏珊补充道,"要传递任何新的广告信息给最终消费者,都会增加我们的广告费用。"

"我想增加广告费用一定很难得到你的核准。"唐纳凡替她说完原因。

"猜得好。"我附和。

我读了一下商店的不良效应,没有什么意外的内容。即使我从未在化妆品业工作过,也都能想到这些不良效应。比如,"商店对于渐不流行的产品需要给相当的折扣""客户想要的产品商店却常常缺货""很多商店无法准时付款给供应商"。

"然后我们构建商店的现状图。"苏珊翻到下一页。

"构建这样的图很难吗?"

他们相视而笑。"简单到令我们不好意思。"唐纳凡承认道。

我让苏珊继续。

"根据你的指示,我们本来应该重画这张现状图,以显示核心问题就是供应商不合理的政策。但在我们的情况下则不需重画这张图,因为结果很自然就已经是这样。"然后她开始从底端往上念,"'化妆品公司按照商店订单的大小给予折扣',而且'大订单的折扣相当可观'。依照这项政策,并考虑一下这个事实,'商店彼此之间竞争非常激烈',然后你就会看到不可避免的结果,'商店被迫下大金额的订单'。"

"对,我了解,不过让我离题一下。另一个同等的结论是,商店认为下小订单不划算。唐纳凡,你以前不是告诉过我,商店不喜欢那个可让你每天小额补货的新分销系统吗?或许这就是原因所在。"

"对。"他笑道,"而我却责怪他们顽固不化,被采购习惯所困。其实根本不是这么一回事。我的分销经理哀求他们每天订购的同时,我们的销售政策却劝他们不要这么做。够聪明了吧!"

我宁愿不予置评,让苏珊继续报告。

"让我先讲财务部分。大量购买的直接结果是'商店必然有大量的库存'。正如你所知，'大部分的商店没有太多现金'。要记得，我们不是卖给大型连锁店，我们大部分的卖场都是小商店，像药店之类。购入大量库存代表'大部分商店需要大量贷款'。"

"然后你就可以看到结果，'商店的财务负担很重'，这自然转换成'商店的利润受损'。"

"这种情况比较严重。"唐纳凡加以说明，"我经常听到店主抱怨他们实际上是在替银行工作，他们贷款的负担很沉重。"

我点点头。我听过这种说法，而且不只在化妆品业。

苏珊继续说："如果'大部分的商店需要大量贷款'，而且'商店的信用额度有限'，那么'有些商店就无法准时付款给供应商'，而'我们这些供应商是要收钱的……'"

"我们真恶毒。"唐纳凡深觉必须表达一点意见。

"结果'有些商店要拿到商品会有困难'，当然，这对他们的利润影响很大。"

"情况有多糟？"唐恩问。

"很糟。"她回答，"每年都有很多商店宣告破产。我们很清楚他们的现金压力，所以都给他们很好的付款条件。业界的标准做法是 90 天账期。"

"而事实上，"唐纳凡补充道，"我们的账期大都拖到 120 天。这真是个问题。"

"我是否要继续说下去？"苏珊问。

唐纳凡保证："还有更多的问题。"他对苏珊微笑。

"这里是另一项，'商店对未来的销售预估相当不准确'。再加上'商店被迫大量订货'，于是就有了下列不愉快的结果：'商店库存与顾客实际需求之间严重不吻合'，这会直接导致'虽然有大量库存，但商店仍有缺货的困扰'。"

"你所谓的缺货是指什么？"我问，只是想确认。

"在这里，缺货是指顾客上门要求某件特定的商品，但店里没有这个商品，而客户也拒绝购买另一件商品来代替。"

"所以根据这个定义，缺货直接转换成生意流失。"

"对，这就是后果。"她指向现状图，"你也看得出情况更恶化的原因是什么。这里是先前的结论：'商店认为小订单不划算'，这让缺货的问题常年存在。商店只好在缺货的情况下继续撑着，直到有钱再一次大量订购为止。"

我顺着箭头走："而这导致商店损失了相当多的利润。"

"相当多。"苏珊附和。

"罗哥，你一定要看看最后的部分。"显然唐纳凡以他的现状图为傲，"你不会相信这个行业有多疯狂。苏珊，讲给他听。"

苏珊倒没那么热切，她以平淡的声调继续说："你知道，'供应商都经常会推出和宣传新的产品系列'。"

"比从前更甚。"我说。

"对，绝对是。"她确认，"再加上'商店库存与顾客实际需求之间严重不吻合'，结果就很明显了，'商店持有大量渐不流行的商品'，他们知道不能持有这些'旧'商品太久，因此，'商店对于渐不流行的商品会给予相当大的折扣'，但这对他们的利润帮助不大。"

"你看，罗哥。"唐纳凡解释这个明显的事实，"就在我们投资大笔钱搞宣传说服顾客购买新产品的同时，商店却自行其是，说服消费者购买旧产品。"

"让我再多了解一点。"我说，"从你的现状图来看，核心问题很明显，我们的政策迫使商店大量购买。大量是指多少？是商店多少周的销售量？"

苏珊自愿回答这个问题："这要看商店的大小，不过，不论大小，我们觉得以月销售量计算要比周销售量来得准确。如果以商店向我们订购的频率来判断的话，我会说大商店订购的量是一两个月的销售量，而小商店则是……差不多6个月。我想平均大概是4个月。"

"我明白了。很好。"

"你为什么这么说？"唐恩颇感讶异。

"大部分的问题是我们自己造成的。"我答道，"这也表示我们在可能的解决方案中会占重要地位。好，唐纳凡，现在不妨看看你们提议的解决方案。"

唐纳凡转向杰夫，他到目前为止还没讲一句话。"轮到你了。"他指向海报架，苏珊则如释重负。他们为什么怕我？

杰夫清清喉咙。"解决方案蛮明显的。"他翻过一页海报，"基本上，未来图是现状图的倒影。我们从两个激发方案开始，'折扣不是根据订单的大小而定，而是根据商店每年的订购金额而定'，以及'商店每天补货'。从这两项叙述开始，顺着现状图的逻辑，整个面貌就出来了。"然后，他回到座位上。

我快速地看了一下未来图，没什么是意料之外的。这两个激发方案很巧妙地带到所有不良效应的反面。没错，杰夫不需要大声念出这张未来图。

"你注意到了吗？"唐纳凡说，"其中一项叙述是根据我们的新分销系统。这可确保竞争对手无法提供相同的条件，至少有一阵子办不到。以我们对他们的了解，以他们的营运方式，可以确定起码要经过两年他们才有办法抄袭我们。"

"做得好！"唐恩脸上散发着光彩，"我们的计划行得通了，你完成了一项很棒的工作。"

"基本上是你们的计划很好。"唐纳凡同意，"我们根本不需动太多的脑筋。"

还有一个问题，我对自己说。一定还有一个大问题，不然，为什么唐纳凡不向员工公布这个方案？他一定猜想我不会核准。为什么？看起来完全没有问题。我当然可以问他，不过如果我能自己找出答案会更好。想想看。

我站起来倒咖啡，这是我需要时间思考时的典型做法。但是没有用，我还是一点头绪都没有。在我打算放弃之前，我转向苏珊："你觉得这个方案可以提高多少销售量？"

"长期来看会很多，甚至到30%，可能更多。"

"那短期来看呢？"

"这就很难说了。"她有点迟疑。

"你猜测会有多少？"我施压。

"或许销售量会下跌，但不会多。"

"销售量会下跌？为什么？"唐恩很讶异。

很明显，这是个大问题。

"因为这个方案鼓励商店减少库存。"我解释，"苏珊，商店目前的库存有多少？他们若要恰当地陈设橱窗，加上合理的库存，需要多少商品？不要夸大备用库存，要记得，根据你的建议，我们要每天替他们补货。"

"这并不表示他们现在就相信我们办得到，不过较合理的预估是，他们的库存量会减少一半，甚至多一点。"

"这表示，"我快速地转了一下脑筋，"推出这个方案大概会造成我们两个月的销售量损失。"

"可以稍稍弥补损失的是，他们针对缺货所下的订单，以及我们渴望吸引到以前和我们没有往来的商店所下的订单。我想损失大概只有一个月的量，不会到两个月。这大概是我们必须容忍的损失。"

"我们负担得起吗？"唐纳凡天真地问，好像他从来不曾为这个问题担心过似的。

"我不知道。"我迟疑地说。"我们今年已经遭受过一次震荡——减少成品库存。这个震荡蛮严重的，损失几乎是 1 000 万美元。我们现在所说的数目更大，近乎两个月的销售量损失，这会把今年的亏损金额提高到令人难以置信的地步。我不知道如何才过得了董事会这一关。"

"不过，这个方案可以保证明年和后年公司会有破纪录的利润。"唐恩试着争辩，"杜鲁曼和道尔提会了解的，他们都是精明的生意人。"

"对，他们很精明。"精明到知道如果我们这么做，今年绝对不可能卖掉唐纳凡的公司。我说服得了他们吗？或许。

"我有一个建议。"我说，"你们都去吃午餐，我要出去走一走。你们给了我一堆需要好好思考的问题。"

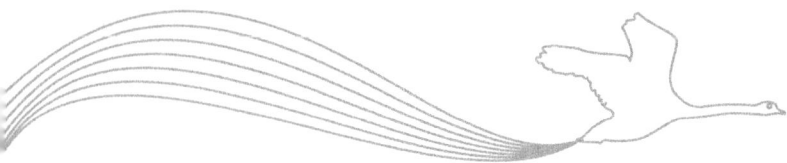

24

时间就是金钱

　　唐纳凡公司的总部坐落在一个清幽的公园里。今天气候宜人，公园里的大树让人有置身乡野的感觉。不过，我一点儿都没注意到四周的景色，只是沿着铺了石头的小径漫步，埋头苦思。

　　又是毁灭性的短期压力。"时间就是金钱。"我可以听见杜鲁曼这么说。"你能保证我们会赚得比通货膨胀多吗？优尼公司的信贷评级已经太低了，我们再也无法承担高额亏损曝光的后果。"对，我全都了解，但放弃这么好的方案也很荒谬。

　　或许我可以说服杜鲁曼与道尔提延后卖掉公司？我可以保证赚得比通货膨胀多。如果我们实施这个方案，投资回报率会有多高？所谓投资，是放弃两个月的销售量。

　　其实，也不算放弃任何东西。假如我们了解，如果商店没有卖出商品，就等于我们没有卖出商品，那么这一切疯狂塞货给商店的做法就会有全然不同的意义。迫使商店囤积更多库存，只是将我们自己和市场分隔得更远。他们现在有多少库存？4 个月吗？在一个不断推出新产品的行业中，和市场分隔长达 4 个月，后果是十分严重的。

　　先不管这些，现在我必须考虑的是对会计账面的影响，而在账面上，所谓销售，是指销售给商店。我们会损失两个月的销售量。我们会获得多少呢？根据苏珊所说的，我们大概可以提升30%的销售量，甚至更多。我可以假设她的预估很实在，她应该计算得很保守，因为她必须负责达成业绩，而且她一直都从事这个行业，对每个环节都了若指掌。

　　让我估计得更保守一点，以 25%这个数字来计算增加的销售量，依然会是张漂亮的成绩单。这表示，尽管我们一开始损失了两个月的销售量，但长期看来，每年我们会增加 3 个月的业绩，也就是 1~5 倍的投资回报率。谁还在谈通货膨胀啊？这比金矿还好。

　　等一下。那么我们要等多久才能开始有长期回报呢？我不希望这一切只是空谈。净销售额什么时候才会增加？要等商店卖完他们多余的库存以后。这不会太遥远，大概要等 4~6 个月。在某些商店，可能时间还会短一点。有了这个论点，我还有一点点机会可以说服董事会，我必须小心仔细地进行。

我到底要说服董事会什么？延后卖掉自我化妆品公司的时间？延后到什么时候？至少到明年，到时候，账面数字会很漂亮。

不，还是不行。天啊！我掉进一个比我想象中还深的洞里。如果我成功地说服他们延后卖掉公司，我就完蛋了。

他们不能不操心优尼公司糟糕的信贷评级，这不是我所能改变的，这也表示他们需要卖掉我的公司以获取足够的金钱。在他们口中，需要的金额超过 1 亿美元。如果我成功地说服他们不要卖掉自我化妆品公司，无形中等于把压力蒸汽公司送上刑场。他们必然会将它卖掉。

不，我必须保护史黛西的公司。唐纳凡应该没问题，以他这个漂亮的营销方案，我想我可以说服任何买主，允许唐纳凡继续把公司经营下去而不予干涉。我想我甚至有办法令买主愿意用更高的价格买下这家公司。对，我或许做得到。

那么我是不是目前就先这样，不要改变？

我觉得不甚妥当。这表示，唐纳凡必须等到出售公司的交易完成后才能实行新方案。这样做很愚蠢。我不管财务报表说什么，应该有更好的方法。

不过，还有另一件事困扰着我。很明显，这个营销方案的负面分支也困扰着他们。唐纳凡、苏珊及杰夫一直心知肚明，为什么他们没有办法消除这个负面分支呢？

他们对负面分支有很强的直觉，他们想要保护公司的欲望更强，而且他们知道唯一的办法是想出好的营销点子。负面分支除外，这个方案其实很好。依钟纳的说法，有强烈的直觉及决心、能够画出未来图、以达期望的"有利效应"（desirable effect）的人总可以成功地消除每个负面分支。那么他们为什么办不到呢？

关于这方面，他有没有提过什么？我不记得了，或许有。

我走回总部办公室，然后跑进一间空办公室。大家都还在用餐，茱莉现在应该在家。

我打电话给她，告诉她我的困惑，她很专注地聆听着。说完后，我问："钟纳有没有谈过这方面的事情？"

"有，他说过。"她肯定地说，"他说，人们常常舍弃可以消除负面分支的激发方案。"

"为什么？我们这么想要消除负面分支，而且是迫切需要？""他说，如果这个激发方案也会导致新的负面分支，就会发生这种情况。"她解释，"人们会认为这个方案不切实际，因而完全舍弃它。"

"我了解。"

"在我的经验中，这是常见的错误。通常，如果你保留这个激发方案，你会发现其实很轻易就可以消除它所造成的负面分支。"

"你认为我们的情况就是这样吗？"我怀疑，"你认为他们放弃了一些激发方案？"

"或许是。罗哥，想一想吧！你有什么好损失的？"她说。

她说得没错。我必须消除负面分支，风险太大了。

"我会的，多谢了，亲爱的。"

"还有，罗哥。"她给我最后的忠告，"即使看到他们的新激发方案导致了很多新的负面分支，你还是要继续完成 TOC 思维方法的步骤，到最后一定会成功的。你会明白的。"

"我今晚会告诉你结果。再次谢谢你，再见。"

我走回会议室，然后在海报纸上写下负面分支。从未来图的叙述"商店消除不需要的库存"开始，并且以造成两个月的销售量损失这个事实作为结束。我写完不久，他们全回到会议室了。

"最后的判决如何？"唐纳凡问。

他们全等着听我的答案。

"什么判决？"我问，"我们还没分析完呢！"在听到反对意见之前，我继续说："我们刚才讨论到这个负面分支。"我指着海报说。

"我们要如何消除这个负面分支呢？我想听听你们的意见，即使你们曾经讨论过而且觉得不切实际的想法，都不要漏掉。"

"对，我们曾经讨论过一些可能性。"唐纳凡承认，"不过没有一项行得通。我们找不到解决方案。如果我们无法消除这个负面分支，会有什么结果？我们照旧执行这个方案，还是整个放弃？"

"我还没有决定，现在谈这个还太早，先让我听听这些不切实际的方案。请说。"

他们不想继续下去，他们想要现在就听到判决。我不能怪他们，他们生活在莫大的压力下，要在一家前途不确定的公司中工作并不是件轻松的事。但是，我不能现在就给他们答案。在还未被说服真的别无他途之前，我不能给他们答案。我现在还未被说服。

"起码给我一个机会，了解是不是真的没有办法可以消除这个负面分支。"我试着说服他们，"你们要我在还不确定已经获得充分资讯的情况下就决定这么重要的事情吗？唐纳凡，你要不要先说一说看起来最具潜力的方案，即使你最后觉得这个方案并不实际？"

杰夫开始发言："我们那时候考虑的假设是，我们在最近的将来都无法提高销售量。我们盘算着如何推翻这个假设。"

"很好的想法，"我说，"正中问题的核心。然后呢？"

"后来我们想到一个办法，但这剂药方的副作用比疾病本身还严重。再说，你也不可能同意。"

"试试看。"

"嗯，我们可以把商品在商店寄售（consignment），我们出货给商店时，他们不需要负担什么，等到商品卖掉时，他们才需要付款给我们。苏珊表示这样做在新商店所能得到的销售量会超过现有的商店减少库存时我们损失的销售量。对，我们知道这个想法很难实现。你绝对不会同意需要牵涉现金的激发方案。"唐纳凡说道。

　　苏珊说："再说，这个办法还有其他缺点。如果我们把商品在商店寄售，商店会拥有更多的现金。"

　　"这有什么不好？"我问，同时还在思索是否能替他们找点现金来试试，或许先短期试一试，我可以查探一下可能性。

　　"这有什么不好？"她重复我的问题，"商店会用这些现金去买竞争对手的商品。"

　　"我们要生存，也要让别人生存。"

　　"不，这样会伤害到我们。商店的陈列空间有限，结果会变成我们的陈列空间比现在更小。而你知道，没有陈列出来的商品不可能卖得出去。"

　　"苏珊。"我问，"我们能不能在寄售方案中加上一个条件：必须提供彼此同意的陈列空间。"

　　"你是说，要求商店承诺提供我们一定大小的空间，以陈列我们的产品，就像大品牌产品在大连锁商店的做法一样？我想这不会有什么问题，尤其是他们可以不费周折就把陈列架摆满。而假如我们把商品交给他们寄售，他们根本不需要投入任何现金；而且以我们的送货能力，他们也不会有缺货的情形。我想我们的确可以要求他们提供比现在还大的陈列空间。"

　　"这会提高我们的销售量吗？"

　　"一定会的，毫无疑问，同时也立即会为我们多带来一些生意。而且为了填满这个空间，很多商店会扩充店里摆设的我们的系列产品。你要知道，他们大部分并未持有我们的产品，而且他们不喜欢陈列太多相同的产品。会，这会有帮助，相当有帮助。"

　　"不过，"她一下子又泄了气，"我们要如何控制他们？同时跟数千家商店做生意是不可能办得到的。"

　　"你所谓的控制是指什么？"

　　"你瞧。"她试着解释，"如果我们把商品交给商店寄售，我们送货时，这些商店就不需要付钱。"

"就我所了解，他们现在也不用付款，而是在 90 天后付款。"我说。

"没错。"她试着控制她的不耐烦，"不过，如果是一般的销售交易，我们送货给顾客后，交易就完成了。但是如果我们换成寄售，他们只有在商品卖出去以后才需要付款。他们大都短缺现金，我怕他们根本就会把真正的销售量隐瞒不报。我们没有办法控制这点，我们无法组织一个稽核队去计算每家店实际上卖掉了什么商品。这个想法不切实际。"

"苏珊，这不是问题。"杰夫冷静地说，"我们不会再以现在的方式送货，我们会改用补货的方式。这表示，为了取得补充的商品，他们必须每天报告他们所卖掉的商品，或者至少定期向我们报告销售量。我想我们可以建立一套可行的系统。"

"嗯！或许。让我再想想看。"

"很好。"唐纳凡说，"不过，你会给我们现金吗？寄售的意思是商店持有我们的库存。你认为我们可以从优尼公司拿回我们减少成品库存时释放出来的现金吗？"

现在，我知道答案了，答案是苏珊提出来的。我决定给唐纳凡上一课："可以，我可以替你要回来。你需要多少，就拿回多少。不过，在转移话题之前，我想知道你需要的现金的确切数字。"

"没问题。"他说，"我已经要求新的财务主管墨里斯计算过。我确信他知道数字应该是多少。"

"多少？"我问道。

"老实说，我不知道。你瞧，在我要求他的第二天，我们就决定这个办法不切实际。所以，我一直没跟他要答案。不过，我们可以叫他进来。"

"麻烦你。"

在唐纳凡的财务主管进来之前，他们一直在争论如何处理商店过时的商品。他们想出了一些不错的办法，而且越想越觉得这些办法很好，讨论很热烈。我答应提供他们所需要的现金后，他们肩上的重担顿减不少。在一旁观看，我觉得实在很有趣。

最后，墨里斯来了："我花了点时间重新检查数字，只是想确定没错。"

"多少？"唐纳凡问他。

"差不多3 430万美元。"他又急急补充，"这是根据苏珊给我的数字，从我们出货至商店到商品被卖掉之间平均所需的时间是45天。"

"哇！"唐纳凡惊叹，"罗哥，你确信拿得到这么多钱吗？"

"检查一下你的假设。"我说。他还是不明白，我转向墨里斯："假设降低应收账款不会影响销售量，那么你可不可以告诉唐纳凡，这笔钱究竟是谁要给谁？"

"这不是很明显吗？"他说，"现在，我们有应收账款 5 709万美元，差不多是116天的数字。根据苏珊所说的，这会降到45天。就像我说的，如果她说得没错，我们将可以返给优尼公司大约3 430万美元。"

我忍不住大笑起来，他们也是，一个接一个爆笑。

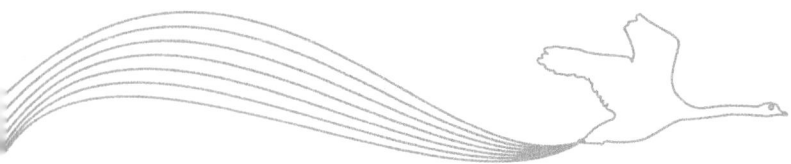

25

范式转移

It's
Not Luck

晚餐时，我告诉家人自我化妆品公司的营销方案。茱莉和莎朗自然大感兴趣，叫人惊讶的是，大卫也听得津津有味。

"为什么你不多买几家供应其他商品给这些商店的公司？"大卫问，"如果这个营销方案对自我化妆品公司这么有用，那么对其他公司应该也一样管用。"

他说得有道理。以目前我们提出的条件——要求商店提供陈列空间而非现金，而且我们还每天补货——生意势必很好。

"你可以使用相同的配销网络。"他回应我的想法，"你说过区域仓库现在几乎都空着。"

"大卫，"我说，"这是个好主意，但我恐怕优尼公司不会有现金可以投资在上面。"

"应该不困难。"他继续发展他的想法，"你说唐纳凡的方案可以把超过 100 天的应收账款降低为 45 天，那这根本就是个制造现金的机器。你们可以去借钱，买公司，再将他们的应收账款转化为现金，然后去偿还贷款。哪有什么问题？"

"没这么简单。不过大卫，继续这样思考下去，你会成为一个成功的生意人。"我对儿子颇感欣慰，他很聪明。

"大卫已经是个很成功的商人了。他有一辆古董凯迪拉克。"莎朗替哥哥吹嘘，"一辆真正珍藏品级的车子。"

"对啊！当然。"我笑着说。我转向大卫说，"那么你决定要重新拼装这辆老爷车啰？祝你幸运。"

"我没有告诉你吗？我想大概没有。"他有一点不好意思，"多谢了，爸，我用了你教的方法，结果就是这样，贺比要和我一起重新组装一辆车子。不过，莎朗说得没错，不是 1956 年的奥斯摩比，而是 1946 年的凯迪拉克。我们已经着手进行了。你可以想象我坐在一辆宽大、闪亮的凯迪拉克车内吗？"

"好帅！"莎朗尖叫，"你要记得，你答应要载我和黛比去兜风。所有的女孩都会羡慕死了，好耶！"

"冷静点儿，莎朗。"想象力真是生动。"他们得先修好这辆车子，现在我甚至怀疑它是否有引擎。"我说。

"有，它有引擎。"大卫保证，"原厂出品，才刚刚重新整修过，跑起来美得像梦境一样。不过，在它能上路之前，我们还需要修理很多地方，很多很多。"

"怎么会从一辆 1956 年的奥斯摩比车变成 1946 年的凯迪拉克？"我很好奇发生了什么事，"你哪里来的钱？1946 年产，而且是引擎完好的凯迪拉克，不是 1 500 美元就买得到的，甚至 15 000 美元也买不到。"

"这全要感谢你，爸。"

"感谢我？"

"就某方面而言，确实如此。我拿了你的负面分支分析，你知道，就是关于杰米和那艘游艇，然后……"

"什么游艇？"莎朗耳朵全竖起来了。

"安静点儿，小姐，等一下我再告诉你。"大卫答应她，"反正，我写下所有的负面分支。事实上，追根究底就只有两项……"

"大卫，不要试着把话题岔到思维方法上。你从哪儿拿到这一大笔钱来买车？"

"我正在告诉你！"听起来大卫被触怒了。

"让他说完这个故事。"茱莉说，"很神奇。"

"所以，我写下两项负面分支。"大卫还是有点生气。"一项是关于我和贺比共同使用和维护这辆车会碰到的所有问题。你知道，就像你跟杰米可能碰到的问题一样。另一项是关于贺比要凑够钱可能会有困难。"

我一边听着，心里却在想其他事情。这两个小孩单单要凑足 1 500 美元已经很不容易了。他们究竟从哪里弄到钱来买这么贵的一辆车？这辆车值多少钱啊？3 万美元？4 万美元？甚至 5 万美元？

"我先从简单的问题下手。"大卫继续说，"也就是有关共用车子的问题。我和贺比一起研究了这份负面分支的分析，我强迫他阅读每个字。既然我花了这么长时间把它写下来，他也应该花点时间读一读。结果，不到五秒，他就消除了这项负面分支。"

"告诉你爸，你们是如何做到的。"茱莉要确保我能听到所有的细节。

"很简单。到了 9 月，我们都得离开这里去上大学，所以我们决定在 8 月底把车子卖掉，因此剩下的时间并不长。"

"你们什么时候可以修好车子？"我问道。

"我们希望在 7 月初。我告诉你，根本不会有时间吵架。"

"好，第一项负面分支已经消除了。很棒，那么第二项呢？"

"第二项比较敏感。就像我最初告诉你的，我蛮担心他如何才凑得足他那部分的钱。后来才知道他打算去卖大麻。"

"什么？这部分你没有告诉我！"

"妈，冷静一点。你知道我绝对不会同意这样的事，贺比也知道。这也是他没有事先告诉我的原因。"

"那么这个计划就到此为止了。"茱莉简明地说。

"对，不过我们要组装一辆老爷车的梦想并不会就此结束。贺比用我们的第一个激发方案发展出第二个激发方案。他说，反正我们都要卖掉车子，何不向未来的买主借钱呢！我们知道车子和零件大概需要花多少钱，差不多 1 500 美元。要记得，那时候我们满脑子想的还是先前的奥斯摩比车，根本还不知道有这辆凯迪拉克。除了金钱，我们估计每个人各需付出 3 个月的时间。所以，我们想，卖到 2 500 美元应该是个好价格。"

"你打算卖给谁？"我问。

"给你。"他对着我微笑。

"你们谈的还是奥斯摩比？为什么你们认为我会买一辆奥斯摩比汽车？"

"我们就是因此想到后来真正的点子，"大卫对着我笑，"我记得你曾经告诉过我，供应商对产品价值的认知与市场对产品价值的认知并不相同。"

"这之间有什么关系？"我问道，很困惑。

"我们用投入的成本加上劳力来计算这辆车的价格，你知道，就是一般供应商用的方法。"大卫解释，"不过，当我们开始盘算如何说服你时，我们决定从你的观点来看，结果我们唯一想得出来的好论点是，我答应如果你买了这辆车，我就永远不碰你的宝马。"

"我明白了。"我这个狡猾的儿子。

"不过，当我们决定采取这个策略时，我们又想，如果把对象改为贺比的父亲，结果会更好。你知道，有时候贺比能成功地说服他父亲把宝贝古董车借给他，而你也知道，如果车子撞坏了，修理通常就要花一小笔钱。"

"所以你们的结论是，贺比的父亲比我更需要这类的承诺。"我已大为放心。"你们问他了吗？结果呢？"

"贺比的父亲有个更好的主意。他已经买下这辆凯迪拉克和主要的零件，所以他要我们负责重新组装车子。当然，首先他一定要贺比画押，绝不再向他借用其他的古董车。"

"那么，你能从中得到什么好处呢？"我问。

"噢，在我上大学之前，我和贺比可以有同等的权利使用这辆车。而且，如果我们真的能让这辆车上路，等到它跑完 2 500 英里时，贺比的父亲答应给我 1 000 美元。这样一来，我不但不用花钱，还可以保存祖母给我的礼物，甚至赚点上大学的花费。你觉得怎么样？"

"我很喜欢这个点子。"我可真喜欢这个点子。

"那么，爸，你实际上帮了我两个忙。"大卫总结道，"第一是用负面分支顺利地把贺比导向解决方案，而不是一败涂地。第二是让我明白不同的人对价值的不同认知。"

"很好，大卫。你把这套方法运用得很好。你甚至扩展了这些概念。当我谈到供应商与市场价值的认知时，我谈的是公司持续生产产品时的情况。你将它应用在单一的交易上，而且你做得没错。这个概念也适用于这种情况。实际想想，这个概念应该能适用于任何销售。"

"包括销售你的公司？"茱莉插进来，"它们都是单一的交易。""不。"我回答，"这里面的规矩很严谨。"

"什么规矩？"大卫很有兴趣，"他们如何决定公司的价值？"

"很复杂，不过基本上你要看一下公司的净利，然后乘上这个行业的'市价盈利率'（profit／earnings ratio），这就有了一个很好的起点。同时也要看看公司有多少资产，这可能会改变公司的价值。"

"不过，这样做是根据卖方对价值的认知。"大卫坚持道，"你只注意到公司这方面而已，这就好像只专注在产品上，而没注意到买主的需要，爸。"

"你说得有道理，但是一般的做法就是如此。"

"不见得。"茱莉补充，"根据你所说的，史黛西公司的例子就不是这样。"

我想了一下。她说得没错。如果单独看压力蒸汽公司，它的价值很低。但是，如果考虑到一位特别的买主——非常特别的买主，史黛西的竞争对手——的需要，那么得到的数字就完全不同，会高出 4 倍之多。

我抬起头看着她："茱莉，你说得没错。或许我们一直往错误的方向进行。如果我们考虑潜在买主的需要，出售皮特和唐纳凡公司的价格可以高出许多。不过，我对买主的需要又知道多少呢？我什么也不知道。"

"那么，谁是潜在的买主呢？"

"对皮特而言，是印刷业的大公司。对自我化妆品公司而言，范围就较大。真正清楚内情的人是杜鲁曼与道尔提，我会问问他们。"

"罗哥。"茱莉继续说，"你一定对印刷业有所了解。去年，你花了不少时间在皮特的公司上。"

"没错，但……"

她等了一下，看着我。"那么？"她追问。

"当我开始掌管皮特的公司时，它代表的是印刷业的典型经营模式。"我承认道。

"也就是说……"

"每件事都以节省成本为最大的考虑，不是节省真正的运营费用，而是斤斤计较成本会计上的成本。你可以想象有什么结果，你已经听我讲过上千遍了。令人难以置信，但这就是这个行业中大部分公司的做法。这也是为什么我不敢把公司卖给会干涉皮特经营方式的人。"

我喜欢谈论皮特的公司。一旦开始讲，任何人都很难阻止我。

"这家公司现在运营得很好，无论在质量、送货、回应顾客需求的速度等各方面，都表现很好。最重要的是，以他们在市场上的创新做法，这家公司势必很赚钱，甚至今年就赚钱。而且，单单会赚钱这几个字还不足以形容这家公司。它可以创造出印刷业前所未见的佳绩。茱莉，从每个可以看见的层面，它都是个新典范，这个行业的经营典范。我真的很引以为傲。"

"你应该如此。"茱莉对我微笑。

"没有人需要这类典范吗？"大卫问。

"你是说，"我慢慢地说，"我们不要根据财务数字来出售这家公司，而是根据它可以作为业界典范这个事实来出售公司吗？有趣的想法。"

"罗哥。"茱莉插话，"我想大卫的想法可能是对的。你说许多公司都花很多钱向标杆企业（benchmarking）学习，现在它们有机会在自家后院拥有一个企业典范，这不是比什么都好吗？"

"对。"我的脑筋快速运转，继续延伸这个想法，"它们还常常花很多钱在顾问身上。其实在印刷这一行，皮特和他的员工比外面任何顾问都出色。他们不只知道如何做，而且还实际做到了。"

"那么他们可以成为导师。"莎朗总结道。

他们都看着我。"让我想一下我们讨论的内容。"我试着整理我的思绪。"对大公司而言，我指的是很大的公司，皮特的公司可以作为企业绩效表现范式转移之源，也是如何控制一家印刷公司及为它排程的完美典范，他们依据的不是以虚假的成本数字为基础的范式，而是真正有意义的、足以影响短期及长期盈亏的事项。

"他们如何处理前置作业室就是个典型的例子。其他公司可能要花数周才能得到的成果，皮特在短短 4 天内就毫不费力得到了。不过，最重要的是，他们知道如何发展出独特的营销方案。我们可以把这家公司同时当作企业学习的标杆、培训所及顾问。"

"不过皮特和他的员工一点都不想卖掉他们的公司。"茱莉提醒我。

"你在开玩笑？他们会很想在一家大印刷公司中扮演催化剂的角色。这会是份很棒的工作，对他们而言，也是个大好机会。相反，在优尼公司里，他们是困在浅海里的蛟龙。他们不是核心事业的一部分，他们会一直被摆在外围。"

我觉得很兴奋。这个主意有很多优点，有了皮特公司在财务上的大跃进，我们一定能把它卖到很好的价格。不过，如果我们能把它的角色改变为企业改造的典范来出售给大印刷公司的话，那么它的价值就更无可限量了。

而且每个人都会从中得益，包括买主和优尼公司。格兰毕可以光荣退役，杜鲁曼和道尔提也会很高兴。不过，最重要的是，皮特和他的员工会获得预期中最好的结果。

我自己又怎么办呢？

我会有办法的。

"怎么样？"大卫打断我的思路。

"你说得没错。对大印刷公司而言，这个机会绝无仅有。我在想我有没有办法让它们充分明白这家公司多么独特、多么值钱？"

"我们确信你一定可以。"他们齐声对我说。

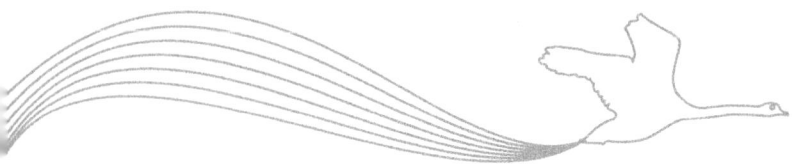

26

也该为自己打算了

It's Not Luck

等到只剩下我们两人时，一如我所料，茱莉提到另一件事。

"罗哥，你的工作怎么样了？看样子，你的公司势必会被卖掉，我觉得你努力确保每家公司都能找到妥当的买主，做得很对。但是你自己呢？"

"我不知道。"我叹了一口气，"我真的不知道。"

"到现在为止，"她柔声地说，"我一直都很小心，不要催你，但现在事情都已经就绪了。你一直在替你的员工们打算，要不要也稍微替自己着想一下？"

"还有为家人也着想一下。"我替她说完，"茱莉，你要我怎么办？开始拉关系？毛遂自荐吗？我没办法做这些事，至少以我现在的职位不能这么做。再说，这场仗还没打完。我赢了几场战役，但主要的战役还在进行。我现在无法分心，你难道不明白吗？"

她想了一下，最后她说："如果你让我知道你不只为公司，而且也为自己做了一些打算，我会觉得舒服一点。我的要求太过分了吗？"

我跟一般人对我的看法相反，我最不喜欢做计划，尤其是当茱莉也牵扯其中时。我很了解我太太，当她谈到计划时，她指的不是模糊的行动，她会在一旁督促我仔仔细细地分析清楚。在这方面，她比钟纳还钟纳。不过，这没什么不好，有计划总是一件好事。

"我同意。"我说，"是该好好计划一番的时候了。"

"你对这件事的直觉够不够强烈？"茱莉的口气很严肃。

"我想应该够。"这几个月我可是一直在思考这件事。

"好。"她手上出现了一本笔记本，"既然我们谈的是你——不是优尼公司，或者你旗下的公司群，或者你的员工——是你自己，你对于我说的目标有没有异议：'找一份同等或更好的工作'？"

茱莉采取行动时一点儿都不马虎。

"没有异议。"我试着和她一样实际。

"如果是这样，我想我们都同意应该采用思维方法中的哪部分了。"她果决地说。

"没错，就是要用条件图（Prerequisite Tree，PrT）。"我也是钟纳的得意门生。

"好，开始提出可能的障碍。"

我知道这听起来有点奇怪，如果我们要达成一个很有野心的目标，为什么还要先提出可能的障碍？这不是打击士气吗？

不过，这就是钟纳的方法。他曾经说："总要从人们最擅长的步骤做起。"每个人都最擅长发牢骚和抱怨。换言之，就是举出所有无法达成目标的理由，提出可能遇到的障碍。

"史黛西的公司还未找出营销对策，这是个大问题。"我开始发牢骚。

"同意。"茱莉写下来，"还有呢？"

"皮特公司的利润，还有唐纳凡公司的营运状况，还没达到令人满意的地步。我知道我们已经采取适当的行动，但还没看到结果。如果现在把公司卖掉，大概卖不了多少钱。"

"我把它写成两个障碍。"茱莉告诉我，"一个是'皮特和唐纳凡公司的获利还未见好转'，另一个是'皮特和唐纳凡公司的价值颇低'，好吗？"

"可以。"我同意，"也谈一下晚餐时的话题，我们还没讨论完。不管我刚才说什么，其实我对买主的需要还是不太清楚。至少，还不足以拼凑出具有说服力的简报。"

"为什么这点这么重要呢？"她问。

"你在说什么呀？"我蛮惊讶，"要不然我如何提高皮特和唐纳凡公司的价值？"

她把这项写下来，然后说："罗哥，你可不可以开始讲一些真正的障碍。如果你要在一家像样的公司里找到一份执行副总裁的差事，必须靠受人尊敬的有力人士替你推荐。这点很重要。"

"对，没错。加上这点。"

"那么？"她说道。

"那么什么？"

"还有没有其他类似的障碍？你知道的比我多。"

"不过你提出的都很好啊！"我鼓励她，"继续下去吧！"

"据我了解，这类的空缺并不多。"由她来提出这点，似乎颇令她不快。

"这是含蓄的说法。不过要记得，这样的职位光靠推荐是不够的。我还必须有出色的业绩，否则连一点机会都没有；一般公司都会先考虑内部人选。而我，就副执行总裁的职位而言，并没有一份很出色的成绩。"

"将你的公司从无底洞转变成今天的局面，还不够吗？"

"不够。如果它们卖出的价格比买进的价格低的话，就不够。再说，你忘了史黛西的公司。现在看来，她的公司大概会被卖掉，然后被拆散瓦解。任何有这种不良记录的主管都没什么希望能在其他公司得到同等的职位。"

茱莉还是很平静，对她来说，这些都是老生常谈。"你还要添加别的障碍吗，罗哥？"她以实事求是的声调问道。

"只有一个，就是杜鲁曼和道尔提都不是三岁小孩儿。他们是我所见到的最精明、脑筋最清楚的生意人。我想，你心目中的理想推荐人就是他们吧？"

"没错，据我所知，他们对你的评价颇高。其实也应如此。"

"亲爱的，这是个现实的世界。杜鲁曼和道尔提不会推荐任何他们无法完全放心的人。他们必须保护他们的名誉。如果他们推荐某人，最好他真的很行。"

"我还是不了解这个问题。"我太太对我还真是忠心耿耿。

我试着解释："如果杜鲁曼和道尔提无法把我的公司卖个好价格的话，不管是什么理由，他们对我的看法一定不太好。既然坐在这个位子上，就是我的责任，没什么借口可以讲。一切只看结果，别的都不算数。"

茱莉对我情绪化的谈话无动于衷："还有别的吗？"

"让我看一下这个清单。"我仔细地看过后，说，"没别的了，我想我们主要的障碍都在这里，能继续下一步了吗？"

这些障碍其实并没有想象中那么难以克服。

下一步呢？很明显，我们都知道，如果有远大的目标，之前必须先有几个中期目标（Intermediate Objective, IO）。那么这些中期目标从哪里来呢？设立中期目标的唯一理由在于克服通往最后目标途径上的障碍，除此外没有别的理由。

因此，我们必须替清单上每个障碍找出相对的中期目标，达成一个中期目标，也就克服了一个障碍。

"你提到的第一个障碍，"她开始说，"'史黛西的公司还没找到营销对策'。你心中有没有什么中期目标？你要如何克服这个障碍？"

我试着像她一样保持一贯专业化的冷静，这可不容易。从她的工作中，她已经培养出不管场面多情绪化都能冷静分析的杰出能力。她也必须如此。

"没什么特别的，我只是需要时间完成必需的行动。你知道，我和唐恩发展出来的指导原则很有用，我真的不太担心。史黛西需要的就是时间，没别的。"

她写下来，然后继续说："下一个障碍是'皮特和唐纳凡的公司获利还未见好转'。我想中期目标应该一样，同样是'有足够的时间采取必要的行动'。"

"对，而且要获取所需的时间并没有困难，我已经和杜鲁曼及道尔提约好会议时间。他们应该很快就会接受唐纳凡的办法，也会很乐意等待结果，你瞧，如果实施这个办法的话，未来几个月进来的现金要比他们出售公司所能得到的还多。而且当他们最后卖掉这家公司时，价格要比现在出售得到的价格高3倍。不会有问题的，要他们给唐纳凡的公司一点时间不会有问题。至于皮特的公司，一开始就没有问题。"

"好极了。下一个是'皮特和唐纳凡公司的价值颇低'。我想，跟这项相关的中期目标应该是'提高皮特和唐纳凡公司的价值'。而你已经采取行动，以确定可以达成这个目标。"

"在生意上，没有什么事情是可以绝对确定的。不过，没错，理论上，你说得没错。下一个障碍是什么？"

"我写下的是'没有足够的资料为买家做出具有说服力的简报'。你要怎么做才能克服这个障碍？"

"很多小细节。我会约杜鲁曼和道尔提花些时间筹划这份简报。我想我们三人拥有的知识加起来应该足够了。再说，让他们参与这个步骤是个好主意。毕竟，最后要进行实际交易的人是他们。基本上，这个障碍最后同样也是需要时间来克服。没什么大不了的。"我对此蛮有信心。

"这样一来就可以为克服下一个障碍铺路。"她说，"'皮特和唐纳凡的公司未能提高售价'的中期目标可以是'说服适当的买主把皮特和唐纳凡的公司当成学习的典范'。"

看到我点头同意，她继续说："到目前为止，一切都很好。现在我们看一看比较大的障碍，'有力人士的推荐很重要'。我知道杜鲁曼和道尔提是你的最佳选择。"

"对，还有格兰毕。前任老板的推荐虽然不会有太大的意义，但一份冷淡的推荐函的下场则不堪设想。"

"我写下来，'杜鲁曼、道尔提和格兰毕愿意在推荐函上给你很高的评价'。我想，如果你能达到刚才那些中期目标，你就可以获得这个成果。"

"或许。"

"下一个障碍是'类似的职位空缺不多'。罗哥，明显的中期目标是'找出合适的空缺'，这点你要如何进行？"

"根据钟纳的准则，你应该在排好中期目标的先后次序之后再问这样的问题。"我揶揄她，"不过，亲爱的，如果我未处理完其他的障碍，去应征任何职位都没有意义。等我处理完这些障碍，我就会有很多时间去找工作。你知道吗？我若达成所有的中期目标，优尼公司就一定会给我不错的报酬。我会有充分的时间四处找工作的。"

她对我的答案不甚满意，不过，在短短的迟疑后，她继续说："下一个障碍是……"

我们毫不费劲就找出其他的中期目标，然后开始把结果转化为行动计划。

我们必须先决定，哪些中期目标可以同时进行，哪些要分出先后顺序。

现在，我们每个中期目标都有相对应的、描述清楚的障碍，这对我们帮助颇大。事实上，这使得安排中期目标先后顺序的工作变得相当容易。

为什么？可以问问自己，有什么理由我们必须先达成中期目标 X，然后才能达成中期目标 Y？一定有什么事情阻碍了目标 Y 的达成，而只有先达成目标 X，才能克服这个障碍。这就是为什么一定要先达成目标 X，再达成目标 Y。有道理吧？

安排次序时，我只需找出哪个障碍阻挡了哪个中期目标就好了，就这么简单。

一切完成后，我们再看一次条件图。看起来很好，很扎实。

茱莉评论道："根据这个图，'找出合适的空缺'这项并不受限于其他的中期目标，你现在就可以开始着手。"

"不过……"

"不过你是对的，没有必要现在进行。这不过是达成最后目标的三个最重要的必备条件之一。相对于另两项'拥有出色的经营记录'及'高评价的推荐函'，这个条件比较不重要。没错，现在还不需要进行。"过了一会儿，她又补充道，"我喜欢你的计划，我聪明的英雄。现在我看得出来，你所采取的每一步行动，从一开始就一直在正确的路径上。谢谢你，亲爱的。"她把笔记本摆到一边，然后蜷卧在我的臂弯中。

　　她的心情很轻松。我希望我也能像她一样。但是，其实史黛西的公司没有任何进展，要卖掉压力蒸汽公司的消息使他们瘫痪了。我必须去一趟，但我推得动他们吗？我怀疑。而且如果那边的问题不解决，其他的都不算数。再说，其他战场还有很多工作有待进行。还有，老实说，我花了太多时间在无用的公事上，处理公文就花掉我大半的时间，我把时间分得太散了吗？

　　根据条件图，的确如此。条件图告诉我的是，我必须确定史黛西发展出一套营销对策，以保证公司取得决定性的竞争优势；我必须与杜鲁曼和道尔提合作，让他们乐于将皮特（和唐纳凡）的公司以"卓越典范"的价值和姿态卖出；我必须确保唐纳凡的解决方案尽可能地顺利进行。

　　但最重要的是，不允许任何事让我分心。

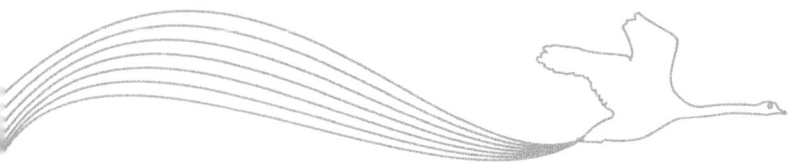

27

一切操之在己

It's Not Luck

这天过得很棒。一周前，在唐纳凡、苏珊及杰夫介绍完解决方案后的那个上午，我就建议杜鲁曼和道尔提让我去一趟纽约，向他们报告最新的进展。我们在杜鲁曼的办公室——摩天大楼的顶层——碰面。

景观真棒，全世界都在你的脚下。但从另外的角度来看，假如掉下去，这一跌也是最深的。

我此行的目标之一，是替史黛西争取一些时间。我必须说服他们，我们真的能够替压力蒸汽公司的发展找出可以突破现状的营销对策。为了达成这个目标，我决定先把唐纳凡最近的进展告诉他们。我的假设是，他们听了以后会明白唐纳凡的方案不是靠灵光一现想出来的，而是逐步遵循我和唐恩发展的程序获致的结果，换句话说，用的是构建竞争优势的未来图。他们其实已经非常熟悉未来图。

我给了他们一张唐纳凡、杰夫和苏珊列出的顾客的不良效应清单。杜鲁曼和道尔提仔细地看了这张清单，对他们而言，没有什么惊奇。我们接着看根据这张清单构建出来的现状图。杜鲁曼的评语是，跟我们所构建的那张图相比，这张现状图就像小孩子的游戏。道尔提颇有同感。

我们看完现状图，很快，他们就毫无困难地明白，如何将显示出来的核心问题转化为自然的解决方案，原本的冲突图几乎是多余的。然后我们一起看了一遍未来图。这个步骤很重要，我借此说服了他们，这个方案对商店十分具有吸引力。

当然，他们也提出很多负面分支，这才是有趣的部分。由于他们举不出任何唐纳凡的组员未曾深入分析过的负面分支，所以他们每提一个保留意见，我只需递给他们相关的那一页，上面写着唐纳凡想出的对应激发方案，以及如何才能消除这个负面分支，并带来更多的正面效应。

当他们提完所有的保留意见，就开始提出一长串对于执行计划上的疑虑。我有备而来。唐纳凡的组员提供了我需要的所有弹药，杜鲁曼和道尔提颇为欣赏。不，不只是欣赏而已，他们全盘接受。坦白说，只有当我自己解释完之后，我才真正了解唐纳凡的方案的威力有多大。

而我的策略也奏效了。杜鲁曼说他现在已是这套思维方法的信徒。道尔提甚至问我是否有时间教他们成为使用钟纳技巧的专家。

然后我亮出最后的王牌，建议他们计算一下唐纳凡公司在未来 4 个月能获得多少现金。他们不敢相信他们的眼睛，再三地检查这些数字，不过，就是这些数字，没错。在最严谨的假设下，缩短应收账款天数所能得到的钱比我们出售公司所得还要多。我没有遇到任何困难就说服了他们，让他们明白在拿到现金之前出售公司，不是明智之举。

我准备进行下一步骤。我知道不可能要求延后出售史黛西的公司，他们需要开始看到一些成绩，而对杜鲁曼和道尔提而言，成绩是指为优尼公司带来更多的现金，很多的现金。

我建议预估自我化妆品公司下一年度的利润，我要他们看看数字有多大。计算完后发现，以净销售量计算，唐纳凡的方案将带给自我化妆品公司 18%的利润，不是就目前的销售量来计算，而是就新增的销售量，这代表的是每年将近 3 700 万美元的净利。这对一周前我们愿意以低于 3 000 万美元的价格出售的公司而言，已经很不错了。

而如果用资产负债表上计算净资产的疯狂方法计算，净资产投资回报率几乎是一年 60%。一个没有任何专利和独有技术的公司居然能有 60%的净资产投资回报率！

可以想象杜鲁曼和道尔提急着计算可能卖出价的样子。没错，他们还是打算要卖掉这家公司，他们需要这笔钱来改善优尼公司的信贷评级。

我们把市价盈利率定为 7，以此来预估自我化妆品公司可以卖多少钱。算出来的公司价值竟然差不多是 2.5 亿美元。这也难怪，利润大幅提高，价值当然也会大幅升高。

杜鲁曼很快指出，公司不可能卖到这么高的价格，因为这是用预估数字计算出来的，而不是以实实在在的历史数字计算出来的。不过，我们或许可以把目标定在 1.5 亿美元。这个改变可真大。他们原本只希望多元化集团旗下所有的公司加起来能卖到这个数字就好了，现在，单单唐纳凡的公司就可以卖到这么高的价格。

到这时候，我已经准备好要继续讨论史黛西的公司。我们与压力蒸汽公司的竞争对手的谈判进展犹如蜗牛移步般缓慢。与杜鲁曼和道尔提的希望相比是蜗牛移步，但是与我的期望相比，就犹如特快车了。以目前进展的速度，他们很有希望在年底前签下合约。

我只提了一下，如果史黛西的公司在其领域中也发展出同等的竞争优势，并且开始蚕食竞争对手的市场占有率，将是什么情况？他们马上了解，这就好像在竞争对手的背上安装一颗炸弹，而且也可以让我们在出售公司时要求更高的价格。于是，我很轻易便要杜鲁曼和道尔提答应冻结谈判 6 周。现在，他们对于我们能替压力蒸汽公司快速发展出竞争优势的可能性比我还有信心。

我知道已经赢得了这场战役，于是继续向下个目标前进。我先提醒他们刚刚替唐纳凡公司计算出来的预估数字，然后宣称我们可以获得更多，因为之前他们用的计算方法不对。他们听了并不感到诧异。我想他们已经见怪不怪了，不管我声称什么，都很难再令他们感到诧异了。接着，我就一一告诉他们我从大卫那里得来的体会：我们为什么把自己陷入以财务表现来衡量公司价值的陷阱中。事实上，我们应该以买主购买之后所能得到的益处来衡量公司的价值。而这些价值并不只限于收购回来的公司直接产生的利润。

我们接着也讨论了一下，有没有可能以"卓越典范"的概念把公司卖给大企业，以作为它们提升经营效能的催化剂。一开始，他们很难接受，不过当我把焦点转到皮特的公司及印刷业时，就容易多了。

最后3小时，我们设计了一个给印刷业大买主的简报。虽然让道尔提及杜鲁曼参与设计工作很有帮助，我却不喜欢最后出来的结果。这根本不是一份好的简报，一点儿也不，因此，我非得教他们如何构建过渡图不可，这是清楚传递复杂信息的唯一方法。我们预定在两周后的周末，在一个度假中心继续讨论。我们也会试试看家人是否可以同去。

我要不要告诉他们，在过去的会议中我都是照着一张过渡图来进行的？我想这不是个好主意，他们或许会觉得被人操纵了。

我检视了一下这次的成果。我替史黛西争取到足够的时间，而且在未来4个月内，也不会出售唐纳凡的公司。同时，我们将替印刷业准备一次光彩夺目的说明会，然后就可以专心敲定皮特公司的交易了。

顺便一提，我们打算以超过1亿美元的价格出售皮特的公司。这是他们希望的数字。如果我们的简报做得够好，我们应可以拿到将近2亿美元的价格。到时候就会知道。

还不错。想到我3个月前面对董事会决定时的惨状，现在的情况已经算很不错了。

现在我正在往史黛西公司的途中。唐恩会来机场接我，明天早晨我们会和压力蒸汽公司的所有高级主管会面。我必须想办法推动他们向前迈步，替他们打气，寻找解决方案。他们必须采取行动。他们有充分的直觉，也具备了专业知识，而且他们正是必须具体执行方案的人。

在我心中，我不认为会碰到任何真正的问题，当他们听到我已经为他们争取到缓冲的时间，杜鲁曼和道尔提愿意再等等看之后，便不会有问题。

在机场，不只唐恩来接我，史黛西也来了。我们走向停车场时，我把好消息告诉史黛西。她似乎并不起劲儿。

"你们完成市场的现状图了吗？"我问。

"你在开玩笑吗？"她尖酸地答道，"连对市场的不良效应，我们都无法达成共识。"

"那什么时候才可以完成呢？"我试着隐藏我的不悦。

"罗哥，你在强人所难。我还没办法让我的人员认真思考配销系统。"

"为什么？我以为你们一个多月以前就该敲定所有的细节了？"

"对，那又怎么样呢？"

"史黛西，问题到底出在什么地方？"我问，"你认为我没替你争取到足够的时间吗？6 周不够你构思营销方案吗？唐纳凡公司的人只花了 2 周就敲定了细节。"

她没有回答。

我开始觉得不耐烦。"6 周当然不够了。"我以严厉的声调说，"假如单单写不良效应就花掉你 3 周多的话。听着，我以我的前途做赌注替你争取到时间，我不明白，你怎么能任由属下就这样把时间浪费掉。"

"罗哥，我们虽然很敬重你，但是你不明白真正的情况。你要求的是不可能做到的事。你知道公司内部现在的情况吗？"我从没见过史黛西这么沮丧，"你没看见我上一份报告？销售量下降，出货量也下降。"

"我可以想象到士气很低落，这是可以理解的。"我试图有点反应。

"不只是低落。"她纠正我，"简直到了谷底。"

这太过分了。"史黛西，你是想告诉我，你们已经宣布投降了吗？"

"我想告诉你的是，他们很实际。他们有家人需要照顾，他们很多人没有积蓄，但是需要负担大笔贷款。我怎么能责怪他们只想去找别的工作呢？"

"罗哥！你听我说，自从优尼公司 4 年前买下这家公司后，这些人可见过优尼公司帮他们做过什么？优尼公司投资了多少钱来改进公司的设备？零！"

"现在，优尼公司又要卖掉这家公司。优尼公司会从中大赚一笔，而他们则会沦落街头。你可不可以不再硬要我们做不可能做到的事呢？这里不会有人愿意合作。"

这完全是战败者的姿态。如果史黛西再不清醒过来，我只有一条路走，炒她鱿鱼，然后亲自上阵，替代她的位置。我必须把道理灌输到她的脑袋中，希望她听得进去。

我们抵达旅馆后，我转向史黛西，等到她看着我，我说："不，史黛西，你错了，错得离谱。你正在剥夺这些人仅有的最后机会。对，没错，还有机会，真正的机会。我们可以扭转整个局势，我们可以替这些人在一个真正上轨道的公司——压力蒸汽公司里，保住一份好工作。不过，不是以你现在的态度，不是在打仗前束手就擒就办得到的。

"你是这家公司的总经理。确保公司继续存活及生意兴旺是你的责任。但是你在做什么呀？还没有开始打仗，就放弃了希望？你怎么能这么做？

"如果上面的人要把你的公司拆解出售怎么办？难道就没有推翻决定的机会吗？当然，以你们目前的表现，的确不太可能。但是，谁才有能力改变一蹶不振的经营绩效？谁说我们的时间不够？如果我们仔细计划我们的行动，如果我们能达到正确的中期目标，那么全世界的时间都属于我们。

"你可以责怪董事会，可以责怪我，可以责怪市场形势，甚至责怪你的员工。但是史黛西，最后全看你自己了。你可以决定究竟是办得到还是办不到。无论如何，你都是对的。

"明天早上见。来吧！唐恩，我们走。"

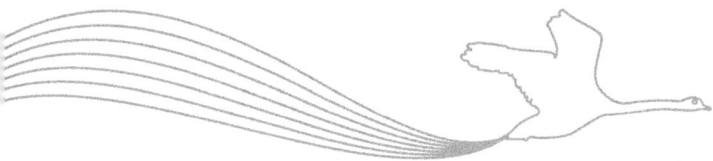

28

不是强人所难

It's Not Luck

在门口，有人带我和唐恩到大会议室去。一干人等都已经在等我们了。史黛西召集来的人挤满了会议室，不仅全部的业务部人员都在场，甚至连生产线的领班和工会代表也都出席了。他们必须在墙边安排更多的椅子才坐得下。

我走向长桌前端的座位，同时向认识的人握手致意，他们都神色凝重，但并没有明显的敌意。唐恩在后面近门口处找了个位子坐下来，聪明的做法。

"大家早！"史黛西开始说。

"大家早！"史黛西再试了一次。要房间整个安静下来，需要一点时间。

"今天来参加会议的是罗哥先生，我们的执行副总裁。"史黛西介绍我，"他今天来这里，是因为他相信压力蒸汽公司有前途，他相信我们有力量阻止公司被解体。昨天，罗哥与董事会的两位资深董事碰面，为我们争取时间，他成功地说服了他们，因此我们还有一线希望，请他们停止目前所有出售公司的谈判。"

掌声稀稀落落。

史黛西会支持我吗？她会不会接下这个棒子？如果她不肯，一定会造成另一次严重的挫败，这是我们无法承担的。今天早上，我决定押注在她身上，也知道她办得到，问题是，她是否愿意？

"让我们听听罗哥有什么话要说。"史黛西坐下来，轮到我站起来。

我看着他们，一群既困惑又充满挫折感的人们。我必须先让他们了解全部的情况，但是也必须小心确保我的陈述全是事实，空泛的打气及训诲只会使事态更加不可收拾。我也知道我必须唤醒他们采取行动。但要怎么做呢？

"我来自公司总部。"我开始说，"对我而言，数字会说话，尤其是利润数字。过去一年中，所有多元化集团的公司都有实质上的进步，但没有一家公司真正赚钱，只是从严重亏损进步到收支平衡而已，但是我们追求的是利润。

"优尼公司需要钱，优尼公司迫切地需要钱，但我们 3 家公司中没有一家公司替优尼公司赚到钱，也难怪董事会决定要出售多元化集团。在商言商，纯粹的生意就是如此冷酷、现实。

"差不多 3 个月前，董事会决定把 3 家公司全部卖掉，3 家公司都面临即将毁灭的威胁，无法推翻董事会的决定。唯一的出路就是尽快提升绩效，把绩效提升到某个程度，令新的买主不会干预公司的经营方式。

"要达到这个目的，我们必须提高利润。不是提高 10%，不是提高 100%，也不是提高 5 倍，而是每家公司都必须将几乎是零的利润提高到令人刮目相看的程度。

"我们不可能靠削减成本来达到这个目标，也不可能单靠努力工作来扭转局势，你们可能认为根本就办不到。"

终于，我看到一些反应了。但很遗憾，他们是表示同意我最后一句话。

"能成功的唯一方法，是找出够聪明的新方案，提高销售量。"

我不是超级专家也能解读他们的肢体语言。即使他们原先还存有任何希望，现在希望也正在消散中。

"听着!"我要求，"已经有一家公司做到了这件事。两个月前，他们预估今年的利润是 90 万美元。现在，很明显他们将可赚进超过 1 000 万美元的利润。不过，优尼公司没有给他们一毛钱新资金，他们的市场也没有改善，他们是全靠自己做到的。他们构想了一项非传统的全新做法来面对市场。"

我停顿一会儿，让他们消化，然后继续。

"自我化妆品公司的起点比你们还糟。去年他们亏损了近 100 万美元，今年他们预估可以收支平衡，但是现在他们也发展了一套突破性的营销方案，每个人都确信今年可以赚到超过 3 000 万美元的净利。你们可以想象，现在这两家公司中，没有人害怕失去工作，他们的工作已经获得保障。"

"现在轮到你们了。你们必须在市场中找到突破性的营销方案，你们必须用打破传统的方法去找。"

一张张脸面无表情地看着我，我可以感觉到他们的冷漠。

也难怪。他们全被打败了，演讲和实例都不会有什么效果，他们已经过了这个阶段。

他们必须看到一条清楚、可行的道路。他们必须看到营销方案，而且必须相信他们的力量能推得动，而且一定办得到。否则，他们会连一根手指都不愿意动一下。

"你们为什么拿不到更多的订单？"我问。没有人自愿回答，我再试一次。

"客户最常抱怨什么？"气氛开始变得有点尴尬了。

"你们的潜在客户有什么要求？"我并不放弃，"他们要求你们做到什么事，才肯给你们订单？"

"比较低的价格。"答案来自不同的角落。他们很乐于见到我不安和尴尬，他们很乐于见到远从总部来的、对他们的世界一无所知的大老板，和他们对调位置，接受审判。

我甚至无法从他们口中问出不良效应，我必须试试其他技巧。让我看到整件事情的无望，似乎令他们感到一种奇特的愉快。或许，如果我能替他们画出冲突图，会有点帮助？或许，如果我能让他们同意这个冲突图，我就可以利用它找出一套解决方案？或许机会渺茫。不过试试又有何妨？

"比较低的价格，我明白了。那么如果你们真的降低价格的话，会发生什么事？"我开始着手架构他们的冲突图。

"什么事都不会发生。"乔伊粗鲁地回答，他是业务副总。

"为什么？"

"因为竞争厂商当场就会跟着降价。"

"那么还是会发生一些事。我们的利润也会跟着下降。"他们根本懒得笑。

我打开投影机，说："目标是'提高销售量'。为了'提高销售量'，必须'满足客户的需求'。这却又代表必须'降低价格'。

另外，为了'提高销售量'，必须'采取竞争厂商无法立即抄袭的行动'，这绝对意味着'不要降低价格'。"

我看了一下投影机在银幕上投射出来的巨大影像，让他们有点时间消化，然后我转向他们。"是这样吗？"我问。

"对。"乔伊安静地答道。

"我要问这里所有的销售人员，这是你们的冲突所在吗？"

"对。"他们全都回答。

"很棘手的问题。"我承认，"一个非常棘手的问题。乔伊，你愿意帮我一个忙吗？"

他很不情愿地站起来："帮你做什么？"

"帮忙看看有没有方法突破这个困境。"

他疑惑地咬着嘴唇，不过还是走到前面来。

"乔伊，这个冲突图中你最不喜欢哪部分？"我问。

在回答之前，他仔细看了一下这个冲突图。"底端这段话没什么问题……我乐于取悦我的客户，但我绝对不喜欢降价。"

"有没有人同意乔伊的说法？"我要确信他们全都在注意听。

有的人说"是"，有的人点头。

"好。"我回答，"让我们点出后面隐藏的假设。为了'满足客户的需求'，我们必须'降低价格'，因为……试试看，乔伊，因为……"

"因为这是客户所要求的。"乔伊完成了这个句子。

这算什么答案？"乔伊，不要避开真正的原因。试着和客户真正的需求连接起来。"

他不喜欢我的评语，我们总是假设销售人员会了解客户的需求，这是老生常谈。

"他们需要的就是降价。"他以一种正式的口吻说。

"为什么？"我还是扮演象牙塔里的主管。

"因为大部分客户都承受着来自总部的财务压力。这些公司全是工业机构，就像我们一样，承担来自总公司的压力，要求改进财务状况。"

他还有足够的精力和我抗争，很好。

"现在我们有了一点进展。"我装作没注意到他话中的讥讽之意，继续将他所说的话转化为清楚的假设。"为了'满足客户的需求'，我们必须'降低价格'，因为'唯一能减轻客户财务压力的方法就是降低价格'。这就是你想说的吗？"

"客户想要的是我们降低价格，"他对自己重复道，"这是一定的。不过，如果我们全听他们的话，他们一定会把所有的财务重担丢给我们。你知道有些客户竟然还要求我们拿零件给他们寄售。你能想象竟然有人敢提出这样的要求吗？"很明显乔伊对整个现象感到相当愤怒。

他并不合作。但我看到有一个方法可以利用他所说的话。这或许不公平，但我们必须有些进展。我看了一下乔伊，再看了一下冲突图，然后转身面对大家。"所以，乔伊觉得我们的假设并不成立。降价不是解决客户财务压力的唯一办法。举个例子，就像乔伊说的，我们也可以利用寄售零件来减轻他们的财务压力。"

乔伊惊讶得说不出话来。

东岸的业务经理斐立再也忍不住了。"但是，先生，这有什么差别呢？寄售不是另一种降价的方法吗？"如果不是因为我的职位的关系，我看他会表现得更粗鲁，肯定会。

"斐立，"我耐心地说，"降价和寄售零件之间有很大的差别。"

"我看不出来。"乔伊回到战场上来了。

"让我举例说明。假设一个客户手上有价值 10 万美元的寄售零件，而他平均每月会用到 1 万美元的零件。"我写在一张投影片上，"这是一个典型的中型客户。但是如果我们降低 10%的零件价格，那对客户的财务状况会有什么影响？"

"这会是一大灾难。"斐立再也无法控制自己，"我们会损失很多收入，而且我不认为零件销售量会增加，连一件都不会。我们真的要这么做吗？"

"我们只会做符合利润原则的事。"我向他保证,"在这个阶段,我们只是想回答你的问题,降价和寄售到底有什么不同。你声称它们之间没有差别,我说有。要不要找出真正的答案?"

没有一个人感到满意。我听见有人低声说:"一派学院式讨论。""我们不应该在这里浪费时间。""让他继续讲。"

我不理睬这些,指向数据例子,然后向乔伊重复我的问题:"这对客户的财务会有什么影响?"

"如果我们降低 10% 的零件价格,我们每个月会损失 1 000 美元。就是这样。对我而言,这不是一个好的决定。"乔伊坚持不从客户的观点来看这个例子。

我如果无法让他们以市场的观点来看他们的办法,我们根本不可能发展出任何有意义的结论。

"换言之,"我用不同方式重述他的答案,"客户的利润和现金每个月都会直接增加 1 000 美元。假设从现在起,我们拿零件给他们寄售,这对客户会有什么影响?"

乔伊不回答。

斐立说:"要知道对客户的影响,得去问他们的会计长。"

我不理会他,继续对着乔伊说话:"乔伊,如果换成寄售,必然发生什么情况?第一个月,客户会从寄售库存中拿掉 1 万美元的等值零件。我们会补货,但以寄售的方式补货。结果是,客户的现金状况会改善达 1 万美元,而账面上的库存也会减少 1 万美元。这表示我们的办法对他会非常有吸引力,比降价 10% 有吸引力多了。"

"一个月之后,客户……"

乔伊再也忍不住了:"没错,我们的办法对他非常具有吸引力。当然会,他的现金多了 1 万美元,而我们的现金减少了 1 万美元。他的库存减少了 1 万美元,而我们的库存增加了 1 万美元。"

"不对。史蒂夫,你觉得呢?"

压力蒸汽公司的会计长史蒂夫的答案一如我所料:"我们的

库存只会增加 2 500 美元。这是会计账面上记录的价值。我们不以销售价格记账。"

"那又怎样？"乔伊相当沮丧，"对不起，如果你要这样做，为什么不干脆把设备也在客户那里寄售算了？"

"有趣的想法。"我冷静地说，"这会解决他投资预算不足的问题。"

"但是……"乔伊顿时语塞。

"这同时也会改善客户的投资回报率，客户会热爱这个想法。而且，如果你的客户是像我们一样的公司，你的办法一定会大受欢迎，因为不需要任何立即给付的现金。"

"你在开玩笑。"

"不，我不是在开玩笑。"我回答，"我只是在看还有什么办法来吸引客户。"

这让乔伊气翻了："关于能吸引客户的东西，我可以告诉你一大堆，问题是，我们认为没有一样对我们有利。"

"给我一个例子。"

"如果你要一个真正具有吸引力的办法，"乔伊毫不犹豫地说，"那就把客户需要的全给他。最好我们能代他管理他对压力蒸汽的需求。这真是荒谬！"

我瞪着他看了很长一段时间。这就是答案了，这么简单，就是这样吗？

突然，史黛西出声说话："乔伊，重复你刚才说的话。一字不差地再说一遍。"

"如果要吸引客户，最好我们替客户管理他对压力蒸汽的需求。"他气愤到极点了。

"为什么不干脆这么做呢？"史黛西站起来。"如果我们拥有设备、零件及维护人员，我们可以处理客户对压力蒸汽的所有需求，我们可以卖给他们压力蒸汽。不是设备，不是零件，而是压力蒸汽。"

"别担心，不会是免费的，我们会收费。"史黛西补充。

"你要怎么收费？"乔伊不屑地问。

"我不知道。"她说，"或许论每千卡路里或每英国热量单位（注：British Thermal Unit，BTU，使一磅水的温度增加华氏一度所需的热量）计算吧！"

"不行。"他说，"我们必须把到蒸汽炉的距离算进去。管道、活瓣，跟这些有关的全是运行系统重要的部分。"

这下可好，他正走进陷阱里。

"或许我们应该以每码的热量计价？"有人大声说出想法。

"我确定我们可以整理一套办法出来。"史黛西说。"这不会是个问题。"她转向大家，然后问，"你们觉得呢？我们不再卖设备或零件，而是卖客户真正想要的东西——压力蒸汽。无论客户在什么地方需要、什么时候需要、需要多少，我们都满足他们的需求，你们觉得这个想法如何？"

没有人急着回答。有的人不断点着头，有的人瞪着天花板，或者望着彼此，不过并没有负面的反应。他们只是在思考这个办法。我坐下来。

斐立是第一个说话的。他只说了："施乐（Xerox）。"

"对，施乐。"史黛西重复道，"我们的一些大复印机。我们并没有购买这些机器，我们也不拥有这些机器，更不需要做维修。最大的那台复印机甚至不是由我们操作的，全由施乐一手包办。我们还是得付钱，我们每个月付一笔固定的费用，再加上复印每张纸的费用。他们并未把复印机卖给我们，他们卖的是我们需要复印的文件的副本。乔伊，你觉得这个想法如何？"

"行不通的。我们大部分的收入和全部的利润都来自零件。如果我们全部寄售的话，我们都会饿死。"

"谁在谈寄售啊！"史黛西颇感惊讶，"我说的是提供这个新办法给那些在建新工厂或扩充现有工厂的公司。"

"噢！这就不一样了。"乔伊松了一口气。

"那么，你觉得如何？"

"我不知道。"乔伊没像先前那么坚决反对，"可能行得通，反正没什么好损失的。再说，为了渗透市场，我们也都把整套设备以成本价卖给客户。"

史黛西继续问他的意见："你想，如果我们每个月收固定基本费，加上用量计费，我们会有生意吗？"

"要看价格而定。如果价格定得合理，我们会有生意。但真正的问题是价格要定多少才能收支平衡？"

"收支是否平衡取决于成本是多少。"史黛西说，"其实我们主要的负担是零件。但如果我们实施新的配销系统，我们在数小时内即可把零件送到。这表示，我们在客户那里需要存放的零件量可以少一点，也就可以减少相当多的成本。"

"到某个程度。"乔伊勉强同意。

"我同时也相信，"史黛西继续说，"我们只需要他们原本维修费用的一小部分即可完成维修的工作。"

"这是一定的。"斐立说道，"他们不知道如何维修我们的设备。有时候，他们所谓的'维修'，简直就是破坏。"

"这表示，若由我们来维修，需要的成本反而少很多。乔伊，我们可以给他们很好的价格，非常好的价格。"

"我们必须再算一下。"乔伊还是持怀疑态度。

"我们不需要再计算就可以知道答案。你瞧，乔伊，我们有很多剩余产能。"史黛西提醒他一项明显的事实，"如果你认为这个办法可以攻占新市场，那任何价格都保证可以带给我们很大的利润。你看不出来吗？"

"如果这个办法很好，竞争对手立刻就会抄袭我们。有什么用呢？"他仍在钻牛角尖。

"我们可以阻止这种事发生。"斐立说，"如果可以在数小时内送齐所有零件，那我们就可以向客户保证相当高的服务可靠性。我们可以提出，如果有任何送货上的延误，如超过 24 小时，就罚款。"

"罚款？为什么要罚款？"乔伊马上采取防御姿态。

"因为如此一来，就可以保证竞争对手不会马上抄袭我们。"史黛西说。

"而且，如果他们敢试，也会跌断脖子。"斐立补充。

乔伊没有回答。很多人都笑了。直到现在，我才了解到他们有多不喜欢他。说真的，我也不喜欢。

史黛西转向大家，建议："我们要不要认真地检查一下这个办法对客户能有多大吸引力？"

他们开始热烈讨论，越来越多的人加入。

不久史黛西拿了一张投影片，开始在底端写下："我们在客户需要的地点与时间提供他们所需数量的蒸汽。"慢慢地，未来图开始成形。每次他们成功地克服某个负面分支，就有许多新的项目加上去。

在热烈讨论 2 小时后，已完成了 3 页。他们跨过了最棘手的部分。现在没有人反对这个办法，他们在细细琢磨这个办法，确定它没问题。

他们的未来图显示，无论对他们本身还是对客户，这个办法的好处会有多大、多广，真是令人印象深刻。

他们的办法虽复杂，但概念很简单。他们的做法和一般做法的不同之处就像买车和租车一样。出于税务的考虑，设备租赁广受欢迎。不过，这只是我们这个办法中很小部分的理由而已。

要了解牵涉范围之广，想象一下，目前你不仅需要买车，而且需要一个有专人操作的车库，以维护车子，还要有库存的零件，以及一座加油站。

他们的办法是给你需要的车子而以使用的英里数收费。价格颇合理，连同维修人员的费用，加上零件存置费用合起来计算，很便宜。

现在想象一下，你必须拥有一辆车，而你是以投资回报率来衡量成效的。这两个办法真是天壤之别。

以我对一般公司的了解，我相当确信，如果压力蒸汽公司的简报工作做得好的话，这个办法势必可以赢得所有新安装工程的生意。而且以他们这么多的剩余产能，也势必可以结余很多利润。多少？我需要等一两周，等他们的详细计划出来之后才知道。

差不多是中午了，斐立说："为什么这个办法只用在新的安装工程上？为什么不提供给竞争对手的现有客户？有了这样的办法，我们已可以轻易吞掉这些生意，而他们一点儿办法都没有。"

这段话让一屋子的人都疯了，每个人都兴奋地谈论着。其实这里面还有很多负面分支需要消除，很多很多。

我决定先离开。我的存在不会有帮助，甚至会妨碍。史黛西已经稳稳地掌控全局，而且势在必行。再也没有人认为没有办法提高销售量，相反，他们现在已经变成嗜血的动物，一心要喝下竞争对手的血。

唐恩想留下来。对史黛西而言，这没什么问题，相反，她很高兴他想留下来。

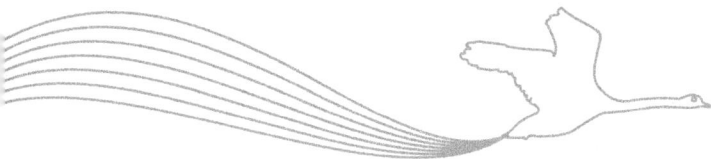

29

转败为胜

It's Not Luck

6 个月后，我们一同坐在我的办公室里。

"他们到底要进行多久？"唐纳凡问了第 10 次了。

"要不要再加点咖啡？"

他没理我。"这些该死的律师。他们在里面做什么？削铅笔？他们做一些小小的修改需要花多久的时间？"

我们在等律师加上我们同意的临时修改。然后，格兰毕和尼尔森会签字，那么自我化妆品公司就不再属于优尼公司了。

唐纳凡站起来，开始踱方步："我还是觉得卖得太便宜了。"

"唐纳凡，就由它去吧。2.7 亿美元是合理的价格。再说，这对你有什么影响呢？一小时之后，你就是他们的人了，你就要换阵营了。你想临时反悔吗？"

"也没有。"他又坐下来，"你知道，我并没有什么真正的不满，尤其在和皮特谈过之后。"

"对，"我笑道，"他现在就像牛奶厂里的猫那么快活。"

"他当然是，他现在扩充工厂的疯狂样子就好像不再有明天似的。"

"我想他真正在乎的是，他现在可以教人如何把事情做对。你知道皮特有多喜欢教别人。我听说，总部打算让经理们调到皮特的公司，即使财务主管也要到他那里工作两周。你可以想象皮特会怎么对待他们吗？"

办公室内满是唐纳凡的笑声。

"还有，罗哥，你从未告诉我，你是怎么创造这个奇迹的。把那颗小豆子卖到 1.68 亿美元。"

"你不会想让皮特听到你称呼他心爱的公司为小豆子吧。"

"如果他知道，我就完了。不过，罗哥，无论从哪方面看来，这家公司都很小。他们原本的营业额有多少？最多每年不到7 000 万美元。你卖的价格是他们全年总营业额的两倍多。"

"他们每年也有 1 400 万美元的利润。不过，真正的答案是，我们卖出这个价格的方法和我们替你的公司争取到合理价格的方法一样。我们卖的不只是一家公司，我们卖的是极具价值的观念。而公司员工是实施这个观念的必要工具。"

"我了解了。"他安静下来。"我还是可以从你这里学到很多，或许我离开优尼公司是个错误。"

"你疯了！你以为你在优尼公司会有这么好的机会？"

"不，罗哥，我只是说说罢了！谁能拥有更好的机会呢？我不仅依然可以直接掌控自我化妆品公司，而且负责全部药妆店的产品群。令公子的点子真的可行，这份工作很棒，5 家公司、9 个工厂、超过 200 位销售人员，还有大手笔的预算，我真等不及了。那些该死的律师们在做什么？"

他又开始不耐烦了。

我让芙露兰奉上茶水，我们不需要喝更多咖啡了。

"还有，罗哥，史黛西的公司出售后，你要做什么？你可有什么计划？"

"或许我可以去当你的手下？"我玩笑地问，"我有些想法，还没什么具体的。不过，别担心，我自然会想办法。"

"我相信任何公司都会展开双臂来抢你。以你的成就和关系，我一点都不担心。我只是想知道你是否已有决定。"

坦白地说，我已有点跃跃欲试。有一段时间，我四处打听过，但并没有太多我想要的职位，更别提是不是争取得到了。不过，还有很多时间。

我希望如此。

"你知道，罗哥。"他打断我的思考，"如果新工作有什么我不喜欢的地方，就是再也没有你可以倚靠了。不，不要阻止我说下去。我一直想告诉你这点，不过，总是没有适当的机会。现在，很明显，我并不需要拍马屁……"

"不，你还是需要，合约还没签呢。"

"可不可以请你闭嘴。你看，要说出这些话对我而言已经很不容易，可不需要再加上你的玩笑。"

"那就什么都别说。不用说,我都了解。"

他静静地坐了几秒。"不,还是要说。罗哥,我比你大六岁,我很辛苦才坐到这个职位,没人特别恩待我。你当然没有,你比其他老板更严苛。但是在过去八年中,我已习惯把你当作父亲。不要笑,我是说真的。

"我知道你一直在旁观看及关心我,而且不随便插手干涉。刚好相反,你允许我成长、犯错,不过在我需要时,总是随时指点我。

"我知道无论发生什么事,你总会在一旁确保我找到方法,让事情重回轨道。你无法想象这样的感觉有多好。谢谢你了,罗哥。

"好了,我都说了,请你不用回答我的话。"

我能回答什么呢?

签约仪式结束后,格兰毕示意我留下来。人们一一离开会议室,每个人心情都很好,这是笔双赢的交易。

最后,只剩下格兰毕、杜鲁曼、道尔提和我。只有我们四人在这间又大又豪华的会议室中。我们在一个角落坐下。我们为这笔交易都付出了很多心力,似乎希望胜利的一刻可以持续久一点儿。

"恭喜你,罗哥。"格兰毕说,"我要向你致上个人的谢意。你将一个败局转变成一大胜利。知道我所留下的公司状况很好,我退休也安心多了。再次谢谢你。"

"恭喜!恭喜!"他们都说。

过了一会儿,格兰毕问:"压力蒸汽公司现在情况如何?我们什么时候可以继续进行那笔交易?"

"现在还言之过早。"我答道,"他们进行得很不错,不过现在我们还不知道整个效应,很难草拟一套合理的交易条件。"

他们看起来不甚担心。"你可以说详细一点吗?"杜鲁曼问。

"每件事都照计划进行,没什么意外。他们已获得四个新的大客户,还有十多家客户正在慎重考虑他们的提议。现在比较大的问题在于控制整个过程在争取新客户和小心不要产生瓶颈这两者之间取得良好的平衡。"

"我可以想象，每家使用压力蒸汽的厂商现在都像老鹰一样，瞪大眼睛观察这些新客户。"格兰毕评论道。

"多多少少吧！"我同意，"这就是为什么更要小心行事。任何严重的疏失都会被竞争对手拿来宣传。他们现在已不敢再取笑这个新做法了，他们开始有点儿恐慌。"

"应该如此。"杜鲁曼说，"我还是不知道你是怎么办到的。没错，我们全看过你的未来图——47 个负面分支，超过 100 个障碍。我没见过这么仔细的计划。"

"我们没有时间犯错。所以，我们就需要多花些时间计划。"我揶揄道，"我同意，史黛西和她的员工的表现的确出色。"

"我尤其欣赏他们如何将降低区域性零件库存与增加存放在客户处的设备配合在同一时间进行。他们甚至不需要优尼公司投资一毛钱，这真是同步操作的最佳例子。"

"让我印象最深刻的是，"格兰毕评论，"他们如何建立维修队伍。纳入客户最好的维修人员也成为交易的条件，这个想法真是独具慧眼，可以一举数得，同时解决很多问题。令人印象深刻。"

我微笑以对。这是因为我们公司冻结人事，我曾死命向格兰毕争取的就是这点，或许他根本不记得了。

"那么，你觉得我们什么时候可以继续谈判？"道尔提问道。

"我不知道，现在要说真的还太早。我们一定需要做决定，但不是现在，这点我很确定。"

"我想两个月之后，应该能知道我们能获取多少市场占有率。"杜鲁曼计算着，"或许就在那时候决定？"

格兰毕转向我："是这样吗？"

"杜鲁曼说得没错。到时候，史黛西大概已用尽所有的剩余产能，进度多少则要根据她训练工程师的速度而定。或许我们可以从竞争对手那边挖墙脚，但即使如此，新人还是需要时间适应我们的操作方式。新做法和我们过去的做法很不一样。嗯，两个月或许差不多刚好。"

"那么，就两个月，嗯!"格兰毕听起来不甚高兴。

"有问题吗?"杜鲁曼礼貌地问。

"没什么问题。只是我需要一点时间清理我的桌子。我三个月后退休，我想要把最后一个月的时间留下来拜访一下我们所有的公司。杜鲁曼、道尔提，我知道这个要求可能太过分，你们所做的已超过你们分内应做的，但我能不能要求你们也接手处理这笔交易?"

"我有个更好的主意。"杜鲁曼说道，"前两笔交易事实上都是罗哥一手促成的。是他想出销售的新概念，他决定哪些是应该联络的最佳买主，而且也是他做的简报让交易变得可能。我们也要承认，出售的价格事实上也由他一手决定，先是说服我们，然后是买主。道尔提，你也同意吧!"

"事实就是事实。"他说。

"当然我们会在一旁协助。不过，罗哥应该正式主导这次的交易。罗哥，你不觉得吗?"

"不，我不觉得。"

"好了，不用再谦虚了。这跟你不相称。"道尔提对着我微笑，"跟谦虚没什么关系。我觉得我不应该主导这笔交易，是因为我根本不觉得应该有这么一笔交易。"

"典型的罗哥式炸弹。"杜鲁曼叹息，"好，你这次是什么意思?"

"这就像那个拿破仑和钟声的笑话。"我答道，这是说明我的看法的最好方式，不给他们任何时间提出反对意见，我继续说，"有一次，拿破仑到一个乡村，但乡民并没有敲钟声欢迎他。震怒之下，拿破仑把乡长找来，要求他解释。这个受到惊吓的人抱歉地说:'我们有三个理由，第一，我们不知道您要来;第二，敲钟的人生病了;第三，我们没有钟。'"

"蛮好的笑话。"道尔提蛮喜欢的，"那么重点是什么?"

"我们不应该主动出售压力蒸汽公司，有三个理由，第一，已经没有理由需要出售这家公司了。第二，不再有任何理想的买主。还有，第三，我们自己也迫切需要这家公司。"

"罗哥，麻烦你解释一下。"

"我们最初要出售多元化集团的理由是什么？是需要改进优尼公司的信贷评级。那时候，我们原本预期这三家公司能卖得多少钱？不到 1.5 亿美元。我们现在已经卖得多少钱了？加上今天的交易，总共是 4.38 亿美元。你们还想要多少？我们信贷评级已很好了，承认吧！我们还不知道要如何运用这笔钱呢，对不对？"

我没等他们回答。

"第二个理由是，我们能找到的最好买主大概是压力蒸汽公司的竞争对手。不过，价格是多少呢？不管如何，他们根本也筹不到这么多钱，而卖给别的买主将会是浪费。

"这就带到第三个理由。优尼公司整体看起来只是家平庸的公司。对不起，各位，不过，优尼公司中有哪家公司是行业中的佼佼者或前十名？都没有。我们需要一个内部的典范，我们需要一个催化剂，一家可以成为企业改革训练班的公司。皮特的公司不合适，优尼公司的核心事业和印刷业差太多了。唐纳凡公司因为同样的理由也不合适。不过，看一下，史黛西的公司正是我们所需要的。

"几乎我们所有的核心事业都或多或少与机械或电子有关，也几乎全部都牵涉个别订制的特殊工程，它们事实上是相当大型的订制品工厂。即使我们到处找，也找不到比史黛西公司更好的典范。先生们，如果我们要优尼公司再一次占有领导地位，我们就需要这家公司，而且是迫切需要。"

他们想了一下我说的话。过了几分钟，杜鲁曼转向格兰毕："下周，你要向董事会提出一份投资计划书。你现在可以告诉我们，你将建议如何使用这笔钱吗？"

"我决定不提出任何投资计划。"格兰毕令他们大吃一惊，"皮区和史麦斯两个人都非常卖力地准备，但我都觉得不太满意。我们不应该硬要即将上任的新执行总裁吞下这些计划，我决定把这个令人头痛的问题交给我的继承人。"

"我了解。"杜鲁曼看起来并不十分诧异。他转向我，"罗哥，你会建议什么样的投资计划呢？"

我很了解我所要建议的，但实在不应该由我来说。

"好了，罗哥，以我对你的了解，我确信你一定有你的想法。说出来吧！"道尔提催着我说。

"我宁愿不要。"

"罗哥，现在都是自己人，告诉我们你的想法。"他坚持。

"道尔提，你要知道，我不认为能够只就投资计划来单独讨论。一项投资计划应该从一个策略方向中发展出来。所以，你们真正在问我的是，我对优尼公司的最佳策略方向的看法。不要让我开始讲这个话题，因为这起码需要一小时。"

"好主意。"杜鲁曼说，"那我们一块吃晚饭，我们四人。我们需要庆祝一下。"

"好，"格兰毕说，"我完全赞成。"

我可不。我并不急着瞎扯我尚未琢磨完整的企业策略。不过，我怎能拒绝这样的晚餐邀约？

还好茱莉说服我准备找新工作。在还不知道最后会落脚哪家公司之前，我先试着找出如何设计公司策略的步骤。现在可派得上用场了，离晚餐时间还有四小时，我可以重看一次我的未来图，将它转化为一个漂亮的简报。四小时应该足够了。

但是，首先我还得处理另一件事，时机正好。

我跟着格兰毕进入他的办公室。

"什么事？罗哥。"他问道。

"我想该是谈谈我下个工作的时候了。现在看来，自我化妆品公司已经卖掉了，而我们可能也不会出售压力蒸汽公司，我真的没什么工作好做。插手管史黛西的公司并不会有任何帮助。"

在他用些空洞的字眼扫除我的顾虑之前，我赶紧接着继续说，因为我不想在接下来这几个月闲着没事干。"我最近花了很多时间思考。对于如何提高所有公司的生产力，我有些想法——不是小幅度的增加，而是跳跃式的大幅提升，就像我们在多元化集团所做的一样。我今天晚上会把细节提出来。"

"这会很有趣。"他有礼貌地说道。

"我要建议的是，提名我担任一个新职务——策略计划执行副总。"

他没回应。

"我可以与皮区合作愉快，他会很乐意让我插一手。只是不知道史麦斯会有什么反应。不过我想，这点你可以处理。你觉得如何？"

"我想你应该等一等。"他把手放在我的肩膀上，"罗哥，你的建议对公司会产生严重的影响。现在，我只剩下三个月就要离开这家公司了，我实在没有权力做如此的变更。你必须等到新的执行总裁来之后再说。"

30

什么是好的策略

我们点鸡尾酒时，道尔提即进入主题："罗哥，你答应要告诉我们你对优尼公司最佳策略方向的想法，我们洗耳恭听。"

"如果你不介意。"我说，"我宁愿不要只针对优尼公司一家来谈。"

"罗哥，不要这样对待我们。"杜鲁曼把双手按在心脏上。"我已听过许多教人如何选择策略的演讲，我无法忍受还要再听一次。说一些比较实际的，拜托。"他心情很好。

"不要这样，杜鲁曼。这对你没有好处。事实上，我恐怕要先讲一点概略性的问题。比如'公司的目标是什么？'你听过这个问题吧。"

"对，太多次了。"

"伙伴们，如果你们想听听我对于如何运用这笔钱的意见，你们就必须合作一点。好，公司的目标是什么？一个像我们这样的工业机构。"

"你答应今天一定会讲到你的意见？今晚？"杜鲁曼请求道。

道尔提插进来："我们公司的目标是现在和将来都赚钱。""如果是这样。"我揶揄他，"那么我给你一个很好的策略。在半夜里，偷偷打开银行的保险柜。"

当他们笑完时，我继续说："选择目标没这么简单。我们无法只是单独谈目标，我们必须在一些限制条件之下谈目标。若定义一个目标，却没有定义达到目标过程中涉及的范围，那就没有意义。"

"不能不择手段。"杜鲁曼同意，"你是说，在定义目标的同时，我们也必须决定一些不能违反的必备条件（necessary condition）。你现在要开始提出这些必备条件吗？"

"你为什么不试试？"

"不要今晚谈，太累了。"

"杜鲁曼，你记不记得几乎 9 个月前，我们的第一次长谈？也就是我们在飞机上的谈话，在飞去伦敦的途中？"

"你是指，当你说你不知道怎么提升销售量的那次？"

"对，你想起来了。"我微笑，"你还记得我们写的冲突图吗？就是点出保证股东利益和保证员工利益之间冲突的那张冲突图。"

"他怎么可能忘记？"道尔提说道，"就是那张冲突图替我们打开了'思维方法'这个新世界。继续说下去。"

道尔提今晚显得颇没有耐性，不知道为什么。我继续说："'现在与将来都赚钱'这个目标是我们保证股东利益的方法。那么员工呢？我们都同意，保证员工的利益也同等重要。"

"我明白。"杜鲁曼现在比较合作，"这是你所要的第一个必备条件。你想提议的是什么？"

"'不论现在或将来都为员工提供一个安稳及满意的工作环境'。有道理吗？"

"颇具挑战性。"格兰毕说道，"我认为我们在这方面一直未曾成功过。不过，如果你做得到，当然有帮助。"

他还是没抓到重点，我对自己说，但羞辱他又有何用？这不是"当然有帮助"的问题。如果违反一个必备条件，根本无法达到目标。这就是"必备条件"这几个字的意义。

我们在优尼公司违反了这个必备条件。我们裁掉数千名尽忠职守的员工，我们甚至不认为确保员工有个满意的工作环境是我们的职责。难怪我们赚不了钱。员工个个士气不振，如何能赚钱？

我大声地说："还有另一个。记得我们分析目前的竞争市场时推演出什么结论吗？我们同意市场会惩罚无法满足市场对产品价值认知的公司。"

"你可以长期欺骗几个顾客，"杜鲁曼套用这古老名言，"你可以短期误导很多顾客，但你无法长期误导很多的顾客。"

不管这句话是否老生常谈，这时倒挺适用的。

"这就表示，"我说，"我们还有另一个必备条件，'不论现在或将来都需要满足市场需求'。就这些了，我们不需要其他的必备条件。"

"你的意思是？我们不需要其他条件？"道尔提不同意，"你是说除了你所提的这几个，你不需要其他的必备条件了吗？那么，遵守社会规范呢？你自己的例子，'深夜闯银行'呢？"

"已经包括在内了，'不论现在或将来，都需要满足市场需求'。道尔提，想想看。所有的道德规范都包括在这两个必备条件内了。"

他的表情显示他尚未同意。也难怪，长久以来，我们一直以为商场和社会价值差不多都是互相抵触的。过去确实如此，现在却不然。

为了帮助他快速消化，我继续说："我重复一下我们刚才所同意的部分。我们同意，我们应该'不论现在或未来都赚钱'、'不论现在或未来都为员工提供一个安稳及满意的工作环境'，以及'不论现在或未来都需要满足市场需求'。第一个是公司的传统看法；第二个是工会、员工代表的传统看法；第三个则表达了所有最新管理方式狂热鼓吹的理念。身为公司的最高层主管，我们必须确定公司能提供这三者。"

"说得容易。"格兰毕叹息，"问题是，这三者常常彼此互相冲突。"

"不，未必。"我说，"的确有些经营模式很明显会与其中一个冲突，这些模式最后一定会与这三者都起冲突。"

"你是在告诉我们，"道尔提努力地消化这些信息，"我们必须了解这三者彼此之间并不冲突。它们实际上彼此不但不抵触，而且互相支援。"

"正是如此。"

"罗哥可能说得没错。"杜鲁曼加入我的行列，"即使我们这些以赚钱为目标的人，也意识到其他两个绝对是达成我们目标的必备条件。"

"其他的阵营也有相同的觉醒。"我补充，"告诉我，有哪个工会领袖相信在长期亏损的公司中工作会有保障？有哪个质量运动的狂热分子会认为一家长期亏损的公司能提供市场良好的服务？"

"所以，你是说，这三个具有同等的重要性？"道尔提仍不屈服，"如果是这样，为什么每个人还是一直把赚钱当作目标？"

"或许华尔街这个圈子里的人是如此。"我无法抗拒这个机会，"不过，你说得有道理。赚钱是比其他两个来得具体，这是唯一能够衡量的目标。"

"我就知道我们是对的。"杜鲁曼微笑。

"不要陷入认为第一个才最重要的陷阱。"我警告他。"可以衡量赚多少钱，只是因为一个巧合。你知道，在很久以前，曾经出现了一个天才，他发明了比较麦子和羊群价值的方法，并因此发明了金钱这个抽象的单位，一种货币，只是还没有人发明衡量安稳度或满意度的单位罢了！"

"我是 3.7x 安稳，而道尔提是 14.5y 不满意。"杜鲁曼示范我的论点。

"我想我们最好开始点晚餐。"道尔提说，"这个讨论越来越恶化了。"

在等开胃菜时，道尔提仍不松口："罗哥，这一切都很有趣，不过你还没告诉我们任何有关策略或如何投资金钱的看法。"

"我不同意。"我说，"我想我们事实上已经定义出好的或不好的策略是什么了。"

"或许我们已下好定义，但如果真是如此，那么我可能听漏了。"

"你同意策略是带领我们达到目标的方向吗？"

"当然。"他同意。

"你是否同意如果我们违反任何我们所列出的三个必备条件，我们势必无法达成目标？记住，无论你选择哪个目标，我们都同意另两个是达成这个目标的必备条件。"

"那么任何好的策略都不应该跟这三者其中之一抵触。"杜鲁曼总结，"你要如何找到不会违反这三个必备条件的策略？即使你找到了，你又怎么知道这个策略会奏效？"

"首先，不要选择我们已经知道不好的策略。就如你所说的，任何违反三者之一的策略都应扔掉。这就可除去我所见过的半数策略。"

"超过半数。"格兰毕纠正我。

"或许你说得对。"我同意，"依照定义，这些都不是合理的策略，最多只是恐慌下的产物。"就像当初要出售多元化集团的决定，我几乎要补充这一句。"如果想出来的策略都与这三个之一抵触，那就得继续寻找。"

"对，但要如何寻找呢？"道尔提继续催促我讲下一步。

我拒绝被催促："我还没说完我觉得什么是不该做的。我们的策略不应该根据对市场的预测来定。"

"这就消除掉其余我所见过的策略了。"格兰毕笑道，"但是，你说我们不应该先预测市场状况？对我而言，预测市场似乎是最自然的起点。"

"不对，因为试着预测市场，就好像试着捕捉风一样。"我说，"几十年来，我们一直试着预估销售量，但我们成功过吗？还有什么比公司的销售预估数字的准确性更不可靠的？""有，史麦斯这个人。"我私下回答自己的问题。

"长久以来，我们都责怪预估的方法。"道尔提支持我的论点，"最近，我读到的混沌理论已经证实，精确的天气预测不是靠更多的感应器或较先进的计算机就办得到的，理论上，这已经是个不可能的任务。这个结论大概也适用于详细的市场预估。那么，罗哥，你要从哪里开始？"

"我会先发展决定性的竞争优势。如果公司没有独特的科技或出色的产品，那么我会运用在多元化集团的做法，专注在可以消除市场负面效应的小改变上。"

"你这样称呼你的做法，小改变？"格兰毕差点被噎到。

我等他恢复，才解释道："我们一点都没有更改产品，我们大幅修改策略，但不是产品。这就是我所谓的小改变。我同意这个称呼并不恰当，这只是沿用当初我们发展这个方法时所用的称呼。"

杜鲁曼和道尔提点点头。

"不过，我不会就此停止。"我继续解释，"接下来，我会找方法区隔市场。"

"我们这么做的吗？"

"我们在压力蒸汽公司曾经如此做。很简单，如果你常常需要为个别客户量身定制产品，区隔市场就不成问题。在唐纳凡和皮特的公司，我们没有这么做。不过我已确定他们知道该怎么做才能取得下一阶段的进展。因为，我相信如果你尚未在许多市场的部分中建立起决定性的竞争优势，你应该感觉到有一点岌岌可危。"

"为什么？"

"因为竞争对手一定会追上来。"我解释，"你不可能拥有绝对的竞争优势，只是机会之门正好洞开，而门终究会被关起来。"

"那么，你的意思是，我们必须永远追求进步。"道尔提结论道。

"当然。"

"我们什么时候才能放松？"杜鲁曼开玩笑地问道。

"退休的时候。"这是格兰毕的答案。

我希望远在那之前，可以有办法找到一扇竞争对手需花很长的时间才关得掉的门。不过，我如果提起这点，那我到明天早上都走不了。最好还是别提。

我反而说道："光在许多部分市场中有决定性竞争优势这点，还是很不够。"

"你还要什么？"杜鲁曼很惊讶，"罗哥，罗哥，你有没有说过'够了'这两个字？"

"有，当所有的必备条件都达到时。"

"而你觉得，已经令公司在区隔化了的市场中具有决定性竞争优势的执行总裁，还不能算恪尽职守吗？"道尔提试探地等我的反应。

"怎么可以呢？"我对他们颇感惊讶，"我们已同意市场是无法确切预测的。你们比我还清楚市场的多变。今天可能大好，明天可能衰退。"

"你在生意好的时候必须赚足够的钱，以撑过景气衰退。"格兰毕确认道。

不过，这不是重点，我必须说得更明确："当市场跌到比你的产能还低时，你要怎么办？裁掉你的员工，还是让他们闲着没事干？"

还是格兰毕说话："不景气时，我们必须勒紧裤带。"

我知道这是他的信念，我曾经经历过他所谓的勒紧裤带的日子。

我再说下去就有欠明智。我需要这些人，我需要他们全力帮我寻找新的工作，而且我一直卖力工作，这是我应得的回报。

"你难道忘了第二个必备条件吗？"我听见自己这么说，"为员工提供一个安稳及满意的工作环境。"

他们一声也不吭。他们在想什么？他们为什么这样看着我？

"罗哥。"道尔提很谨慎地选择所用的字眼，"你反对裁员，不管公司的利润状况如何？"

"对。"

真是有趣。他们好像刚发现一个经过伪装的极端分子。

他们脸上没有笑容，沉默着看着彼此。气氛越来越凝重。

道尔提说："我并不觉得这个想法够实际。"

格兰毕说："这蛮危险的。"

这颇令我恼怒。为什么他们看不清明显的事实？只是因为这会让他们肩上的责任变得更重吗？就让他们继续保持他们的想法吧！我已对这些拒绝认清实际责任的高级主管感到厌倦。只因为他们拒绝认清责任而牺牲了周围的人。

只要给我全部的权势就好了，不要让我负一点点责任。这大概就是他们的座右铭。

再见，我的人脉！

茱莉会谅解的。

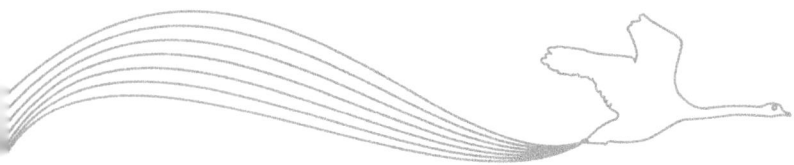

31

超出预期的结果

It's Not Luck

"那么，后来发生什么事？"茱莉对我不太高兴。

"有一会儿，什么都没发生。"

"一会儿之后呢？罗哥，不要再卖关子了。"

"我已经告诉你发生什么事了。"我说。

"听着，亲爱的老公。我认识你很多年了，我知道你不会把你的事业丢到风中任由它去，然后像刚吞下一只金丝雀的猫似的一副满足的样子回家。所以，拜托你别再玩这些把戏，快告诉我发生了什么事。"

"你只想知道最后的结果？不想知道我达到这个结果所经历的一切吗？不行，亲爱的。要不就听完全部的故事，要不就什么都没有。"

"对不起，我会耐心听，请继续。"

"然后，杜鲁曼问我，不管情况如何，我是否都反对裁员。这是什么问题呀！当然，当公司陷入缺少现金的财务危机时，就一定得裁员了。不然，每个人都会失去工作。"

"对不起，但我不明白。如果你是这么想，那为什么当初道尔提问你如果公司不赚钱，你是否反对裁员时，你为什么不这样敷衍他们？"

"因为我本来就不赞成。不赚钱和缺少现金是两件不同的事。听着，茱莉。七年、六年，甚至五年前，优尼公司疯狂地裁员。当时公司获利不多，但他们仍有相当多的盈余储备金，那时并没有裁员的理由，这是高层主管改进经营绩效最简便的方法。只顾着削减成本，而不是找出方法来满足市场的需求。当然这对公司没什么好处。我们裁员，但我们仍继续亏损，结果只好再裁员。这是个恶性循环，这也是我所反对的。"

"我现在明白了。那他们的反应是什么？"

"就像你一样，我也需要向他们解释其中的差别。"

"然后呢？"

"他们不太满意。尤其是格兰毕，他说不是每个人都能想出新方法来攻占市场。"

"他说得很有道理。"

"不，没道理。我们那时正在讨论什么是好策略，而那时候，我们讨论的是一家具有竞争优势的公司。"

"这点我就不懂了。如果这家公司是行业中的佼佼者，那怎么会亏损呢？"

"让我提醒你我们谈到哪里。一家公司很成功地替自己发展出绝对领先的竞争优势，或许你可称它为行业中的领导者。公司中每个人都很努力，公司赚了很多钱，每个人都很快乐。现在，市场衰退，需求减少。结果，现有的员工比需要的多。你该怎么处理？这才是问题。"

"我了解。你能怎么做呢？"

"我的答案是，如果策略正确，而公司又没偏离策略的话，这种情况永远不会发生。"

"我又不懂了。你要知道，罗哥，公司和市场不是我的专长所在。我是个婚姻顾问。你为什么不直接告诉我发生什么事？你为什么这么高兴？"

"不，茱莉，这样对你不会有帮助。其实你了解的不会比他们少，这些都只是常识，你不需要太了解这行业，你在报纸上所读的就足够了。好，哪点你不明白？"

"我不记得了。你刚才在谈什么？对了，你说，如果你遵照一个好策略，对你而言，市场就永远不会衰退。你这是什么意思？市场衰退时，它就衰退啰！"

"这正是他们不了解的地方。道尔提问了同样的问题，几乎一字不差。"

"我很高兴我不是你身边唯一的笨蛋。"

"道尔提不笨，一点儿都不笨。只是人们太习惯于怪罪无法改变外界环境，却不责怪自己未事先防范。就像蚱蜢责怪冬天，而蚂蚁却衣暖食饱。"

"把它降低到童话的层次也帮不了我。"她笑道，"你如何能防止市场衰退？"

"我不能。但如果策略正确，我可以防范即使市场衰退也不会让我的员工没有足够的工作。"

"你如何创造这个奇迹？"

"很简单，创造足够的弹性。其中一个预防办法是确定每个员工不只处理一个部分市场，而是多个。你同不同意，如果我小心计划我的行动，就可以做到呢？例如，我可以小心地发展一些需要我现有资源的新产品。"

"我想是可能的。但是，罗哥，冷静下来，你说话不需要那么大声。"

"顺便告诉你，一般公司的做法刚好相反。要达到组织弹性化，需要区分市场而非区分人力。你知道他们通常怎么做吗？即使市场已经自然地为他们区分好了，全新的市场一出现，这些白痴马上新开一个工厂。他们区分的是资源，刚好与合理策略的做法相反。"

"现在看起来就很清楚了。但是，罗哥，现在已经是凌晨一点了，我一直等着要知道发生了什么事。只要给我短篇的版本就好，我答应改天你可以告诉我所有的细节。"

"好吧！只讲重点。我告诉他们，还有两件事是良好的策略应该注意的。一件事是，即使我们在一个部分市场已经有绝对领先的优势，也不应该拿下整个部分。"

"但是，为什么？啊，对不起，我什么也没说。"

"你马上会明白。另一件事是，小心选择进入市场多个不同的部分，而这些不同的部分同时衰退的概率必须很低。这个观念有深远的连锁效应。"

"这点我会很高兴留待下次再听。好，到底发生了什么事？"

我放弃了。如果她不想听，就很难告诉她一些重要的事情。

"结论很明显。如果一家公司做到我们所说的每一点，那么当一部分肥美的市场出现时，这家公司即可把焦点从较不肥美的部分转移到这部分上。他们之所以做得到，是因为他们的资源很有弹性。当这部分衰退时，公司可以再移转焦点到其他部分上，一些他们未曾尽量利用过的部分。你瞧，这样一来，公司就没有必要裁员了。而所有的 3 个要项——目标和必备条件，就同时皆可达到。"

"有趣。但后来发生什么事呢？告诉我。"

"他们颇欣赏我的论点，比你的反应好多了。杜鲁曼甚至说，我不断制造惊喜。他说：'我期待会听到要如何强化核心事业的完整观点，不过，你所说的确实超过我的期望。'你有没有听到？'超过他的期望！'"

"那道尔提怎么说？"

"他只说——让我引用他的话——'甲级成绩，合格有余。'"

"因此你就这么高兴？我还以为或许你已照你答应我的话去做了，你已经要求他们帮你找个好工作了。"

"我问了。"

"那他们怎么说？他们有没有答应帮忙？"

"也不全然。他们彼此看了一下。然后，道尔提微笑着说，他们绝对会帮我找份好工作。杜鲁曼接着说：'成为优尼公司下任的执行总裁如何啊？'"

本书角色关系表

罗哥	优尼公司执行副总、事业部总经理，主管 3 家公司
唐恩	罗哥的助理
芙露兰	罗哥的秘书
皮特	印刷公司总裁

格兰毕	优尼公司执行总裁
皮区	优尼公司执行副总
史麦斯	优尼公司执行副总
杜鲁曼	优尼公司非执行董事
道尔提	优尼公司非执行董事

唐纳凡	自我化妆品公司总裁
苏珊	自我化妆品公司业务副总
杰夫	自我化妆品公司营运副总
墨里斯	自我化妆品公司财务主管

史黛西	压力蒸汽公司总裁
斐立	压力蒸汽公司东岸业务经理
乔伊	压力蒸汽公司业务副总

钟纳	罗哥的启蒙老师

茱莉	罗哥的太太
莎朗	罗哥的女儿
大卫	罗哥的儿子
黛比	莎朗的同学
金姆	莎朗的同学
克莉丝	莎朗的同学
艾瑞克	莎朗的男友
贺比	大卫的同学

持续学习

亲爱的读者：

看完这本书，您可能有兴趣更深入地了解这本书背后的TOC制约法（Theory Of Constraints），我乐意与您分享这方面的知识，让您继续追寻TOC的奥秘。

两步骤：

步骤（1）请先扫一扫右边这个二维码，立即跟我在微信上建立联系，交个朋友，方便您随时找我提问此书的事及您对TOC的任何疑难，并且知悉TOC课程等活动的消息。

微信号wlaw1947

然后，步骤（2），请扫一扫下面这个二维码，进入我为大家组建的"TOC知识宝库"，详细看看它不断更新的丰富内容，包括：视频、电脑模拟器、多媒体学习材料、高德拉特大师的中英文版本TOC著作等，加强您对TOC的认识。

https://bit.ly/2Kjb6Bj

通过以上两步骤，TOC的大门将为您打得更开。

谢谢。

本书的中文版获授权制作人、高德拉特学会 总裁
罗镇坤 谨上

读书笔记

反侵权盗版声明

　　电子工业出版社依法对本作品享有专有出版权。任何未经权利人书面许可，复制、销售或通过信息网络传播本作品的行为；歪曲、篡改、剽窃本作品的行为，均违反《中华人民共和国著作权法》，其行为人应承担相应的民事责任和行政责任，构成犯罪的，将被依法追究刑事责任。

　　为了维护市场秩序，保护权利人的合法权益，我社将依法查处和打击侵权盗版的单位和个人。欢迎社会各界人士积极举报侵权盗版行为，本社将奖励举报有功人员，并保证举报人的信息不被泄露。

举报电话：（010）88254396；（010）88258888

传　　真：（010）88254397

E-mail：　dbqq@phei.com.cn

通信地址：北京市万寿路 173 信箱

　　　　　电子工业出版社总编办公室

邮　　编：100036